林白水

执笔欲扫天下浊

林慰君 王植伦◎等著

中国文史出版社

林白水和林慰君（幼年）合影　　**王渤生供稿**

林慰君像　　王渤生供稿

林慰君晚年像　　王惠厚摄

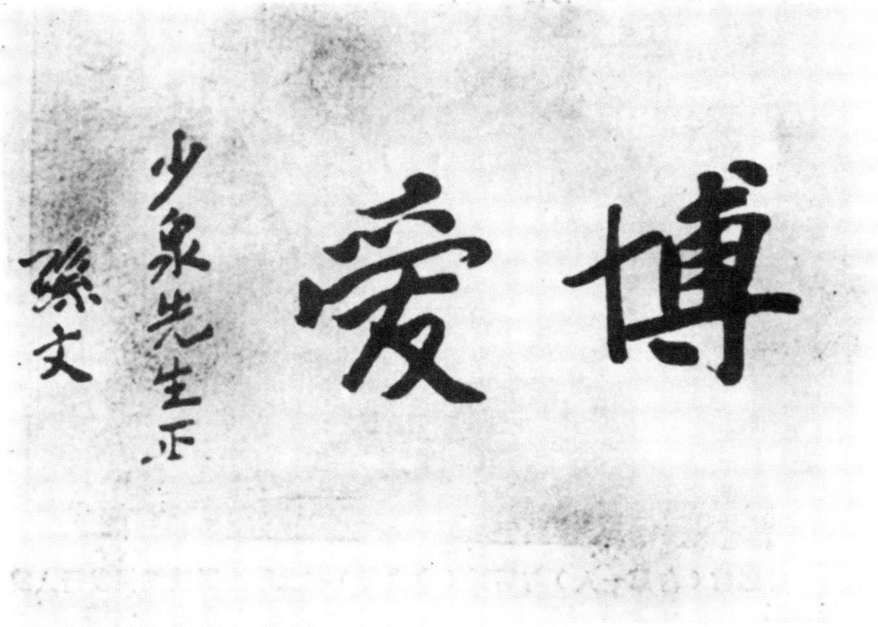

孙中山先生为林白水题字　　**林慰君供稿**

1928年北平市政府于下斜街全浙会馆为邵飘萍、林白水举行追悼会后摄影。中立白衫套黑纱者为林慰君　　**王渤生供稿**

林慰君（右第一人）与胡适（中立者）在北平法国政闻报发行人寓所合影

王渤生供稿

林慰君（左第一人）与张大千夫妇合摄于美国，后排右为其夫王渤生教授，左为其女儿王之林

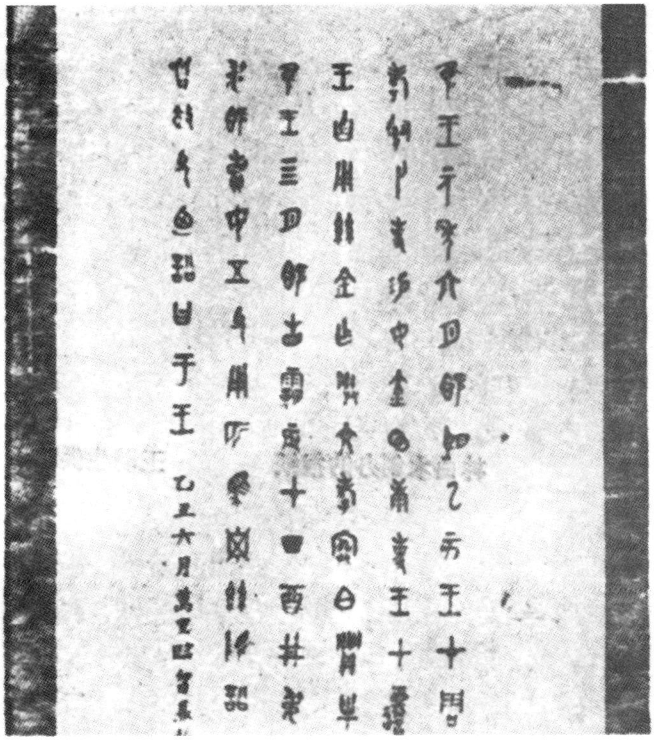

林白水书法，临西周曶鼎铭文　　史树青供稿

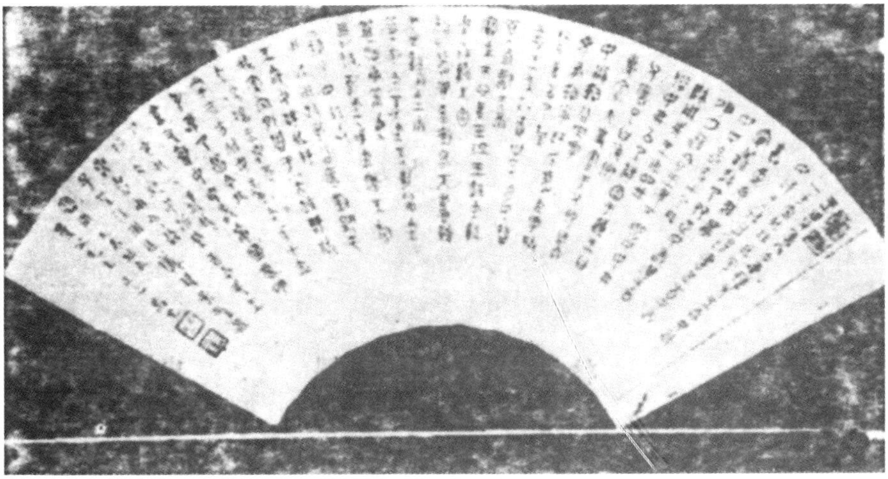

林白水书法，临毛鼎铭文　　福建省博物馆供稿

林白水创办的报纸　　王渤生供稿

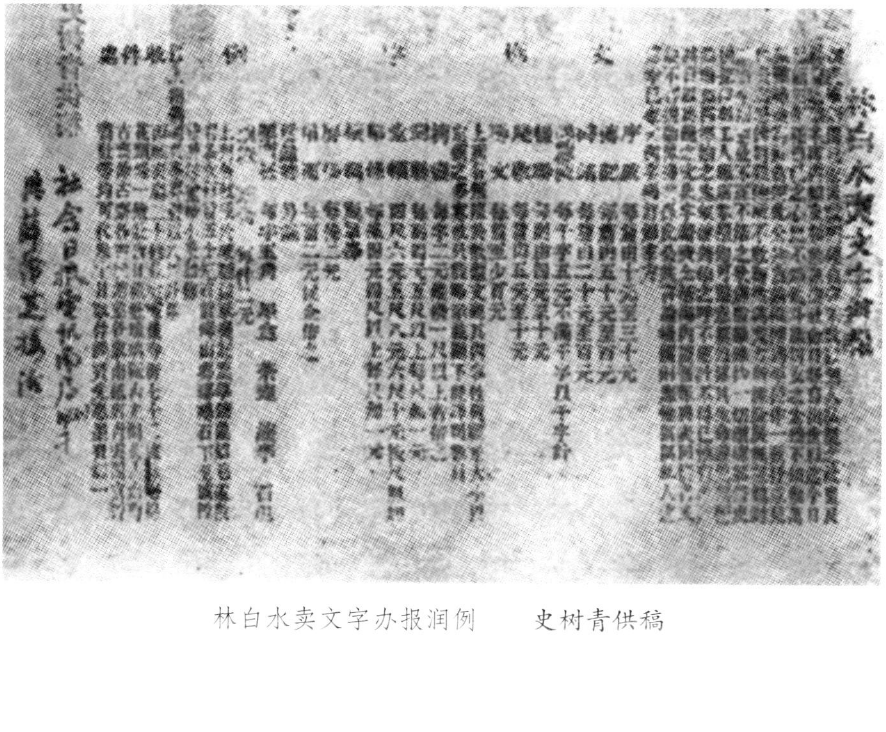

林白水卖文字办报润例　　史树青供稿

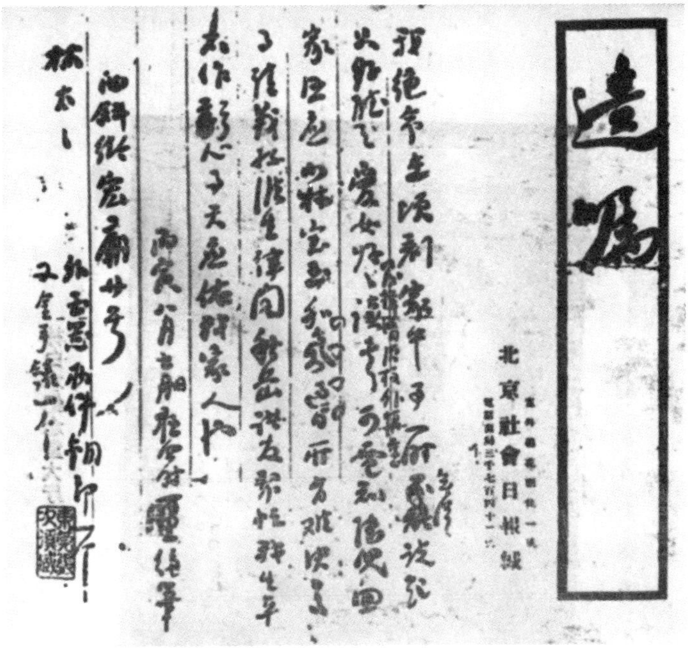

林白水的遗嘱　　张叔文供稿

革命烈士证明书　　叶祖孚摄

林白水纪念堂大厅

叶祖孚摄

福州市闽侯县青口乡青圃村林白水纪念堂鸟瞰　　叶祖孚摄

序 一

方汉奇

林白水是中国近代史和中国新闻史上知名度很高的一位人物，50岁以上的中国人，特别是从事新闻工作的人，大约没有不知道林白水其人的。半个多世纪以来，他与邵飘萍齐名，早已成为和封建军阀摧残新闻事业的暴行作斗争的牺牲者的象征，早已成为广大新闻工作者心目中的人杰和鬼雄。他的不幸遭遇和他的战斗业绩，赢得了人们广泛的同情和尊敬。

林白水早年加入过同盟会，后来又参加过共和党，从事过政治活动。此外，他还是民初革命文学团体南社的成员。他能度曲，擅技击，工书法，娴于诗古文词，对金石鼎彝等历史文物的甄别鉴定，也有很深的造诣，是一个涉猎很广，才气很高的人。但是他一生的业绩和贡献，应该说，主要的还是在新闻工作方面。

从1901年开始办报，到1926年被害，林白水一共在新闻界驰骋了二十余年，先后参加过《杭州白话报》《中国白话报》《警钟日报》《民主报》《时报》《公言报》《平和日刊》《新社会报》《社会日报》等近十家报纸的主编和编辑、撰稿等工作。在1901年至1911年这一段时期，他积极在报刊上发表政论和诗词小说，进行爱国主义和资产阶级民主革命思想的宣传，指点江山，激扬文字，鞭笞庸陋，歌颂理想，给读者以很大的精神上的激励，可以算得上是那一时期资产阶级革命派宣传战线上的一员骁将。他在《苏报》案发生后为争取章太炎、邹容等革命志士早日获释而进行的营救活动，他在《警钟日报》上所发表的激烈抨击慈禧太后的诗文，在当时都很有口碑，深为侪辈和读者们所称道。1911年后，林白水转入仕途，直到1916年才重返报坛。在1916年至1926年这一段时期，他除了主持几家报纸的日常工作外，还坚持在这些报纸上发表通讯和评论，对北洋各系军阀和他们所豢养的官僚政客们，进行痛快淋漓的揭露和挞伐，评头品足，绘形绘声，言人所不敢言，使这些独夫民贼们丑态毕露，十分狼狈。他的这些文章，既为读者提供了大量幕后的政治信息，也加深了读者对军阀政客们的憎恶和鄙夷，客观上对中国人民反对帝国主义反对封建军阀的斗争，起了积极的影响。这些，都是林白水的历史功绩，是应该肯定的。此外，在新闻的理论与实践方面，林白水也做出过不少有益的贡献。他是中国历史上第一个出国留学攻读新闻学的人。在新闻通讯和评论的写作上，也很有自己的特点。他的文章，夹叙夹议，生动活泼，辛辣尖锐，亦庄亦谐，“使人揽而忘倦”（1921年严复《与林白水书》），不仅在当时独树一帜，对稍后一段时期的新闻界同行，也有一定影响。这些也是应该充分肯定的。

但是，林白水不是完人。和不少历史人物一样，也有他的局限。辛亥革命以后，他在政治上比较持重，对革命和进步的政治力量时有微词，他的有些文章虽有灌夫骂座之势，令人神往，但有时也流于尖刻。这些都是可以根据当时复杂的历史背景，加以说明，即不必苛求于前人的。“行文看结穴，为人重晚节”。从大处看，林白水的晚节还是好的。他以自己的一腔颈血，沃肥了中华的劲草，激发了人们对凶残的屠夫们的愤慨，催促了20世纪20年代后期的那场大革命高潮的到来。这也许正是人民政府在半个世纪之后终于追认他为革命烈士的一个原因吧。

新中国成立后相当一段时期，由于受“左”的思想影响，像林白水这样的被划入资产阶级行列的报人，是不大受重视，也不大有人去研究的。邓拓同志在60年代初期所写的《林白水之死》一文中，曾为此感到不平，建议“在编写中国近代报刊史的时候，适当予以应有的评价”（见1979年北京出版社出版的《燕山夜话》第529页）。但不久就爆发了史无前例的“文化大革命”，他自己率先受到批判，这一建议也成为泡影。在国内开展有关林白水的研究，是1978年十一届三中全会以后的事情，从那时到现在虽然不过十年光景，已经发表了不少有关林白水的传记和论文。可以预见，在不久的将来，还将有更多的研究论述和评价林白水的文章问世。

本书的作者林慰君是林白水的爱女，是一位爱国的美籍华人作家，近年来，曾多次往来于两个大陆，致力于林白水的纪念和研究活动。她所写的这部《我的父亲林白水》，是在60年代所写的那部《林白水传》（曾在台湾公开出版）的基础上增益补充而成的，其中有不少亲见亲闻的第一手材料，为其他林白水的传记所不及。作为附录收入本书的黄翼云、张次溪、史树青等人怀念和纪念林白水的文章，也保存了不少有关林白水的事迹。本书的出版，为林白水的研究工作者提供了一批很有价值的材料，将有助于林白水研究活动的进一步开展，对中国近代史的研究工作者也将有一定的参考价值。

我和本书的作者很早就有通信联系，但正式见面则是在1986年的夏天。那一次她刚从福州开完林白水遇难60周年的纪念活动回到北京，约我在她下榻的华侨饭店会面，畅谈了她的福州之行，和她计划重写《林白水传》的一些设想。这是我们之间的第一次会面，也是最后的一次会面。给我的印象，她是一个热爱自己的事业和生活，有着执着追求的妇女。那一年，她已经74岁了，但仍体态轻盈，充满了活力和生机，望去如四五十岁的人。我们就如何开展林白水研究的问题交换过意见。在对林白水的评价问题上，我们的看法并不完全一致，但我十分理解她对自己父亲的炽烈感情，并深深为之感动。这以后不久，就接到了她寄来的书稿，要求我先介绍给专业刊物发表，然后转交给叶祖孚同志联系公开出版事宜。我照办了。去年2月，接到她的来信，提到将在8月份回国为父亲扫墓，并计划再次在北京会面的事。这以后不久，就收到了她的丈夫王渤生教授报告她因车祸不幸逝世的来信。这一计划已经永远不能实现了，这是十分令人惋惜的。现在，经过叶祖孚同志的努力，她的这部书稿终于得到出版，她如有知，也可以瞑目了。

1988年6月26日于北京

序 二

顾执中

到今天，我们还在悲痛地悼念我们新闻界同业中的革命烈士。从1926年为北洋军阀残杀的邵飘萍、林白水起，以迄在1937年上海沦陷后，给日寇特务杀害的朱惺公、张似旭、程振璋、金华亭等，他们勇敢地反对封建独裁，反对异族侵凌祖国，献出了宝贵的生命，永垂史册，流芳万世，是不朽的。

1926年4月26日，《京报》社长邵飘萍被北洋军阀张作霖逮捕，不经审讯，即遭杀戮。三个多月后，即同年8月6日，军阀张宗昌又把北京《社会日报》的负责人林白水逮捕，于凌晨绑赴天桥杀害。消息传出后，震惊了全中国的新闻界同业和全中国人民。军阀张作霖也不得善终，仅仅两年以后，即1928年6月初，他从北京逃回沈阳时，被日寇炸死于沈阳的皇姑屯车站，恶人不免有恶报，虽迷信，也大快人心。

由于邵飘萍夫人汤修慧女士于1928年夏在北京恢复了《京报》，一直延续到“七七”抗战北京沦陷时为止，飘萍先生的事迹，传播得家喻户晓，唯独同年的林白水先生则鲜为人知，我们现应表彰白水先生的事迹，以告后人。

林白水先生比我大24岁。我生于1898年，他生于1874年，但他在1926年给张宗昌军阀杀害成仁的时候，我也已28岁，已当了六年的新闻记者。那时我在上海，得知林先生遇害的消息，心中十分悲愤。林先生是福建省福州市人，他为自己取了一个怪名，单名“獬”。“獬”是一种专用角触坏人的古代野山羊，只此一字已可完全看出他为人的独特与怪僻。他又名万里，字少泉以，“退室学者”“白话道人”为笔名，直到晚年才改名“白水”。在他的青年时代，他当上了《杭州白话报》的编辑。1902年，他到上海，协助章太炎、蔡元培创办爱国女学校。1903年独办《中国白话报》，并与蔡元培等办《俄事警闻》。1904年《俄事警闻》改名《警钟日报》。1905年去日本，辛亥革命后，他回国任福建法制局局长。不久北上，踏进了北京，当上了众议院议员，把活动力完全倾注于北京，与友人合办《公言报》。虽然这样，他仍是不能忘情南方，1919年春又在上海创办了《平和日刊》。不久又返北京，于1921年春，创办《新社会报》。这个报纸，因讽刺北洋军阀，遭到停刊封闭。是年初夏，改名《社会日报》复刊。五年之后，即1926年，该报著文讽刺军阀张宗昌的走狗，即当时曾任国务院财政次长的潘复。8月6日林白水遭逮捕，不经什么法院审讯，就在凌晨绑赴天桥，遭杀害，享年52岁。

在政治最腐败的时候，往往是新闻记者遭受摧残最厉害的时候，在国家遭受侵凌，备受帝国主义，特别是日本帝国主义践踏的时候，往往是新闻记者为祖国为正义杀身成仁，舍身取义，跟敌人战斗得最英勇的时候。他们永远站在祖国和人民的一边，残民以逞的统治阶级、惨无人性的法西斯侵略者，永远是我们新闻记者不可妥协的敌人。所有历史，不论中外，都如实地证明了这一点。无论何时，当新闻记者不遭受到任何形式的迫害的时期，就是这个国家在政治上走入富强繁荣的正式轨道的时期。

一张日销数十万或百万份的报纸，天天有数十万以上至百万以上的读者来注意它，监督它。稍有假话，群众就察觉到，至于造谣惑众，更不用说了。所以不但杀掉一个林白水没有用，就是杀掉几百个林白水也没有用，即使不杀林白水，用金钱和厚禄来收买林白水，收买到了也没有用。人民的眼睛是雪亮的，杀掉林白水，杀掉所有正直的新闻记者，完全无用。

林白水先生不死！爱祖国爱人民爱正义的新闻记者万岁！

目录
contents

第一辑

短暂一生：砥砺前行　英勇就义

我的父亲林白水

林慰君

一、少小聪颖　手足情深

先父出生于1874年1月17日，即阴历癸酉年十一月二十九日。原名獬，字少泉。后改名万里。一生有笔名20余个，计有“宣樊”“宣樊子”“退室学者”“白话道人”“白水”等。其中以白水最为人知。先父平生不用清室年号，所以写他的生平，我也不用清朝年号。

我的祖先虽曾做官，但因为做的是清官，所以没有给子孙留下什么钱。先祖父名钧，字剑泉。他中过举，但性情贪逸好闲，不到不得已时不去做事。幸亏先祖母黄夫人是一位极能干的贤妻良母。她不但学问好，而且工刺绣，善理家。先父小时，因为家贫，不能上私塾，读书完全由祖母亲自教导。

先父有一个妹妹，名宗素，比他小两岁。兄妹两人的手足之情极深。祖父对子女很严，孩子犯一点小错，就遭责打。祖母每次看见儿女受罚，都止不住流泪。但她是出自诗书门第的大家闺秀，认为三从四德是她的本分，不敢管丈夫，也从来不和他争吵。家中没有钱，她常以自己的双手做刺绣赚钱，来贴补家用。

父亲小时聪颖过人，读书过目不忘，而且理解力极强。许多亲友长辈都说他是神童。他对父母的孝顺和对妹妹的友爱，也是尽人皆知的。平常，祖母如把一些好吃的东西分给他们兄妹二人，他总是把自己那份也让给妹妹吃。有时祖母阻止他，他最少也要分一半给妹妹。

宗素姑在世时，曾告诉过我两件她小时的事，都可以证明先父从小就有舍己为人的牺牲精神。

一件事是：有一次，祖母带着他们兄妹二人到他们的姨母家去玩。那时先父大约是八九岁，宗素姑大约五六岁。当大人们在屋子里谈话时，他们同姨母家的小孩子们都在院子里玩。这时几个男孩在一起，两个女孩在一起，两群孩子相隔颇远。

宗素姑和一个与她同岁的表妹本来玩得很好，后来因为抢一个球，不小心，把表妹碰倒了，摔得头破血流，大哭起来。先父看见表妹摔倒，赶紧过来扶她。这时屋中也有一个女用人出来，她立刻把那个受伤的表妹抱起来，但那小孩指着宗素姑一面哭一面嚷：“她推我！她推我！”这时先父是和宗素姑站在一起，因此这用人便告诉她的主人，是先父和宗素姑两人把小孩推倒的。说完后，她把小孩抱到另外一间屋子去敷药，其余的孩子们，包括宗素姑，也都跟着她们进去了。

这时祖母把先父留下，问他为什么推那小表妹。先父知道如果说是宗素姑把她碰倒的，不管是推是碰，她都要受罚，因此承认是他自己把她碰倒的。祖母因为感觉对不起妹妹，只得当着妹妹和妹夫的面把先父打了一顿。先父为妹妹受责，宗素姑当时还不知道。

另一件事是：一天晚上，先祖父出去赴宴，先父和宗素姑两人偷偷地在祖父的书桌上写字画画（因为祖父的书桌，平常不许孩子用）。谁知宗素姑不小心，把祖父的一个花瓶碰掉地上，摔碎了。宗素姑当然很怕，吓得哭起来，先父安慰她说："不要紧，我有办法可以让父亲不责罚你。"那时她只有七八岁，以为哥哥有本事，可以不让父亲责罚她，于是就安心地睡觉去了，临睡前，先父告诉她，连祖母面前都不要提起这件事。

先父等到半夜，祖父回来后，他立刻跪在祖父面前，对祖父说，他把花瓶摔碎了，请祖父责罚他。当然又遭了一次重罚。第二天宗素姑知道了此事，本来要去向祖父为先父伸冤，承认是她的过错，但先父说："我已经挨过打了，你何必也自己去找挨打？你挨了打，对我也没有好处，何必两个人都受罚呢？"在他坚决阻止之下，于是宗素姑没有把实情说出来，但她永远忘不了先父对她的这些爱护。

先父在14岁时，就已经把十三经差不多都读完了。作诗填词都常常得到闽中名士们的赞扬。祖母认为他应当有一位良师教导，才不辜负这天赋的才能，于是就把他送到她娘家去读书。因为黄家有私塾老师。

先父来到舅家后，和他的表兄黄翼云、表弟黄展云一起，在著名文士高啸桐先生教导之下，学识更是突飞猛进，蒸蒸日上。

黄家的亲友很多，那些亲友的孩子们常常提起他们的家塾老师是冬烘老朽，似乎学问并不怎么高深。因此先父时常感觉私塾制度不太好。因为第一，没有钱的人家的子弟，无法读书，第二，即使有钱，上得起私塾，但老师如果不好，学生们就吃亏了。

先父虽然不喜欢私塾制度，但对黄家这位老师却非常尊敬。每天下课以后，他的表兄弟黄翼云和黄展云都回到自己的屋中去温习功课，先父总是留在书斋，一面写字，一面和先生谈话。有时先生的朋友来访，先父总是给客人倒茶点烟，一面侍奉他们，一面注意听他们谈话。

从这些谈话中，先父知道了中国的近邻日本，已经有学校，许多没有钱的人，都可以把孩子送到学校去读书。又听说日本还有报纸，全国的人，都可以从报上知道世界上和全国的大事。他心里非常喜欢学校和报纸，希望中国也能有这两种组织。

自从先父到舅家去读书，三四年来，祖母便把全副精神用来教育女儿宗素。她不但读了不少书，而且也学会了刺绣。平常除侍奉父母外，也帮着母亲做针黹，换来现金，贴补家用。先父偶尔回家看祖母，见她终年碌碌，形容憔悴，心中非常不忍，为了减轻母亲的负担，他求高啸桐老师和他的朋友们给他介绍一些卖文卖字的工作，例如写对联，作寿联、春联，等等。得了报酬，不管多少，总是全部拿去给自己的母亲，以免她多做刺绣，伤害眼力或过于劳累。

先父十八九岁时，由于他的诗词和书法都已很出名，许多文人墨客都喜欢与他结交。显然他已成为闽中的名士了。虽然他在那些文人墨客中岁数最小，但他和他们在一起作诗填词，经常使文人们叹服并自愧弗如。

许多朋友劝他去参加科举，但先父不屑于做清朝的官。他痛恨那腐化媚外而无能的政府，他认为鸦片战争的失败和南京条约的签订，把福州开辟为商埠是福州和全国的奇耻大辱。这些事使他痛心疾首，因此不但不想做清朝的官，而且还要颠覆他们的王朝。所以他一生也不用清朝的年号。

二、叔父捐躯　掌教杭城

先父性情豪爽而任侠好义，颇有“路见不平，拔刀相助”的作风。有一次，一些文士们请他饮宴。席间他看见好几位富家子对一位衣着褴褛的客人时时讥笑。先父心中极为不平。于是他在忍无可忍的时候，对那几个衣冠楚楚的富家子大施教训。而且他越骂越愤怒，最后把一桌酒席都推翻了。那些有钱人所穿的漂亮衣服，全被污毁，然后他才扬长而去。他那仗义勇为的精神，从此传遍福州，人们对他更加敬仰。

先父19岁那年，祖母去世。由于老师高啸桐先生的介绍，先父到浙江石门知县林伯颖家去任私塾教师。林家的子弟颇多。伯颖先生请了两位名师。一位在东斋，主讲旧文学，由林琴南先生主持，一位在西斋，主讲较新的文学，由先父主持。林家的子侄，林长民、林肇民、林尹民、林觉民等，对先父知识的渊博、教材的新颖，极为钦佩。林琴南先生虽然岁数比先父大很多，但他对先父见识的广泛，也不能不尊敬。

他在林氏家塾教书才一年，自己家中忽然出了一件不幸的惨事：叔父在甲午之战中英勇殉国了！

先叔祖与先祖父是同一祖父的叔伯弟兄。我们这一支因为人少，所以叔伯弟兄和亲兄弟一样亲近。先父对叔祖也非常孝敬。

叔祖名履中，字少谷，1853年生于福州。他不到20岁，便应船政学堂招生，考入该校。在校时，因为功课优异，每次考试总是名列前茅。因此极受重视。两三年后，被派到建威练船实习航海。不久，调到扬武练船，游历南北洋港道及日本各海口。1876年，又到南洋群岛、新加坡、小吕宋等地。

回国后，补充为伏波兵船大副。1881年，调往天津，在威远练船任教练大副。第二年，派往德国验收我国所买的定远铁舰。不久，又调往英国高士堡学堂，研究驾驶、枪炮、算学、电学等学科。1884年由英回德，沿路考察英、德海军各港口的风潮沙线。到德后，仍回定远铁舰。

1885年，叔祖带船回国。被派任该船大副。奖戴蓝翎，官阶千总。不久，升副管驾。两年后，管带扬威快船，任花翎守备。1889年，升右营参将（相当旅长）。

甲午之战事起，先叔祖带扬威舰，偕其他九艘战舰与敌血战于鸭绿江口之大东沟。扬威舰被布在左后方敌舰袭击，以致扬威舰中炮起火。这时，不料有济远舰，在这紧急当口，竟拟潜逃。急急横驶，撞在扬威舰上，因此扬威受伤更重。这时虽然大势已去，但先叔祖仍然督率船员，放炮攻击敌舰。但首尾的炮已不能动，同时敌人的炮火纷纷降落，他的船便渐渐下沉。

叔祖登上高处，向与他并肩作战的弟兄们看了最后一眼，于是奋然蹈海。邻船的人看见他浮沉海面，掷绳相救，他推绳数次，表示愿与船同殁，不久便消失于无情的巨浪之中。那时他只有42岁。

先叔祖生平深沉寡言，性情和蔼可亲。生活勤慎俭朴，能与士兵同甘苦。船被焚时，别人都惊慌失措，他则镇定如常，指挥作战，终于英勇殉国。

先父得到叔祖殉国的消息后，立刻赶回福州去主持他的丧事。因为那时叔祖的两个儿子——次子继勋、三子继善，年岁尚小（一个不到10岁、一个仅仅12岁）。他的长子早逝，所以一切都由先父主持。那时先父自己也只有20岁。

由于叔祖的殉国，使先父对清王朝看得更清楚，他决心要革命，他要打倒这腐朽无能的政府！

杭州太守林迪臣不但是一位著名的廉吏，而且思想开明，在当时的杭州，极受人民爱戴。他的身边，有许多著名的学者。这时高啸桐、高梦旦昆仲、林琴南等人，都被他罗致了去，成为他的幕府中人。林迪臣久慕先父年轻有为，因此聘请先父在他所办的蚕桑学堂任教，借此机会，也和先父做了朋友。

那时杭州有一个东城书院，每月初一、十五日公开考试，文章好的，不但姓名公布，而且可得奖金。先父每次去考，而每考必中。因此浙江的文人也都极乐于与先父结交。民国24年的《东方杂志》上，曾有一篇文章也提到此事，原文抄录如下：

> 杭州东城书院，时以策论取士，白水朔望必至，试必高列。士子群趋赴之。置酒高会，名噪钱塘。

先父在杭州住了几年，虽然生活安定，但他每天心中未曾忘记救国。最后他认为救国的第一要义是教育。要先教育所有的国民，唤起全国人民对国家大事的关注，然后才能谈革命。

1902年寒假时，先父回到福州，与他的表兄黄翼云、表弟黄展云商议创办一所学校，那就是福州第一座正式的学校——福州蒙学堂。这个学校的开办费以及其他一切费用，都是先父一个人筹措的。地址在现在的文儒坊16号原卢厝祠内。它坐南朝北，共有三进院落，分中学和小学两部，学生可住宿，而且学科中有军事训练，以备来日革命之用。

先父在福州时，每天对学生大量灌输爱国思想和革命意识，青年学子个个都受到教育和影响。后来这些学生中，有一二十人成为黄花岗的烈士，当时方声洞、黄光弼等都是该校的学生。

先父回杭州时，蒙学堂校务由黄翼云、展云二位主持，但以后先父每次回榕，必到校中演讲，即在放假期中，也召集学生回校听讲。

后来，先父在家乡——闽侯县青圃村，也和族人们设立了一个学校，叫鳌峰学堂，后改称青圃小学，现在改称青圃中心小学。先父虽然不是出生于青圃，但因祖先出自青圃，所以对家乡始终不忘。

这时，杭州已成立了两个学校，一个是养正书塾，一个是求是书院。这两个学校，因慕先父之名，聘请他任两校的总教习。这正是他宣传革命的好机会。因此先父就职后，每天晚上约请一些思想先进的学生到他的住处来谈话。有时一二十人，有时二三十人，谈话的内容，都是关于国内的政治军事问题和世界最新的政治思想和学说。这批学生受了先父的宣传与熏陶，不知不觉中，都成为激进的革命分子。

1901年6月，先父的朋友项兰生（藻馨）先生创办了《杭州白话报》，先父为该报的主笔或主笔之一。创刊日期为光绪二十七年农历辛丑五月初五，即公历1901年6月20日。该报的发刊词《论看报的好处》即为先父所写。那时先父的笔名为“宣樊”和“宣樊子”，他用这个笔名所写的文章共有六篇。此外还有一些白话文章，署名“突飞子”“谪者”“闲闲”“江东雄次郎”“太虚”“放游”“瞑盒”“饭颗山樵客”“味蓼轩主”“浍翌”“独头山人”“医俗道人”“艮庐居士”等数十个，从语调和口气看来，都像是先父所写的，因此那时除他外，没有什么人用白话写评论文章。但因没有确证，现在暂且不谈。

这个报在浙江近代史中，应当占有相当重要的地位。因为它在启迪民智方面，做了很大的努力，也非常成功，而先父在这方面也尽了力量，可以说他对浙江当时的社会风气的改善，不无小功。然而在《浙江近代史》和《中国近代史词典》等书中，都没有提到先父在《杭州白话报》中的地位和作用。这是我认为遗憾的事！

先父在杭州这一段期间，求是书院出了一件轰动全国的事件。原因是该校思想前进的学生，曾在寒假期间组织了一个作文会，请一位孙翼中教习任指导。孙与先父为好友，也是主张革命的。有一天，他出了一个作文题——《罪辮文》。有一个帮他改卷子的学生，把“满”清的“满”字，改为“贼”字。不料这件事被两个满族学生知道，他们到巡抚官衙去告密，控告孙翼中煽动反清，污辱清廷。因为此事是发生在年假期间，先父不在杭州。他由福州回到杭州后，听见这个消息，立刻就给杭州巡抚写信，替孙翼中等辩护。此外，并给他们出主意，叫他们无论如何不承认有这件事。而且教他们反告那两个告密的学生，说他们没有实据，是诬告。巡抚没有办法，不但没有把孙翼中治罪，反把那两个告密的学生申斥一顿，草草了事。

求是书院由于这件案子而出了名，来投考的青年更多了。

三、奉命结婚　赴沪兴学

先父在杭州教书七八年，他经常在放寒假或暑假时回福州去看祖父和宗素姑。其中有一次，先父打算和祖父商量要把宗素姑带到杭州去，因为他觉得他在杭州的朋友们，都是思想前进的，她和这些人相处，比较有益。而且将来也容易找到理想的对象结婚。祖父虽然也希望她能遇到适当的人，但他更希望先父能早日结婚。

当先父向祖父提出要把宗素姑带到杭州去时，祖父向他说：

“你们都远走高飞，那么谁服侍我呢？”

“找一个用人来服侍爹。”先父回答。

“男用人太贵，女用人不方便，况且他们随时会辞工不做，万一我正生病，他忽然辞工不做了，我怎么办？”

先父知道宗素姑的一生幸福，就在于她能不能离开福州。因为她如果老是守着年迈的父亲，将来不是嫁一个贪官污吏，就是嫁一个大腹便便的无知商人。他们也许有钱，但她的一生就毁了。

“无论如何，请爹为宗素的幸福着想哪！我有许多朋友，都已到日本去留学，他们都是有学问有作为的青年，将来我给她介绍一个，她可以有个好归宿。老是躲在家里，会有什么好结果？”

祖父还没等先父说完，就插嘴说：

“你如果非要她离开我不可，只有一个法子，就是你得在她走以前结婚。你结婚以后，我有儿媳伺候，就不必花钱雇用人了。况且我的年岁也五六十了，希望早点抱孙子，你们都走开，我连个孙子也抱不成，未免太孤单了！”

“我现在自己的事业还没有成就，怎么能结婚？况且我将来还打算到日本去念书，把宗素也带去念书……”

话还没说完，祖父就拍案嚷道：

“不孝有三，无后为大！你总不结婚，难道要等我死了以后才结婚？我是你父亲，不听父亲的话，就是忤逆不孝！”（以上对话是先姑母告诉我的。）

先父从小对父母孝顺，从来不和父亲争辩。自己的婚姻大事，虽然重要，但他觉得妹妹的一生幸福比自己更重要，因此他最后牺牲了自己，答应祖父尽早结婚，这样就可以把宗素姑带到杭州去，然后再设法给她找一个好丈夫，或带她一起到日本去留学。

这个婚姻是祖父一手包办的，当然谈不上爱情。不过后来他们生了一个儿子，名陆起，祖父终于得到了弄孙之乐，他非常高兴，从此陆起成了他的宝贝。他到什么地方去，都带着这孙子，连到花街柳巷去玩，都不例外。

先父带着宗素姑到了杭州。

她和当时所有的“闺秀”一样，从小一直被关在家里，没和外面的人来往过，当然是非常怕羞的。她刚到杭州时，每次一和人说话脸就红，如再有一个男人多看她一眼，她就手足无措了。先父把她带到杭州的目的，就是教她多见见世面，多与他的朋友们接触，以便铲除她那害羞的习惯。她一到，先父就叫她把缠足放开，从此她与那三寸金莲就脱离了关系。

先父把宗素姑安放在“浙江教育会”中住，因为这个组织是他的几位好友设立的。她住在里面，每天所见所闻，都是新学说、新知识，所接触的人，都是思想前进分子，因此不到三个月，她就变得大方而勇敢，毫无腼腆的姿态了。

那时秋瑾也在杭州，她是先父的好友之一，先父把宗素姑介绍给秋瑾，令她跟秋瑾学习。后来她们俩成为很好的朋友。

先父的一位朋友孙江东先生，是《全浙公报》的主笔。他有一位好友，姓胡，浙江人，是刚从日本留学归国的。他身材高大，相貌非凡。孙认为与宗素姑很相配，于是就给他们两人介绍相识。先父对这位胡先生也没有反对的意见，于是过了一段时期，两人便订了婚。但宗素姑不肯立即结婚，因为她记得先父曾答应过她，将来要带她到日本去留学，她要在读完书后才结婚。在杭州居住的二三年间，她也常同先父一起回福州去看望祖父。

这时先父早已把发辫剪掉，遇必要时，他就戴上一顶帽子，帽子里缝着一条假辫子，走在街上，没有人知道他的辫子是缝在帽子上的。有时他穿西装，系领带，脚穿皮鞋，手拿手杖或洋伞，走起路来，威风凛凛。但有时他却不修边幅，衣冠不整，完全是副名士作风。他交游广阔，为人豪爽，所以许多人都以能与先父交友为荣。

因为曾出面替孙翼中辩护，又因为先父平日的言行举止，处处显示他不是一个清政府的顺民，他自知早被浙江官方所注意，随时都有被捕下狱的可能。他认为杭州已不是久留之地，于是毅然辞去教书和办报的职务，带着妹妹先回福建看望一下祖父，然后就到上海去。这次除宗素姑外，先母（陆起兄的母亲）也同行。不过她不能久留，只住了一个月即回福州，去照顾祖父和陆起兄。

先父到达上海后，即与蔡元培、蒋观云、黄宗仰、吴彦复、陈梦坡等筹办设立“爱国女学校”。据蒋维乔的回忆录中记载：

最初拟办女学者，为上虞经莲三（元善）。适林少泉偕其妻及妹妹宗素自福州来沪，亦提倡女学。蔡孑民（元培）亦赞成之……未几，薛锦琴女士到沪，蒋观云设席欢迎，乃请蔡夫人与林氏姑嫂作陪……

至于学校的经费，则是由英籍犹太富翁哈同的夫人罗迦陵女士担负。先父和她很熟，她之慷慨解囊相助，先父有很大的功劳。

先父虽然是爱国女学校的重要发起人，但他与其他同志，一起公推蔡元培先生为校长（那时叫总理）。他们公推先父为监督（即现在的教务主任）。

几乎与此同时，先父和蔡元培先生等创立了“中国教育会”。因为这时全国已有不少学堂，官立的私立的都有。但他们的教科书内容都非常腐化，不合一般爱国青年的理想。因为书中还是宣扬君主专制思想。因此先父到上海后，便和蔡元培先生商量，约几位朋友，一起组织一个编写教科书的团体。他们约了章炳麟、吴稚晖、钟宪鬯、黄宗仰、蒋维乔、叶浩吾、吴彦复、蒋观云等，发起组织中国教育会。该会成立于壬寅年（1902）四月，会址在英租界大马路泥城桥外福源里21号。

由于这些人的努力号召，不多久，会员就有了近200人。他们都是上海和其他各地的精英。该会的目的是“教育救国”。实则为以办教育为名，鼓吹革命。大家公推蔡元培先生为事务长，其余的重要分子为干事。他们立即着手编写全国最需要的思想正确的教科书，毅然负起改良教育的重担。

1902年10月15日，上海南洋公学的学生受旧式思想教师的压迫已久，已经到了忍无可忍的地步，校方又听信那不良教师之言，竟开除了三个学生。这无理的措施，引起学生公愤，于是全体学生议决退学。蔡元培先生也是该校教员。他很同情学生。

南洋公学的学生退学后的第三天，10月17日，中国教育会成立了一个学校，叫“爱国学社”，立刻把南洋公学退学的学生都收了进来。至于他们的经费，有一部分是向海外华侨募捐而来的，一部分是会员自己东挪西借的，还有一部分是他们原来预备办学校的资金。

先父随时不忘办报。爱国学社成立后，他立即与蔡元培共同创办了爱国学社的社刊《学生世界》，利用这份报鼓吹革命。

中国教育会所支持的团体，除爱国女学校、爱国学社、《学生世界》外，还有科学仪器馆、镜今书局（经常出版革命思想的书籍）。该会支部所支持的组织，计有：军事讲习会、同川学堂及女子俱乐部。这个俱乐部并不是专以娱乐为目的的组织。它是教导妇女们如何了解国家大事和研究她们自己在社会上的地位等问题。

四、义勇拒俄　慷慨办报

1903年春，先父带着宗素姑一同离沪赴日求学。但他们二人的日文都没有根底，一时还不能入正式的学校，只好先入补习学校学习日文。

那时国内因帝俄占领东北不还，而且在那年4月，又向中国提出七项新的要求，要进一步侵略东北和蒙古。

留日学生看到这个消息后，激起公愤，先父和他的朋友秦毓鎏、叶澜、钮永建等，立即发起召开留日学生大会。开会时，会场空气慷慨激昂，那些热血青年都愿以自己的性命去与帝俄拼一死活。他们数百人，在悲壮万分的气氛下，议决组织拒俄义勇队，回到东北去打击帝俄的驻军。

数日后，义勇队正式召开会议，商讨训练事宜。当场决定，把义勇队的名义改为“学生军”。并推举蓝天蔚为队长，先父为丙区二分队队长（全体名单见光绪二十九年四月二十二日《苏报》）。而且议决尽速开始军事训练。

国内听到日本留学生这种爱国举动，各地群起响应。北京、上海、福建等地，民众都举行拒俄运动大会。

清政府对外懦弱无能，对内却威风凛凛！他们命驻日公使请日本政府解散学生军，并禁止学生练习军事。此外，并通令全国，如果抓到回国的革命党，就地正法。

他们这种狠毒手段虽然使一些胆小的人因害怕“就地正法”而脱离了这爱国组织，但意志坚决的人，却不因此气馁。先父和秦毓鎏、叶澜等，再接再厉，又组织了军国民教育会。

这个组织表面上不提革命，只以拒俄为前提，于是日本政府未加干涉。他们因此做了许多宣传和发动的工作。

在这以前，先父还曾参加过另一爱国组织“青年会”。此外，他还常到福建同乡会去演讲。他的声音悲壮，词句沉痛，听者无不为之动容。

先父和他的朋友们，在4月3日共同组织拒俄义勇队后，过了五天，到4月8日，宗素姑也联络了十几位女留日学生，共同组织了“日本留学女学生共爱会”。

据当时国内报载：“……留日女学生十数人，愤女学之衰败，慨女权之摧折，于4月8日成立日本留学女学生共爱会，以拯救吾国二万万之女子。复其固有之特权，使之各具国家思想，以得尽女国民之天职为宗旨。”

当拒俄义勇队改为学生军后，“女学生共爱会”也开会商议协助。决议从军回国北征。任军中看护，帮助办理救死扶伤的事。她们为了学习救护，全体去参加了日本的红十字会。这个组织的发起人名单有林宗素、胡彬、曹汝锦、王莲等。

由于清政府要“严拿”这些爱国学生，他们无法回国为国效忠。为了要促成革命的早日实现，那年秋天，学生们决定了三个计划：一个是宣传，以资唤起民众，一个是起义，一个是暗杀。黄兴和陈天华等被派回国到各省去发动起义。先父和苏曼殊、秦毓鎏等被派回国担任宣传。于是先父就同他的朋友们一起回到上海。

那时上海的报纸中，《苏报》最富于革命性。该报主人陈梦坡与蔡元培和先父等中国教育会中人都很熟。他自称《苏报》是中国教育会的机关报。因此蔡先生和先父等，都常常给它写稿。那时还有一个《国民日报》，也是一个以鼓吹革命闻名的报纸。有人说先父曾在该报主持过副刊《黑暗世界》，但无确证。又有人说，先父也一度担任过《苏报》的编辑工作，都不知是否属实。不过，先父曾给这两种刊物写过文章，大概是没有问题的。

《苏报》因为刊载邹容的《革命军》和章炳麟为他写的序而于1903年7月7日（阴历癸卯年闰五月初五日）被查封，章、邹二人被捕下狱。

蔡先生和中国教育会中一些人，因为和《苏报》的关系很密切，与章、邹二人来往又多，为了避免牢狱之灾，纷纷离沪。蔡先生躲到青岛去。先父一人在沪，替章、邹二人奔走营救，为他们请律师辩护，并阻止清廷引渡。如被清廷引渡，他们二人非死不可！（关于先父曾替章、邹二人奔走事，由先父在《中国白话报》第13期的《娘子军》小说中，可窥知一二，小说中说到该案开始时，先父即在罗迦陵夫人处捐来一百元，作为请律师的费用。可惜后来的事没有说。）

几个月后，风声比较平静，蔡先生从青岛回到上海，其余同志也纷纷返沪。这时帝俄又占领了奉天，并且又向清政府提出五项要求。这件事使得全国为之震惊。

1903年12月，蔡先生和先父约了其他几位同志，共同创办了《俄事警闻》。它的第一号于12月15日发行，在该报的第一版上登载了一条广告：“……同人拟组织‘对俄同志会’以研究对付东三省问题之法……”其实那时该会已成立。此后《俄事警闻》宣称它是“对俄同志会”的机关报。其实这两个组织中的负责人完全相同，仍然是蔡先生和先父等几个人。

1904年2月26日，《俄事警闻》改为《警钟日报》。不过《警钟》的发起人里，没有蔡先生的名字。他因爱国女学校的事务太忙，连编辑的工作也让给汪允宗了。该报最重要的部分是社论，这些社论，与《俄事警闻》中一样，所有白话文，全是由先父执笔。《警钟日报》第一天第一版的论文，即为先父所写。

1904年3月15日“对俄同志会”改名为“争存会”。《警钟》自然与“争存”是两位一体的。不管在《俄事》或是《警钟》，先父的文章，都是对全国各界各阶级各种类的人宣传拒俄和革命这两件事。不过在《俄事》偏重抗俄，在《警钟》则偏重革命。宗素姑于1904年春由日本返沪，在这两个报馆都任过编辑。

五、倡言民主　抨击清廷

在《俄事警闻》成立后的第三天，先父独自创办的《中国白话报》也问世。《俄事》是与蔡先生合办的，它每天出一张。《中国白话报》则为杂志式的，每月初一、十五出刊，后来改为旬刊。在这里，先父的笔名，由以前常用的“宣樊”或“宣樊子”改为“白话道人”，但他在《俄事》和《警钟》写稿多不署名。

打开《中国白话报》，人们一看目录，就会惊异先父当时那种拼命努力的精神。因为整个报几乎所有各栏都是他一个人所写。

在第一期的论说栏中，先父首先提倡民主，他说：

……这些官吏，他本是替我们百姓办事的，……天下是我们百姓的天下，那些事体，全是我们百姓的事体……倘使把我们这血汗换来的钱粮拿去三七二十一大家分去瞎用……又没有开个清账给我们百姓看看，做百姓的还是拼命地供给他快活，那就万万不行的……

在此之前，中国人民本以为国家（天下）是皇帝的，官吏是“民之父母”，人民都得孝敬他们，什么事都得逆来顺受，不能抵抗。但先父说：“这些官吏，他本是替我们办事的，天下是我们的天下。”这与欧美现在还流行的一句话：“官吏是人民的公仆”含义相同，他在1903年就已提出这种民主思想，在那时肯定是不多见的。

先父所写的新闻报道，也是与众不同的。现在我抄录几条第一期中的新闻报道，读者就知道我的意思了。以下是原文：

俄兵占了奉天

奉天有个袁道台，名叫大化。这位袁大化很好，很肯帮我们做百姓的。俄国要想夺我们的东三省，害我们百姓，碍着这位袁道台，不好下手。因叫奉天将军增祺将袁道台逐去。增祺因为袁道台是个好官，一点没有罪过，哪里好参他的官呢？就不肯答应俄国。俄国见增祺不答应，就派了八千俄兵，一直闯进奉天省城，把中国官的衙门都占了，把中国的官都赶去了。那八千名俄兵，一点道理都不讲，闯进百姓家里，把那些年轻妇女，随意奸淫，淫死的多得很，要待不依，就拿起洋枪打死了。还有许多钱财物件，抢得精光。可怜奉天一省的百姓，遇了这个大劫，一个个都进了枉死城哩！

俄国武官不客气的说话

俄兵既然占了奉天，那增祺将军还住在奉天省城。又不像主人，又不像客人，俄国武官觉得有些讨厌，心想这位增将军不能再同他说客气话了，因写张字给他，说道：我俄国的兵已进入奉天省城，你前头做将军，今天不是将军了，也好快些收拾行李带了老小出城吧。我这城内不能够给你长住的哩。还有许多中国兵，请你索性也带出去，我们俄国自己会保守这座城池。倒不敢相烦你的兵士帮助。你那交涉局如今也好归我们管理了。何必再费心呢？增将军接到这字，不晓得怎样回答，想来总不会说硬话了。

俄国人的蛮横和欺侮中国官吏的态度，读之令人发指！凡是有血气的人，能不痛恨而起来反抗吗？

商部尚书吃花酒①

北京近来又立个商部，这商部尚书是庆王爷的儿子载振做的。这位载振很喜欢吃花酒。有一天约了几个商部侍郎，还有几个阔佬，在北京余园地方吃花酒，又叫了许多局子，那种花颜云鬟，陪着红顶花翎，坐在一块儿，着实配得很哩！可巧有一位御史，姓张名叫元奇，知道这桩事体，立刻做一本奏折奏上去，皇太后听见这话，就降一道懿旨，淡淡的骂了几句。

我认为这一段叙述里，最妙的一句话，就是最后一句："淡淡的骂了几句。"

大家听戏，好玩得很哩

有一天，我们这位皇太后因为那东三省的事体，不免也有些忙，因就召了许多七八十岁的什么尚书侍郎、太子少保进来。一个个都是头品顶戴、红顶花翎。大家商量一阵子。那时候宫里头正在唱戏，什么《红线记》，什么《绣花鞋》，二黄、梆子唱得好不热闹，那太子少保见了皇太后说些天下大事，说罢了，皇太后因降一道懿旨，赏各位太子少

① "吃花酒"是在妓院吃酒，"叫局子"是叫妓女陪酒。

保都进入宫里，一齐坐下来听戏，听了好一会才退出来，大家都道好玩得很哩。

从这篇报道中，可以看出慈禧和她的大臣们对国家大事毫不重视，随便谈谈，便看起戏来。

综观以上四段新闻，可以看出一个强烈的对比：一方面是国土被人占领，百姓死亡无数，金钱财物被人抢掠，妇女被人奸淫，一方面则是听戏，吃花酒，照常取乐。

有了这样的新闻，编者不必加任何评语，读者心中对清政府自会有个评价。

《中国白话报》共登载了三篇小说：一、《玫瑰花》；二、《娘子军》；三、《新儒林外史》。其中只有《玫瑰花》有始有终全部刊完，而且后来还出了单行本。其余两篇小说都未刊完。

从《娘子军》那篇小说里，可以看出，先父是想把故事中的一些女学生，写成参加革命的女同志。他在1903年就提倡女子从军，这个思想，也是走在别人前头一步的。

谈起《中国白话报》，不能不提一下它最有名的一篇文章——《论刺客的教育》所起的作用。

这篇文章刊在第17期及第18期的论说栏。由于他的鼓吹和影响，致使桐城的吴樾志士奋不顾身，毅然用炸弹去炸清廷到欧洲去考察宪政的五个大臣，结果竟以身殉职！由此可见他的文章感人之深，是毫无疑问的。[1]

我们现在虽然不应再提倡暗杀，但在七八十年以前，革命党人多半认为那是革命的捷径和手段。

六、讥讽慈禧 刺王之春

1904年冬，慈禧太后过70岁的生日，全国上下那逢迎拍马的大小官吏，都想尽方法筹备那“万寿庆典”，以讨她的欢心。这些小丑，极尽铺张之能事。先父作了一副对联讥讽她，在报上发表：

> 今日幸西苑，明日幸颐和，何日再幸圆明园？
> 四百兆骨髓全枯，只剩一人何有幸？！
> 五十失琉球，六十失台海，七十又失东三省！
> 五万里版图弥蹙，每逢万寿必无疆！

这个对联对慈禧的讽刺，使人人拍案叫绝。它不但在上海传诵一时，就连外省的先进报刊，也多予转载。

这年冬天，还发生了一桩轰动全国的案件，即刺杀王之春案。因为先父与此案有很大的关系，所以不能不说。

---

① 《民报》刊登吴樾写给妻子的信：“自阅《中国白话报》，始知革命宗旨之可贵，自读《论刺客》一篇，始知革命当从暗杀入手。”

那年春天，广西巡抚王之春贪污虐民，发生了人民反抗政府的事件。王之春曾请法国驻在安南的军队帮他消灭反抗压迫的农民，允将广西的铁路和矿山开采之权让与法国。他又妄自夸大，奏说能在4月间平定暴乱。不料弄巧成拙，反使慈禧大怒，将他革职。

8月间，俄国想要粤汉铁路，在粤的两湖人民，不知王之春一向是贪官，竟请他出面帮忙不让铁路断送在俄人之手。想不到他受了俄国的贿赂，决定借此机会，把铁路让给俄国。

先父和他的朋友刘申叔、万福华都是热血的爱国青年，他们听见这个卖国贼一而再地把中国土地和主权送给外国，以图自身的利益，个个义愤填膺，一致认为应当把他杀死，以儆效尤。于是在8—9月间，就开始准备刺杀王之春的工作。

先父和刘、万二人决定了计划，他们知道王将来上海，于是预备好了枪。一支是万福华以前预备刺铁良而未用的，另一支是向章士钊借的。至于刺客，他们决定由先父的学生陈自新和万福华本人担任。不久，王果然来到上海。

先父和刘申叔假借清朝官吏吴葆初（北山）的名义，约请王之春在十月十二日到英租界四马路金谷香番菜馆二楼吃饭。他们把学生陈自新布在二楼，万布置在楼梯下，以防万一。

不料那天那个愿意为国除奸的学生竟然临时怯场，没有打王之春。万在楼梯下没听见动静，过了一会儿，又见王从楼上往下走来了，知道情形不对，须赶快采取行动。于是立即对王开枪，没想到他临时慌张，忘记把枪的保险机拉开，子弹打不出去，因此当场被捕。

他被收押在英租界的工部局里。

那天先父和刘申叔（光汉）也在场，他们原定的计划是把王打死后，由先父跳上桌子，很快地向在座的所有客人高声宣布："王之春是卖国贼，这就是卖国贼的下场。"然后几个人一起逃走。

没想到他们没把卖国贼杀死，万福华反而被捕。他被捕后，先父和刘只好回去了。

第二天，章士钊和一位姓李的同志到工部局去看万福华，谁知这是一个极大的错误。到达后，不但他们自己被扣押，而且招致了更多的同志被捕。

那天晚上，警探们到余庆里去搜查。当警探们进门时，房中只有五个人，等到深夜12点以后，又有六人从外面回来，结果十一人全部被捕。

这些被捕的人，计有：张继、黄兴、苏鹏、徐佛苏、薛大可、郭人漳、赵世暄、汤重希、方表、周瑟铿、章勤士。但他们到了工部局，警探问他们姓名时，没有一个人说的是实话，每个人临时都造了假名。据当时的报上说：这些人的姓名是：张杏年、周咏曾、赵洪和、周寅山、章士戛、张作、龙善行、赵梅、汤祚贤、郭宝生、李寿芝等。据可靠资料，现在只知道李寿芝是黄兴的化名，其余那些人谁是谁，就不得而知了。

根据黄翼云先生所撰的先父传略，他说先父与黄兴、章士钊等人同时被捕。这一点有误，先父是黄等被捕的第二天，因去他们的住所余庆里找同志，被在那儿守候的警探所捕。因证据不足，过了一天，即被释放。他们没有把他放在黄、章等人一起，所以有些同志，不知道他也曾被捕。徐佛苏、章士钊等都不知此事。先父后来也没和人提起，因为那时他急于奔走营救他的朋友们，哪有闲情谈他自己所遭遇的一件小事！

据当时报载：黄兴等被捕后，第二天即开庭审问，他们每个人都勇敢地承认："凡是祖国的奸贼和公敌，我们都要把他们除灭。"万福华更是理直气壮地说："王之春受俄国的贿赂，他是汉奸，所以我要杀他！"他们的英雄气概，所有的报纸都予同情。连上海的《字林西报》等外国报纸都以极同情的口吻叙述这件案子。并且建议租界不要把这些青年交给清政府去惩办。

这次被捕的人中，没有蔡元培先生。因此他和先父在《警钟日报》极力替那些被捕的同志辩护。他们说：万福华和被捕的那些青年，都是古时所谓的"侠义之士"，清政府诬他们为匪徒。侠义和匪徒，相差何止万里？他们是侠客还是匪徒，希望读者自己能判断。

先父自从出狱，便找了一位代万福华等人辩护的律师，答应给他丰厚的酬金。这位律师是英国人，他是当时上海最有声望有经验的法律辩论家。先父既答应多给酬金，他自然使出很多锦囊妙计。

和律师交涉好后，先父就四出奔走，设法筹款，准备酬金。他废寝忘食，约有两个月之久。但他的辛劳和苦心，终于获得了代价，经过多次审问，万福华只判了十年徒刑。其余的人，除周瑟铿外，全部释放。周因身上有手枪，被判六个月徒刑。

关于先父为朋友尽心竭力筹款营救事，徐佛苏先生为当事人之一，他和黄翼云先生都曾记载。徐于1926年先父就义后，曾写了一篇《哀诔》，现录其中之一段，一方面可证明先父的为人，另一方面可证明上面我所说的话俱是事实。

哀　诔

徐佛苏

闽侯林少泉先生，禀性英异。幼年，文学即惊动长老，超迈士林。弱冠，愤清政腐浊，奋思革命。当时各省英俊潜萃上海谋起义。中外当局合捕新党十余人系狱，少泉幸免。乃竭一人之智术，营救牢友，废寝馈者阅二月。同志赖以脱险。佛苏此时始识少泉，一见如昔，并惊服其胆略轶世，将来之勋誉无限……

至于王之春，他在官司未结束前，看官司打得不顺利，很懊丧。正在为难，恰巧两江总督来到上海，他妄想请求这位总督大人帮忙，希望能把万福华和其他的义士们都处死刑。哪知他自己的臭名已传遍全国，总督大人也不愿沾惹他。因此一见到他，便把他申斥一顿。他碰了这个大钉子，还不死心，仍然待在上海。

谁知那些年轻的义士们，经过几次会审（会审的官中包括英国领事），又有一位能言善辩的律师，因此得到上海各国领事的同情。案子进行到1905年1月初，各国在京的公使根据他们领事的报告，向清政府就王之春案提出“诘责”。清政府看见外国公使们都不喜欢王之春，便立刻下了一道命令，把他驱逐回籍。王之春只好夹着尾巴，垂头丧气地溜出上海了。

此次刺王虽然没有成功，但总算给汉奸们当头棒喝，起了很好的作用。而先父在这场轰轰烈烈的事件中，自始至终是一位重要的核心人物。

七、福州办学　入同盟会

刺王案全部结束后，大家以为风险已过，一切平静了。但先父时常感觉不安。因为他每天出门，常常感觉背后有人跟踪，监视他的行动。他知道这是清政府的暗探，他们想抓住一个机会，把他关起来。由于这次营救刺王案涉及很多义士，使他们知道了先父是革命分子中最活跃的一员大将。先父认为自己有暂且躲避一时的必要。于是让宗素姑独自再去日本念书，自己回到福州去。

这时福州的学务公所提调是张弧（字岱杉），他做事很认真，先父和他曾在诗酒会中有数面之识。因此给他写了一篇建议书，洋洋数千言，历述福建有设立学校之必要，并且把他的计划、规则等详细办法都附在内。张岱杉看了这篇建议书，很赞成先父的意见，便命他手下的姚稷臣创办了四个小学，都是府立的。先父与福州知府程祖福也是朋友，于是替他们请了几位可靠的文人管理学校，先父被任命为四个学校的总管，等于是四个学校的总校长。他每天奔走于四个学校之间，把学校办成模范小学。但他不受酬金，表示他建议办学校和担任四校总管，完全是为给家乡尽义务。除这四个府立小学外，还有一个公立小学（可能等于现在的市立小学），也是由于先父的建议而设立的。

这时福州已把从前的书院改为校士馆。每月举行一次考试，文章写得好的可以得奖金（大概是等于后来的作文比赛）。先父为了生活，常去参加，每次总是名列前茅。后来因主管看卷的郑友奇，知道了先父是鼓吹革命的能手，于是从此不取署名“林獬”的卷子。先父于是改名万里。一两次后，又被他看出，于是凡署名“万里”的，也不取。大概他已认识先父的笔迹。

但先父颇有不屈不挠和再接再厉精神。每次考试时，他典当了衣物，买来美酒佳肴，与他的学生们一边吃喝，一边叫他们替他缮写。他做了十几篇文章，用十几个朋友的名字写在卷首。文章又好又长，从清早写到夜晚，把那些学生都累得支持不住了，但先父的文兴还很高，一丝倦容都没有。

到发榜时，那前十几名的卷子，都是先父的文章，他每月可以赚好几十元，全家的生活都解决了。

福州的四个府立小学既然都是由先父主管，每月的经费也是由他领发。

有一天，他领了四个学校的经费，因其中有不少是银元，他就把它分成四大包，提着钱，打算送到四个学校去。

时间已经是日落西山了，他提着四袋钱，走到一个很僻静的地方，忽然从后面跑来四名大汉，要抢他的钱。幸亏他们都是空手，没有刀枪等武器。

他们四个人一起上来动手抢钱，先父因为曾学过武功，于是使出他的软硬功夫，一边打，一边往前跑，最后把那四个强盗打得四散分逃，先父竟没有损失一块钱。事后他回想，倘使钱被匪人抢去，别人一定不会相信，那么，先父的名誉怎么洗得清？当时一个证人也没有，那不是有口难辩吗？

宗素姑在日本当时不但是一位演说能手，而且是妇女运动的领导者了。有一次，她在留学生的大会上，对那将近一千人的听众演讲，题目是《女权》。她说：

“2000年来，两万万女同胞的奇耻大辱，莫过于娼妓之存在。我以为仅仅废娼，还不能尽雪前耻，将来我们要报复，他们过去怎么玩女人，我们也要怎么玩男人。……”

她那大胆的作风，引起全场的骚动。第二天的报上，登出她的演说，后来这个消息传到杭州，她的未婚夫很不满意，因此两人同意解除婚约。

先父此时在福州，积极地补习日文，因为他还想去日本读书。原因是第一次去日本没有正式入大学。同时，他也想去看看宗素姑。正巧这时福建总督魏光焘保送学生留日，先父就报名参加了。但因为他素有反清的名声，因此遭到不少官吏的反对。虽然官费留学办不到，先父绝不放弃求学的机会，于是自己筹款，不久即成行。

到了日本，因日文已有根底，便入了早稻田大学，主修法政，并兼学新闻。据说先父是中国最早在国外学新闻学的人。

这次先父到日不久，1905年8月，孙中山先生在日本成立了中国同盟会，网罗各方面的革命志士，先父早在数年前即已加入了孙中山先生的兴中会，他的许多好友，此时也都亡命日本，因此大家一起都加入了同盟会。从此他们不是孤立的革命团体，而是一个大组织中的一环了。

先父在读书期间，不但加入了同盟会，而且精研了英、美、日等国的法律和教育。

因为许多革命志士现在都聚集在日本，他们的言行举止又引起清廷的侧目。于是又要求日本政府限制中国学生的活动。日政府果然下了限制中国学生活动的通告，学生们大为愤怒，他们纷纷退学归国，先父在当年12月也带着宗素姑一起回到了福州。这次在日本读书，时间又不太久。

八、返闽嫁妹　三次东渡

先父带着妹妹由日本回到福州时，他们兄妹二人早已决定了这位妹妹的终身大事。她已是将近30岁的人了，但在日本时，追求她的人很多。其中学问最好、品行最端正、对她最忠实而情深的，莫过于汤忠先生。因此她与汤忠已有默契，先父也很赞成。

回到家乡，他们两人把此事禀告祖父，祖父自然同意。于是兄妹二人便积极筹备结婚典礼。并写信叫汤忠到福州来拜见未来的岳父。汤先生于1906年初到达福州。

宗素姑与汤先生的结婚典礼是全福州市空前未有的。那时，这种“文明结婚”仪式，全中国除上海外，别处都不多见。所谓文明结婚，即半中式半西式，也可以说是不中不西的结婚典礼。新夫妇不拜天地，也不给祖宗和长辈们磕头。

结婚礼服，新娘要穿白色的西式礼服，但祖父坚决反对，他认为白色是中国丧服的颜色，太不吉利。他要女儿穿大红色的衣服，至于样式是中国的还是西洋的，倒没有关系。父女僵持不下，都很不痛快。后来先父想出了一个折中办法，他建议穿粉红色的西式礼服，这个折中办法，得到了双方的同意。于是宗素姑自己缝制了一件粉红缎的西式结婚礼服。

结婚那天，借舅家黄府的宽大宅院举行典礼。新郎穿西式黑色燕尾大礼服，新娘穿拖地的粉红缎礼服，她手捧一束鲜花，头戴粉红色的纱，足穿皮鞋，在幽雅的西洋音乐声中，慢慢走出。她步履轻盈，态度大方。新郎旁有一位男傧相，新娘旁有一位女傧相。

他们二人仅向主婚人（祖父）行三鞠躬礼，又向证婚人及介绍人各行三鞠躬礼，然后两人相对行一鞠躬礼，再向两旁的来宾鞠躬各一次。

行礼之后，由主婚人宣读结婚证书，双方盖印，交换饰物（戒指）等，然后是主婚人致辞。祖父说了几句祝福他们的话，便算交代过去。其次是证婚人致辞，证婚人是新娘的表兄黄翼云先生，他也很简单地说了几句，便算了事。再往后是介绍人致辞。介绍人是先父。他把宗素姑在杭州、上海、日本所做的许多爱国行动，都报告了一些，并且说她很善于演讲，在留学生中，是出类拔萃的人物。所有的来宾都大为惊奇，他们没想到福州会出一位女英雄。

先父说完后，本来仪式就应当结束，但这些来宾听得太兴奋了，他们竟要求新郎新娘报告恋爱的经过。

汤忠先生为人忠厚腼腆，不善于演讲，只说了几句，便塞了责。宗素姑则非常大方。她不但把认识的经过报告出来，而且告诉大家，她因为他的情书写得非常动人，因此使她决定和他结婚。

来宾们听完，报以热烈的掌声。这是福州（也许是全福建省）第一次见到的文明结婚。而且新娘演讲，大概也是空前的事！

宗素姑结婚不久，就同汤先生一起到上海去。他还是从事革命，并热衷提倡男女平等。

先父把妹妹嫁出去后，便开始了著述生活。他与表弟黄展云一起编了八本高等小学修身课本，又和王永新、黄振云合著了四本高等小学经训教科书。同时在福建仍进行革命的宣传工作。

那些从前和先父一起从事革命的朋友们，渐渐地又都聚集到上海来，他们写信叫先父也到上海来和他们一起工作。于是先父在福州住了一年后，又整装赴沪。

这时革命的呼声，在全国已经是汹涌澎湃，不可遏止。因此清政府对革命人士的镇压也更加严厉。上海是革命党人荟萃之地，被监视得最严。为了安全之故，他们也不像从前那样敲锣呐喊，而仅仅是秘密联系，秘密工作。

但为生活问题，先父在沪需以卖文糊口。好在他的文章，所有的报纸都欢迎。他们都以刊载他的文章为荣，而且他不居奇，每篇文章只卖五块钱。不过他常常是要把这钱完全用完，才再写另一篇。锅中如还有饭，他绝不动笔。

但他却很好客。有一次，一位朋友来看他，他知道家中没有钱买酒买肉，于是请朋友稍坐片刻，赶紧写了一篇文章，叫人送到某报馆去，立刻拿到钱，于是买了酒和菜，请朋友吃饭。

关于这个故事，在《东方杂志》第32卷第13期，有这样的记载：

> 海上诸报，无不以刊白永之文为荣。白水为畅所欲言计，未尝居奇。每篇仅受酬金五元。然必待资尽而后为之。瓮有余粟，犹舍文而嬉也。复好客，客至，辄请少待，临案走笔，顷刻成篇，遣急足持投报馆，收稿费设酒食以宴客，其风趣如是。

先父为人的豪爽而不拘小节，又可以由此看出一二。

先父在上海住了大约一年，又决定去日本完成他的学业，因为过去虽曾去过两次，但都没有安安静静地读书。第一次，只上了补习日文的学校，整天忙于抗俄运动，到处开会，写宣言，等等，几个月后，就回国了。第二次赴日，虽然入了早稻田大学，没读一年，又因抗议日本的《取缔清韩留学生规则》，参加总罢课，随后和许多留学生一起愤而回国。书还是没有念完。

这次先父决定再去，一定要把书读完。因此在1907年左右，三度赴日求学，仍入早稻田。

在学校读书不到一年，先父的老师高啸桐先生于1908年2月在上海去世。

高老先生逝世时，先父由日本寄了两副挽联到上海：

其一：

听经溯十五年前，日月悠悠，大难往事长为忆。

闻讣在八千里外，门墙落落，别有伤心未忍言！

其二：

廿年师弟，万里音尘，嗟嗟贼子，不才东去，岂关吾道事！

领海衣冠，江湖文藻，咄咄先生，太赋南归，为赋大招篇。[①]

① 挽联因附有“寄自日本”等语，可以证明先父那时在日本。

九、赴京参政　营救党人

先父一到日本读书，就寻找值得介绍给祖国同胞的书籍。因为他要以翻译来维持生活。但他不愿翻译只供人消遣的小说，他要翻译一些对国家民族有益的、可以给中国作借鉴的著作。最后决定翻译《日本明治教育史》。这是一本巨著。此书于1907年开始译，1908年10月问世。

他译这本书，是因为日本自从明治维新以后，成为强国，而教育是强国之本，他们的强国之道，有许多可以让我们效法的地方。

这本书使先父得了一笔相当多的稿费，于是先父在课余之暇，继续翻译了好几本书，但都是小本的。这些书于1909年至1911年陆续出版，计有《纳尔逊》《俾斯麦》《华盛顿》《加里波的》《大彼得》《哥伦布》，共六本。上海商务印书馆把它们列为少年丛书。从初版的1909年，至1930年，每本书都印了十几版。其中以《大彼得》再版的次数为最多，共印了十九版。

人人都知道大彼得就是沙俄的彼得大帝。许多没读过这本书的人，也许会以为它是赞扬彼得大帝，歌功颂德的一本书。其实不然，先父一向痛恨沙俄对中国的侵略和强占恶行，因此与蔡元培先生共同创办《俄事警闻》和《警钟日报》，自己创办《中国白话报》，又和朋友们设立"对俄同志会"，等等，这一切都是反对沙俄的行动，他怎么会歌颂俄国的沙皇？先父译这本书的目的，最主要的，是揭发彼得大帝要征服全世界的野心。在书的结尾处，彼得大帝写下了遗言，教他的后人，要怎样侵略别的国家，进而征服全世界。

1910年3月，另外一本巨著《自助论》出版。那年夏天先父学成归国，仍住在上海和他的朋友们一起工作。同时仍以投稿和写书维持生活。《英美法》也是一本数十万言的作品，出版日期大约在《自助论》之后。

有一天，赵声和刘光汉来找先父，他们要到南京去发动起义①，但没有钱，让先父代为筹款。先父手中既无现款，此时又无处借贷，苦思半日，最后想出一个办法，他只好用他的脑力和手力去赚钱，给朋友们去为国服务。

于是他在同志们经常聚集的地方，找了一间屋子，关起门来，开始写作。

先父用了三天三夜的工夫，写完了一本书，即《中国民约精谊》。这是一部巨著。他写好后，又恐书局不肯出高价收买，因此刺破了自己左手手指，滴出许多血来，用他的鲜血写了一封悲壮沉痛、淋漓尽致的书信，详述革命之必要和党人需款迫切的情形，恳请书店当局慷慨相助，并将购书的款立刻给他，以期早日完成起义和革命的大业。他知道这书局是同情革命的，所以大胆地说出实话。这封信使

① 此处按作者叙述，当在1910年间，有误。因刘光汉（即刘师培）于1909年已为清官僚端方收买，向端方密告江浙革命党人武装起义计划，致使武装起义失败。辛亥革命后，刘师培加入筹安会，助袁世凯行帝制。据张次溪《记林白水》一文所述，刘光汉发动武装起义，当在1905年期间。

得每个看过它的人，无不潸然泪下！而这本巨著，又使他们如获至宝。他们立刻付给先父一千元。我们现在看起来，一千元好像很少，但在那时候，一千元可算得是一笔很大的稿费了。

先父把钱拿回去后，立刻交给赵声和刘光汉两人，自己一个钱也没有留，回家后，发现家中已三天无米了。

1911年的10月10日，武昌起义，接着是许多省纷纷宣布独立。福建也于11月9日宣布独立，成立了都督府。这个好消息，使先父欣喜欲狂，于是他又回到家乡。

他到福州后，立即参加了都督府的参事会，并且提出共和政体必须三权分立，即立法、司法、行政三权都是独立，互不干扰。不久，福建省成立了政务院，果然实现了三权分立的制度。

先父此时可能是福建省唯一在日本学过法律并研究过英美各国法律的，因此大家公推他任法制局局长。

后来省临时议会成立，他又建议应当急速制定选举法，议会于是请他起草。先父参考欧美和日本各国的选举规章，自己写出了福建省第一部选举法，它也是全国最早的选举法之一。

根据福建省辛亥革命光复史料，先父写这部选举法，曾修改过四次之多。该史料中还说，先父在担任法制局局长时，法制局还办了一个报，名叫《时事选刊》，是文摘式的报刊。他这文摘式的报刊，在中国可能是首创。当时极受福建各方人士的欢迎。

福建政务院的总裁彭寿松，因有兵权在握，做了一年多福建最高的军事长官之后，一天比一天横行霸道，凡是反对他的人，他就叫手下把那人杀死，这样杀害了好多人！他对人民的欺凌，与清政府时代完全相同。因此怨声载道，人人都想把他驱逐出去，但他掌握着兵权，有如混世魔王，谁也管不了。

先父看见彭寿松这样无法无天，极为愤怒，常想设法把他赶走，为乡里除害。正好北京的国会成立，先父被福建人民选为众议院议员。他很高兴能有机会到北京，因为他要把彭寿松的种种罪状报告给管得了他的人。于是在1913年冬，便到了北京。

袁世凯久慕先父之名，现在听见他已到京，于是便托人去请他到总统府去当秘书，并兼直隶省督军府的秘书长。

先父对于做袁的官本没有兴趣，但他认为能接近袁世凯有一个好处，因为要驱逐彭寿松这个福建的混世魔王，只有北京这个比他更大的混世魔王才能办得到。

于是在就任秘书之后，先父经常在袁面前数说彭的罪恶，并且写信到福州，请人写了一封告彭寿松的长信，找了许多人（其中包括政府中的官员）在信尾签字盖章。

袁世凯派人调查属实，于是不但把彭寿松贬了职，而且立刻调到别处去了。

彭寿松离开福建，福建人无不额手称庆！他们对先父的帮忙，也非常感谢。

关于以上这件事《东方杂志》第32卷第13期，也有一小段记载。

清室既屋，福建独立。设军政府。白水长法制院。时彭寿松为政务院总裁，虐民甚！意所不善者，辄嗾护卫刺之于市。白水恶之。以中央于闽事素隔膜，欲暴其恶于中央，遂应项城之招，入参机要，乘间数彭氏罪，彭之去闽，白水与有力焉。

彭寿松离开福建没有多久，另外一个军阀李厚基又来到福州，他一到，就捕去将近二十名同盟会会员，关在监狱里。这些人的性命，危在旦夕。先父听说这件事，立刻在京建议中央应派大员赴闽办理军务善后的事。于是中央派了一位督办和一位帮办到福建去。先父被任为帮办。先父到达后，立即与李面谈。不知先父用了什么妙计，竟说服了李厚基，他不但未把他们处死，且把这十几个人放了出来。这些人中，包括他的表弟黄展云。关于此事，黄翼云先生所写的先父传略中，有如下的记载：

李厚基以兵压境，大捕党人，公于是时，奉命回闽帮办军务善后，以计脱同党十余人，人皆义之。

……公侠烈性钺，急人之难如己。前后党人如万福华、黄汉湘、王莼、陈群、黄展云，皆以公之救援而得生……

（黄翼云先生写此文时，上述的人们多半都还在世，如没有被救事，黄先生自不能随便说他们曾被救。）

有人对先父在袁世凯那里任秘书事，认为是不可原谅的，他们如果知道先父曾为了替家乡除害，赶走彭寿松，间接地救了很多人命，又把十几位无辜的乡人从狱中救出而免死，大概对先父就不会苛责了。我们怎么不相信他是为救别人而牺牲自己呢？

关于先父对袁世凯的评论，在先父所写的文章中，可以窥知一二。

1923年3月30日《社会日报》上的时评，题为《国会处处自杀》，这篇东西是责骂国会的，并非是写袁世凯，但其中有一句话说到袁世凯。他说：

> ……现在的当局，总算对国会尊敬到十三分，就是顶强横的军阀，也是处处恭维议会，表示极尊敬的态度，袁世凯、段祺瑞的威迫利诱手段，如今并没有人敢于蹈袭。………

他既说袁世凯和段祺瑞对人都是用“威迫利诱”的手段，我想他对他们看得很清楚，给袁当秘书，不过是利用袁的地位，营救自己的乡人而已。（以后有一篇时评，也是把段和袁放在一起骂的。）

至于段祺瑞，有人认为段当政时，先父曾受过他的津贴。但是我找不到任何证据足以证明此事，只找到《庸庵漫钞》一书，其中有一副先父讥讽段的对联：

上联——有吏皆安福[1]

下联——无官不福安

据说："见者莫不哄堂拍案，段派知之，衔白水甚。"

此外，在段祺瑞当政时，先父曾把他的两个阁员——陈澜生和许世英——的贪污案揭露，以致使他们一个革职囚禁，一个自动辞职，这样不客气的作风，我想也不会是受了津贴的。（关于陈澜生和许世英的贪污案，以后有先父的评论。）

十、宗素赴新　支持办报

辛亥革命后，宗素姑常常到各妇女团体去演讲，她的目的是争取男女平等，争取女子的参政权。后来孙中山先生由海外归来，在南京就任了临时大总统，宗素姑在上海联合了一些朋友，发起组织"女子参政同志会"，争取女子参政权。并代表该组织到南京去见孙中山先生，提出要求。孙先生对她极为嘉许，并答应给以帮忙。

但是孙先生的临时政府中，尚有一些顽固的守旧分子反对女子参政。于是宗素姑回沪后，又与她的朋友们联合了各地的妇女团体，组织了一个扩大的机构，名为"女子参政同盟会"，又去谒见孙先生。

① 安福系是皖系军阀控制的政客集团，段祺瑞则是皖系军阀的头子。

这个组织仍然得到了孙先生的支持与赞助。不幸后来孙先生辞去临时大总统职，离开了南京，以致使得她们的妇女参政受到挫折，未能实现。

她为此事，精神很不愉快。这时她已有了两个儿子。她的丈夫汤忠先生是一个很内向的人，与宗素姑这个非常外向的人，经常意见不合，他希望她整天在家照管孩子，她则喜欢在外奔走妇女参政。

这时正好有一位宗素姑在日本时的同学，姓黄的，她是新加坡的华侨，以前曾约过她到新加坡去办学校，宗素姑以前因为忙于妇女运动，没有答应。不料此时她又来信请宗素姑去游历，大意说："你可以顺便看看这里的情形，如果愿意来创办学校，自然很好，即使不愿意，也无关系。"于是宗素姑便想去看看。

不料姑父非常反对！他不赞成她独自出去游历，更不同意她去办学校，因为他和两个儿子绝对不到新加坡去。他们两人的感情早已有了裂痕，这次为了出国事，更伤了和气，于是终于走上离婚的路！她同意两个孩子由汤抚养，办完了离婚手续后，自己便到新加坡去。

她到达不久，便创办了学校，当了校长，兼任教员。

她的同事中，有一位张客公先生，是湖南人，他不但学识丰富，而且有口才，善交游，极受校方和学生的欢迎。张先生的年龄、相貌和性情，都与姑母极相称，两人后来就结了婚。

姑父家是湖南的富商，因此他对经商也很内行。姑母的好友黄姓一家，见姑父对什么事似乎都很有办法，于是许多商业方面的事也请他帮忙。姑母从前虽不懂如何做生意，但在姑父的影响下，也学了很多。于是他们夫妇二人一面教书，一面帮黄家料理商业与财务，一面自己也经营起药材和其他货物的生意来。

不到十年，姑母一家成为相当富有的华侨了，她在1915年，又生了一个男孩，名国光。为了怕他没有玩伴，于是领养了一个比他大三四岁的女孩做女儿。她是姑父一位远房表兄的女儿。

现在姑母一家，已是儿女双全，生活富裕而美满。唯一使姑母挂虑的事，是国光的身体不大健康，他常常生病。

先父办报，有时经济上会有青黄不接或捉襟见肘的现象。姑母从小受先父的爱护，长大后受先父的教导与提携，手足之情极深。因此，后来她常常借故给先父寄钱，支持他办报。

从1913年到1916年这三年，先父在北京的官场和议院，眼睛所看到的，都是贪婪无耻、自私自利、争权夺利和见利忘义……种种丑态。使先父羞与他们为伍，于是他辞去议员的职务，决定再办报。他希望能用他的报来规劝并监督政府议院。他要代表人民，替人民说话。

1916年先父创办了《公言报》。

现在暂且不谈《公言报》，先说一说我们的家庭——母亲、哥哥和我吧。看我这篇文章的人，一定很纳闷，关于姑母的事我说了不少，直到现在还没有提到我自己的母亲和我自己，未免不近情理。因此我现在先说一下我的家人，然后再谈《公言报》。

十一、客居京华　爱抚幼女

先父共有三位夫人。

第一位是哥哥的母亲，姓陈，名不详，福州人。1900年与先父结婚，次年生了哥哥。她早逝。

第二位是我的母亲。姓陈名钰，生于1887年。原籍苏州，但在福州长大。后因外祖父在日本经商，把她接到日本去，因得识宗素姑母，也认识了先父。那时她才十几岁。20岁时与先父结婚。

第三位姓倪，名景福，字宝玉，是远亲。哥哥小时，她在我们家照顾哥哥和祖父，是一位好管家。母亲自从1913年到了北京后，身体一天比一天坏，经常卧病在床上，中西医都治不好，本来非常美的一位少妇，渐渐变得骨瘦如柴。现在想，可能是癌症。她因为不能照顾丈夫和女儿，要先父收倪为妾，还怕她不愿为妾，允许她算作“同室”夫人。因此她于1917年成为林家的人。我叫她干妈。她照顾我们全家，对我也很爱护。

哥哥陆起生于1901年，他是祖父的至宝。他小时祖父常常带他到花街柳巷去玩，因此影响了他的一生。他从小最喜欢去的地方就是歌楼酒馆，最喜欢看的是花枝招展的姑娘，最喜欢听的是莺声燕语……他最希望的事是整天生活在脂粉堆中，可惜我们家不是大观园，他如果有一个大观园式的家，一定是其中的贾宝玉了！

我生于福州。但在两三个月时，父母便把我带到北京，因此在北京长大。小时没有上小学，因为先父认为学校里所教的中文太浅，他希望我在家里把中文根底打好，念完四书五经（因为先父自己在14岁时已把四书五经都念完了），同时学写篆字，读些诗词，然后再上学校，他打算在我十四五岁时把我送到中学去念书。

因为母亲多病，父亲对我照顾得特别周到。无论冬夏，他每日睡觉以前，总要到我的屋子里来看看我，给我把被盖好，因为我常常在睡梦中把被弄开，他恐怕我受凉。有时他半夜起来，也会再来看我。实际上每次父亲给我盖被，常会把我碰醒，我醒了几秒钟，一翻身又坠入睡乡了。有时我不太困，便叫一声“爹爹”，以表谢意。爹爹这时总是轻轻地吻一下我的前额，或亲亲我的手背，然后告诉我：“好好地睡觉吧。”或“乖乖地睡吧。”

这些情景，我一直到现在也忘不了！每次半夜醒来，还会希望有爹爹来给我盖被。回想起来，我小时多么幸福！有这样慈爱的父亲！

夏天的时候，父亲常常带着我到中央公园（即现在的中山公园）来今雨轩去吃西餐。

我们多半是下午五六点钟到达，父亲的主要目的是去会朋友、找材料。每次刚到时，桌旁只有我们父女二人，坐一会儿，我们桌旁的人就越聚越多。他们忽而高谈阔论，忽而低声耳语，都是谈论些国家大事，我对之毫无兴趣，因为那时我只有六七岁！于是他们谈话时，我总是静静地看我周围的人们。我最喜欢看那些穿得花枝招展，长得月里嫦娥一般的小姐和少妇。

春天，牡丹花或芍药花开时，父亲常常带我到公园去赏花。但那时我对花并没有太大兴趣，对花池附近那一二十缸龙睛鱼，倒非常喜爱。那些凸眼睛、肥肚子、大尾巴的各色金鱼，我觉得比花有趣得多呢！

秋天，中央公园常常在九九登高时举行菊花展览会。父亲虽然知道我对菊花依然没有对龙睛鱼或水榭附近那只孔雀那么有兴趣，但他还是常带我去看花。我现在想：那时先父一方面是自己爱花，一方面是希望我也养成爱花的习惯吧！因为莳花和奏音乐都是陶冶性情的好办法和高尚的嗜好。父亲自己会弹七弦琴，他常常说，将来我到十几岁时，也要教我学七弦琴。

冬天，没有什么地方可玩，于是琉璃厂的古玩铺、书店和字画店成了我们父女常去的地方。每次去时，父亲总是拉着我的手，这家看看，那家谈谈，有时一个上午什么也买不成，有时也许买上一两件。每次我跟父亲去，头两三家，还不觉怎样，等到一个钟头以后，便觉得腻了。于是我就出花样了，我不是说“走不动”，就是说要小便，催爹爹早一点回家。父亲知道我不耐烦，于是就说：

“你如果能等我再看一两家的话，我就带你去吃馆子。”

我一听可以吃馆子，身体也不累，小便也不急了。

后来祖父去世，哥哥也来到北京。哥哥来到北京后，生活很不习惯。先父恐怕他念不好书，于是把他送到天津南开中学去住校。因为南开的校长张伯苓先生是先父的朋友，先父请他对哥哥严加管教，这样，他才能用功读书。如果住在家里，先父自己没有工夫时时注意他，恐怕他念不好书。

哥哥比我大十几岁，他又不常在家，即使在家，和我也不能在一起念书或玩儿，因此父亲商得二叔继勋的同意，让他的女儿毓秀到我们家来住，和我一起念书。毓秀姐比我大两岁，我们两人在一起读书写字或玩儿，有了伴儿，的确比以前好得多了。毓秀姐的祖父即甲午殉国的那位叔祖父——林少谷。

哥哥从天津南开中学毕业后，先父把他送到美国去留学。他离开家时，我还不到十岁。后来我稍大一点，父亲每次给陆起写信，总是叫我也写一封信给他。但他给父亲回信时，很少给我回信，只在信中提一提收到我的信，或问问念书的情形而已。这使我很失望。

有一次，父亲又叫我给哥哥写信。我不明白为什么，于是问道：

“爹爹，为什么我得常常给哥哥写信？他很少回我的信啊！”

父亲那时正在练习写字，他停住笔，拉着我的手，踌躇了一下，慢慢地看着我，对我说：

“他的功课很忙，你不能怪他！你还小，不懂事。将来你得靠哥哥帮你很多忙呢！所以我希望你对哥哥要很好，让他爱你，我才高兴。”

“哥哥会给我帮什么忙？”我的好奇心不禁使我又发问。

“比如说，将来你结婚了，你的丈夫或你的婆家有人欺负你，你有一个哥哥出来替你说话，人家就不敢随便欺负你了。”父亲说完，亲一下我的手背，慈爱地看着我。

“如果有人欺负我，爹爹替我骂他们一顿，不是更好吗？何必叫哥哥去说话！”

“傻孩子，我不能跟你一辈子啊！将来你需要你哥哥帮忙的！”说到这里，父亲好像很难过，他放下我的手，低下头去写字。过了几秒钟，又吩咐我：

“快到你的屋子里去写信吧。”

我当时并不太懂先父的意思，也不敢再问为什么。于是只得回到屋里，规规矩矩地给哥哥写了一封信，然后交给先父。

后来我长大时，才明白父亲当时的用意。他因为我岁数太小，恐怕将来我结婚时，他已不在人世，因此要我从小就和哥哥亲近，以便将来不致太孤单而受人欺侮。爹爹想得多么周到！难道他已有预感，厄运不久即将来临？爹爹对我的爱护，真是无微不至，处处都为我想到。慈父对我的爱，岂是世界上任何人比得上的！但是，他这一片苦心，我永远没法子报答了。

十二、批评时政 革新社会

先父办报，有两个目的：一个是攻击军阀、贪官、污吏与奸商，使他们的罪恶目的不能得逞。一个是代表人民，建议政府做对于人民有利的事，并代小民鸣不平。我看先父报上的评论，都不出这两个范围。

我在第九章里，曾说过，先父有一篇文章，提到许世英和陈澜生的两大贪污案。这里有两篇虽都不是当初揭发他们罪状的文章，但也可以看出，他对贪官污吏的痛恨与憎恶是多么显著。现在先抄一篇如下：

青山漫漫七闽路

1918年8月24日《公言报》

吾人犹忆民国五年与六年之交，中央政府阁员中，有以贪赃舞弊闻于时者，其人为谁？即财政总长陈锦涛（澜生）与交通总长许世英是也。

又忆民国三年与四年之交，外省长官中，有以任用私人，怨声载道，被参有案，被控有案，啧啧人口者，其人为谁？亦即福建巡按使许世英是也。

然则许世英之为何许人，与其人之果“英”与否？世间当有定评，吾人亦不必多赘矣。

乃近闻有某新任议员，竟欲假福建同乡某绅之名义，为许氏运动再长闽省。嗣经多人叩之某绅，某绅愕然，奸谋始破。而许氏无故遭此蹭蹬，岂闽之幸，而许氏之不幸耶？

福建人固知是非者，福建多数新议员，固甚自爱自重者，即以政府而论，用人虽有全权，而毖后惩前，似亦不宜再为鲁莽之事。然则七闽虽迩，青山漫漫，许世英果何时可以复扬其旌节耶？

我认为先父这篇文章写得可以算相当客气，后来又有一篇文章题目是《靳内阁的纪纲原来这样》，里面不但提到许世英、陈锦涛的案子，而且又把段祺瑞和袁世凯放在一起批评，而且把段骂得更重一点。写这篇文章的目的，并不是为陈、许、段、袁四个人，换句话说，他们四个人并不是文中的主角。现在把原文抄录一半：

靳内阁的纪纲原来这样[①]

1921年12月13日《新社会报》

这一两年以来，北京政府的号令，至多走得到大衙门的大门限内为止。不要说走得到城门，更不要说走得出城门外，这是人人知道的，也不必替他深讳了。但号令走不出北京城，这是有人原谅的。要说是号令走不出衙门的大门限，那是随便什么人不能原谅了。

我还记得合肥（段祺瑞）当国的时代，交通总长许世英，因为他靠着合肥是他拜把的弟兄，一方又是入了国民党的党籍，所以胆子大了。办一个津浦租车的大事件，不幸给区区知道了，想尽法子，把他那租车合同抄得一份，给他一个体无完肤的批驳，在《公言报》上一登，这位许先生第二天就在国务会议席上，自己乖乖地告发自己。还请总理派人查办。以合肥那样蛮干的家伙[②]，也不能不有三分尊重舆

① 靳内阁指当时的国务总理靳云鹏。

② 先父称段祺瑞为“那样蛮干的家伙”，可见他对段没有丝毫好感。

论。因此也就暗暗地劝他辞职。你想吧，那时候的合肥，简直跟项城差不多远[①]，他以总理之尊，却不能保护一个把弟兄，可见当时北京城还有些纪纲。

还有一位财政总长陈锦涛，也是因为五万块钱的贿赂，给区区知道了，当天在报上一发表，陈锦涛也是乖乖地自己在国务会议席上，自请查办。不上几天，陈氏辞了职，就给地方厅传了进去押起来。审判结果，定了徒刑的罪名。后来还是费了多大的劲，弄个大总统援照约法，给他特赦出来。不然，至今还关在监狱里面哩。

我们当合肥那个时代，看他所行的政，所做的事，没有一样不是痛心疾首的。……

这篇文章太长，仅抄到此为止。他的主要目的是举发另一贪污舞弊的官吏陈世华。陈锦涛和许世英的事，不过顺便一提而已。

1919年春，南北议和，地点在上海，先父赴沪主办《平和日刊》，鼓吹和平。但终因双方各持己见，和平谈判未能成功，先父在忙了三个月之后，于是收拾了行囊，又回到北京，继续办《公言报》。

他还是本着良心，对军阀和政客，像当初抨击清廷一样的不客气。因此在1920年7月，报馆被军阀派人砸毁，报纸也被迫停刊。

---

① 先父又把段祺瑞和袁世凯相提并论，说他们两人“差不多远”，意思是他们两人都不是好人。我想看了这篇文章，更可以知道先父对袁、段二人的看法是如何了。

姑母在新加坡听到先父的报馆被砸，屋中的家具被毁，立刻汇来500块钱给先父，并且告诉先父，他们夫妇二人的收入很好，以后要经常汇钱来作为报馆的开支，她知道她的哥哥绝不会从此就不办报的。

此后，先父屡次写信拒绝接收她的钱，但都无效，她说："你的报也是我的报，我是股东之一……"从此她每月都寄二三百元来。那时的二三百元，可以做很多事哩！

1921年初，先父创办了《新社会报》，他每天除写时评外，要闻一栏，也是自己编写。

他的时评，过去一向所谈的都是国内外的大事。北京其他报纸，每天所登的重要新闻，则多半是关于那些大军阀大官僚的活动和起居应酬，等等。我还记得从前的一些报上，有一栏叫做"冠盖往来"，就是专门刊载上述的一些无聊的消息，与人民毫不相干。

先父创办这份报纸之初，即宣称他要"树改造报业之风声，做革新社会之前马"。因此他特别注意平民的生活，尤其是劳动阶级同胞们的痛苦生活。

有一天晚上，先父乘人力车由报馆回家时，和车夫闲谈，车夫把他生活的苦痛告诉了先父，先父回家后，就把这车夫的悲惨生活写了出来。第二天刊出后，给北京报界人士以极大的震惊，同时也赢得了许多劳动阶级的读者的赞扬。从此他不但得到劳苦大众的欢迎和拥护，而且对整个新闻界发生了很大的影响。所以后来《国闻周报》提到先父这次对报界的贡献时说："苍头异军突起，报界风尚为之一变。"

先父鉴于每到夏天，许多拉人力车的车夫和其他以卖苦力为生的同胞，常因天气太热，出了一身大汗后口渴而到井边去喝生水，或向店铺去讨一杯冷水喝。因不清洁和细菌传染而得病，有的甚至死亡。于是在报社和家门口，各设小水缸一个，每天命家人煮好开水，冷后倒入缸内，供过路的车夫或其他卖力气者饮用，有时还煮些绿豆汤给他们喝。先父并且在报上提倡此事。不久，大街上有些铺子也实行了设置冷开水或绿豆汤的小缸，对一般卖力气者的健康不无小补。

《新社会报》虽然时常登载平民生活的新闻和评论，但先父并没有忽略国家大事。他的时评，多半还是有关国内外重要事件的。

在1921年10月27日《新社会报》有一篇时评，是鼓励学生作示威运动。那时正当太平洋会议行将开幕，中国想在大会中要回青岛，先父建议国内举行大示威运动，争取英美两国的同情。希他们能在大会中帮助我们。现在把原文录下：

国民的大示威运动

太平洋会议快要开幕了。北京上海两个地方，关于研究这个问题的团体，发生的很多。其余各地，不甚听见。

我以为北京的学生、上海的商界，应该发起一件事，就是准备离太平洋会议开幕三天以前，通知全国的学生，全国的商界，对于英美两友邦公使领事所驻的地点，举行一个国民的大示威运动。

这个示威运动，要很整齐、很严肃、很文明的。千万不要挑起人家的恶感。事前并要把日本占据青岛以来的历史以及外交上经过的事实，日本政府最初的宣言，青岛近来日人所有的布置，以及他们排斥外人、霸占利益种种居心不良的地方，以及这回所提出劝诱我们直接交涉的所谓善后大纲，并第二次声明书，所有不对的地方，全给他详详细细揭发出来。向全国各地所有英美人不论教士、商人、外交官、学者，每人给他送一份。同时还要打电给英美两国的华侨并南洋各埠侨民等，叫他举行同样的大示威运动。

这个大示威运动有两件的作用：（一）是促起英美国民及政府的注意，好给他们知道中国国民这一回对于鲁案是有一致坚决的表示，激发英美朝野以及那般狡猾外交家政治家的天良，请他主持点正义公道，别再上日本人的当，种将来太平洋大战的祸根。（二）是促起我们中国全部国民的注意，叫他们预先准备一个唯一的好法子，等到万一太平洋会议我们的正义公道没法子拥护的时候，我们好用一致坚决的精神来做最后的对待。老实不客气。我们的武力，是比不过人的。但是除了武力，尽有他的法子给人家对待，只要国民能万众一心，坚持到底，就这小小的排货一件事，尽够做我们的武器，比打仗还有把握得多。日子不必多，只要能坚持三年，对于那一国偏袒日本，不肯本着良心来拥护正义公道的，绝对的、极端的，排斥他的商货，宁死也不要买他的东西。守了三年的长斋，以为报复，我看他们绝没有方法当得住吧！

听说现在北京各团体的联席会，已经决议选派代表到上海去活动了。我劝诸君到了上海之后，别的事别的话再慢点进行。头一件先把我这意见提出未，向大家讨论一讨论。要是有比我更好的方法，能够对外宣传表示我们国民对这鲁案一致坚决想拥护正义公道的决心，那就请你走别的路。要是没有别的什么好法子，我看还是借重学生商人，采用我们这个建议，在他们开会三天以前，快点预备。总要使我们全国及海外侨民等，同一个日子，同一个时辰，举行这个大示威运动。叫英美人先知道，我们国民有这样的一致，我想于将来的鲁案，总该有点效果吧！

不过这事总得交给全国的学生及各省的总商会并各县分商会去办才好，不然恐怕有些不明白的人，到那时候容易为感情所驱，闹出事来，闯出祸来。倒弄得友邦误会，起了恶感，那就糟了。所以要十二分慎重才好。

这篇文章不但建议国民举行示威，而且建议排斥日货，这种经济方面的抵抗，如真能实行，其功效与用武力抵抗不相上下，那时作此提议的人，全国不知有几人？我想先父可能是最先提出这个办法的，他的爱国热情在每篇文章中都有流露，他对国家和同胞们的忠心与关爱溢满纸上。对于敌人，不管是俄国还是日本，他都是鼓励人勇敢的反抗，不怕强邻，努力应付，与他们周旋。

但是《新社会报》的寿命很短，它仅仅活了一年多，1922年2月就因攻击军阀吴佩孚，被警察厅封闭了！

十三、抨击贿选　身遭囚禁

1922年春，先父把《新社会报》的“新”字去掉，报名改为《社会日报》。但是他对军阀和贪官污吏的态度则一点也没有改。他对他们还是和从前一样的不客气，对那些欺侮老百姓的军阀仍然是绝不宽容。

1922年夏，姑母一家到了河南开封，因为姑父到那里去做事。我们在北京也搬进一所较小的房子，把用人辞退了一大半，只留下两三个人。

先父虽然对军阀和贪官十分不客气，但对亲戚和朋友则非常仁厚。福建青圃村中的族人，有好几位曾来京住在我们家里。其中有两个是学生，一个上中学，一个上大学，都是由先父供给。这个上中学的名叫林应国，现仍健在，住在福州市圣庙路五号，每次看见我，都告诉我他怎么感激先父对他的帮助。还有一位，在我们家住了四年的林建书，直到他大学毕业，才回福建。其余的多半来京找工作，有的被先父安插在报馆里，有的介绍到别处。总之，凡是来投奔我们的，先父一定想法子帮他们的忙。我们家里虽然没有什么钱，但先父对亲戚朋友总是慷慨豪爽，来者不拒。

记得有一次，先父的朋友陈仲炯先生来借钱，我们家也没有钱。于是先父把自己的两件皮袍子，借给他去典当。还有一次，先父一位多年不见的好友来访，到了吃晚饭的时候，才发现没有钱买好菜款待老友。于是只好向母亲借了一件金首饰，当得现款，买来鸡鸭鱼肉，款待老友。席间先父谈笑风生，毫不在乎。他这态度，我现在想起来，与李白的作风如出一辙："……五花马，千金裘，呼儿将出换美酒，与尔同消万古愁。"李白如果认识先父，一定把他当作知己的朋友。

1923年，曹锟要做总统，因为恐怕国会不能通过，于是花了大量的钞票，收买选票。凡投他一票的议员，每人都得到五千元的贿赂。先父得到这个消息后，在报上把曹锟和那些受贿的议员们骂得体无完肤。他说这些议员是"猪仔"。曹锟和"猪仔"成为北京城人们茶余酒后的谈话资料。曹锟知道：如果先父每天这样攻击，他那总统的宝座就坐不成了。因此下令把报社封闭，同时把先父关起来！

这件事我记得很清楚。那是夏末秋初的早晨，母亲和我都还在睡乡，时间大概是6点左右。有好几十便衣的侦缉队队员忽然到我们家来搜查。其实他们是来捕先父。但那天先父没有住在家里，因为他每次在报馆如果工作得太晚，就住在报馆。

母亲听见人声嘈杂，只好从病榻上起来，问他们为什么这样早来搜查，并问他们要搜查什么东西。他们只是说"奉上面的命令"，至于要搜查的东西，则说不出是什么。搜查了一个多钟头，任何东西也没有搜出就走了。

大概从我们家出去后，这群人就到报馆去。先父也还没有起床，他们把他叫醒，说请他到侦缉队去“回话”。

“有什么话可回？你就说你要逮捕我就是了。没有关系，我跟你们去。”先父没有丝毫踌躇，立刻就跟他们去了。

他们给先父预备了一排三间的屋子，卧室外面是会客室，会客室的另一端是一个侦缉队员的屋子，他当然是看守先父的。一日三餐可以由家人送去。先父每天可以看书、写字或接见亲友，就是不能写文章。每次有人去看他时，那些侦缉队队员像用人似的，还给客人倒茶。

先父在侦缉队里住了三个多月，曹锟在这三个多月里已被“选”为总统而就了职，他坐稳了总统宝座之后，才把先父送回家。

不久，《社会日报》又复刊了。以我个人的意见来说，曹锟虽然也是军阀，他对先父还算客气。先父并未受到痛苦。

先父的报，除时评受人推崇外，他自己所写的重要新闻也一样受人赞许。不过他不是每天都写新闻。

十四、痛斥贪官　哀悼中山

1923年1月21日，先父那天所写的新闻报道，我认为非常值得一读，因为它与众不同。他不仅报道事实经过，也把公正的意识灌输其中，使读者一看便知孰是孰非。

现在把这篇新闻抄录如下：

北京城圈以内之绝大风潮（大标题）

议长政客与学生宣战

皮鞭枪把击伤无数青年[①]

重伤待毙者二十余人

何所谓人道何所谓法治

与恶魔宣战者靡惟学界

教育界之愤激及其表示

自有北京以来，无如今日之黑暗，狰狞鬼头，白昼噬人。血肉横飞，称为惨剧。彼固越货者流，殊未足责以“人道”二字，然而苦我学生矣！前日之吴大头（景濂），自巡警痛打学生后，彼仍行若无事，扬长竟去。置杨寿壁（学生代表）等七代表于不顾。及院内当事人以电话请示处置方法于其私宅，大头当即复称：“派几名警察挟出去就得了。”此其口气，直谓议长之尊，可以派警察以挟学生……吾人对比与民宣战之吴大头，以及血肉横飞之苦学生，能勿痛乎？！今日北京城圈以内，直吴大头之世界耳！挟制指挥，为所欲为。上而聋聩家主，外而强梁暴奴，以及无耻求官之臭政客，几于悉听支配，以偿其残民以逞之大欲！前日伤

① 慰君注：当时因各大学学生反对著名贪官彭永彝当教育总长，结队到国会请愿，希望国会不投票通过此案。不料议长吴景濂叫来警察，击伤学生数十人。

残，达五十七人之多，在彼因未尝稍稍眨眼，然而重伤未起之二十位学生，真不知其生死之奚若耳！诸君如关怀此可怜无告横被殴辱之青年者，请观下列之名次……

看了以上的报道，你可以看见他多么愤怒，他的热血沸腾，在为被欺压的学生鸣不平，在对着无耻的官僚高声责骂！

以上这篇报道，我只抄了五分之一，已可见梗概。像这类明白指出是非曲直的新闻，常常出现，暂不多举。

1923年1月28日，先父有一篇时评。还是与殴打学生有关。他认为司法被人蹂躏（因为殴打学生是不合法的，而且司法总长程克为了讨好军阀，曾随便发表部令捕人下狱），教育被人霸占（霸占者就是教育界全体反对的彭允彝，他居然被贪污的议员们投同意票，成为教育总长了），因此先父写了下面这篇时评，鼓动教育界人士罢工。

告知识界

……张阁（内阁总理张敬舆）的施政方针好坏，我们且慢替他担心思，就眼前这司法被蹂躏，教育被破坏两问题，我们知识界要群起做积极消极的应付。积极方面，就是唤醒全国的舆论，促起全国各界的注意，用大规模的示威，推倒程克（司法总长）彭允彝（教育总长）……消极方面，就是凡属知识界的人物，对于现政府各机关职务，就应立刻引退（全体罢工）……因为知识界要是全体罢工，我敢信政府一定担不起。无论如何，总要屈服。……

先父除建议示威与罢工外，还赞成北京的八个大学宣告独立。现在为节省篇幅起见，不多录。

关于讥讽无耻的议员，先父在1923年2月24日有一篇时评，题目是：《请看某部之大拍卖》。

这篇文章说：议员们如受了贿赂，就同意某某人做某某官，要做大官须多花钱，做小官则可少出钱。他比喻议院是一个拍卖行。兹将原文抄录一小段：

……你们爱做榷运局长（运输税局局长）、官钱局长么？这些荐任以上的官吏，都有定价。或是二万或是四万，尽汝挑吧！你们爱做财政厅长、海关监督吗？这些简任的肥缺，官大价也大。大概总得十来万，或五七万以上才行。要是没有大资本，但愿小就的，那么签事或任用等，只要两千块洋钱，或是一千六百块，包管你必达目的。……

先父对贪官污吏与对政客奸商一样痛恨。1923年4月17日和8月25日的时评，我们一看题目，就知道内容说的是什么了。

4月17日：《拿办贪官污吏　翦除政客奸商》

8月25日：《资本主义之狠毒》

看了以上这些题目，可以知道，凡是对人民有害的人，不管他是清朝的皇族、民国的官吏或资本家，先父都是拼命的攻击。反过来，凡是对人民有益的人物，不管他是军政人员、资本家，他都赞扬。军人中的冯玉祥、政治家中的孙中山，他都是非常钦佩的。

1924年，冯玉祥通电欢迎孙中山先生到北京来“共商国是”，先父极为赞成。他曾发表了几篇欢迎孙中山的文章，计有：《吾人对中山先生之敬意》《时局与孙中山》《欢迎孙中山》等。这些文章也是一看题目就知内容，不必抄录的。

1925年3月，孙中山先生在北京协和医院逝世。他的遗体，装在一个有玻璃盖的棺材中，陈列在中央公园的一间大厅里，由人民去瞻仰遗容。先父带着我和毓秀姐去致敬。他说：

“孙中山先生是中国现代最伟大的人物，也是我的朋友。你们应当看看他。将来你们长大后，可以告诉你们的朋友，年老的时候，可以告诉你们的子孙；你小时曾看见过孙中山先生，虽然只是看见他的遗容，你也是很幸运的。他的名字将来在世界历史上会永远流传，永远受人尊敬。”

到达灵堂后，我忽然有点怕，因为我从来没看见过死人！先父看我有点畏缩，对我解释：

“人死就像睡觉一样，没有什么可怕。只有迷信的人，才会怕死人。你是我的女儿，我不迷信，你也不应当迷信。所以你不应当怕。”

我们跟许多人一起进了大厅。先向孙先生遗像行三鞠躬礼，然后绕到后面去瞻仰遗容。我看见孙先生似乎极安详地躺在一个很讲究的棺材里，面色红润而有光泽，一点也不可怕。先父说的话很对，我现在和朋友们提起孙中山先生的时候，会告诉他们，我曾看见过他的遗容。

1925年5月，五卅惨案发生后，激起全国人民的反日反英怒潮。全国各地都有游行、示威、罢工、罢课等举动。北京的街头，也有许多学生为死难和受伤的同胞们向路上的人们募捐。先父不但在报上为五卅惨案大声疾呼要起来反抗，并极力提倡排斥英日两国的货物，而且从此不登英、日两国的任何商业广告。中国的香烟广告旁边，特别注上“中国工人、中国制造”等字。明白示意，中国人要买中国货。我们家里，先父也告诉所有的人，从此不要买英、日两国的东西。

先父虽然不富有，但捐出不少钱，给上海那些死伤的同胞。

事情刚开始时，全国的爱国热情与愤怒，像一把烈火到处燃烧。可是一个多月以后，因为政府采取外交政策，拖延时日，先父深恐国人的爱国热情会渐渐降低，因此在7月间，连续写了很多篇激励同胞的文章，我认为这些文章都是可以传之千古的。现在拣出两篇，各抄一小段：

同胞一齐鼓起勇气（1925年7月16日）

……天下无难事，只怕有心人。我们中华民族，只因为太爱和平，处处被人欺侮。如今同胞被人惨杀……要是交涉不能胜利，不平等条约不能取消，外国人在中国的特权仍旧享有，那么我们华人，个个都可以供他们帝国主义牺牲，天天都有可死的机会，与其迟死，不如早死。与其后死，不如先死。与其零碎死，不如大家一齐死。与其冤枉死，不如堂堂正正、光光明明的死。我们就排外赤化吧！反正迟早总得迫到这条路。被动不如自动，我们就准备干起来吧！怕什么呢？生命既是这样的不值钱，倒不如拣个值得千古的事来做做呢！

为公理而战，为世界人类争存而战，为世界弱小被压迫的民族战争自由而战，为倾覆帝国主义剿灭资本家而战！……同胞啊！诸君啊！鼓起勇气吧……时候是不能再耽搁的了！

告国民大会诸君（1926年7月18日）

我们受列强的压迫，已经五十年了！帝国主义者，处心积虑，一步步的侵袭，一层层的包围，今天叫我们贫弱到这步田地，我们国民要想振作自救，而年年内乱，养成军人骄横，民不聊生！试问这个祸根，岂不是他们外国人供给军火，供给钱财，才害得我们百姓过这种日子吗？

简单点说，我们国民，要图救国，非先改革政治不可，而他们外国人勾结军阀，拿饷械来供给军阀，叫他去自相残杀，压迫国民，好叫年年起内乱，这政治自然无从改革了！政治无从改革，国家万劫不复，对外国人要想恳求他修改什么不平等条约，收回什么领事裁判权，他还拿出冷酷嘲弄的面孔，对我们道：“你们政治这样糟……够得上向我们外国人要求什么平等不平等呢？不瓜分算恩典了。不共管算人情了。啰唆什么鸟话！”

我们想想他这话真是刁难得叫人无可回答……

诸君要知道，这种情势，这种环境，断非一哄之市，几声叫跳，就可以吓唬得人。我们今天算是醒悟了。但醒悟之后，做什么呢？顶大事是开大会，演说，游行，示威，喊各种口号，算是民意有了表现，很激昂了！但激昂，表示，喊口号，游行，示威，开大会演说，请愿，质问，又是中什么用呢？如果只需这样的花枪一掉，就可以转弱为强，把一切目的达到，那么廿世纪的世界，可以没有亡国灭种之忧了！高丽、印度那些爱国志士，却也不少，他们未必想不到去开一个大会，演一次慷慨激昂的说，向大英大日帝国政府请一次愿，游一回行，示一回威，喊一千句一万句口号，天下的便宜，岂非给亡国奴占尽，好不价廉工省，简而易行啊！

我们既觉悟到此，就晓得救国的事业，是头等的困难。非有大决心、大勇气、大牺牲，绝无侥幸成功之理。然而艰难只管艰难，我们却不可害怕。我们既做了中国人，中国又不幸处了这种境遇……我们唯有咬定牙根，一力向上去奋斗，百折不挠的继续前进。心思不可不细，胆气不可不粗，把一切侥幸之心、虚骄之气、怯懦之性、涣散之精神，全行痛革，然后捐除党见，集合众思，固集团体，上上下下，具一种卧薪尝胆雪耻复仇的决心，互相督促，互相援应，向一条路上做去。

看完以上这两篇节录的文章，想到先父对一般青年同胞的鼓励劝勉，真是无微不至。我相信他这时的杀敌勇气，并未减当年参加革命和抗俄运动时的豪壮！他的爱国精神，无处不流露，无时不表现。不管是多么凶恶的清廷，多么顽强的外敌，他从来没有丝毫恐惧，总是要与恶势力斗争，总是希望全国同胞能一齐起来抗敌。数十年如一日，贫贱不移，富贵不淫，威武不屈。他的胆略与气魄之受人崇敬，自然是理所当然的！

十五、抵制外货　收藏名砚

自从五卅惨案发生后，我和毓秀姐也天天看报，对英、日帝国主义恨之入骨，我跟先父说："我将来长大时，如果中国跟日本或英国打仗，我一定要从军去打他们。"先父很高兴地答应了我的请求。

报上常常登载有些学生把商店里英、日两国货物捣毁的消息，我发现我们家也有几件瓷器是日本货，于是没有请示父母或干妈，就把它们都摔碎了。后来父亲知道了，他并没有责怪我。大概他觉得我是出于爱国的热忱。

虽然先父曾告诉大家，从此以后家中不要再买英、日两国的东西，但干妈却常常背着先父，叫人买英美烟草公司的烟来吸。

有一天，我去跟她说：“爹爹嘱咐我们不要买英、日两国的东西，您以后换成吸中国烟好吧？”她答应我把存货吸完后，就改为吸中国烟。可是她把存货吸完后，又买了许多英国烟。我于是又去劝她。她说：“我把这些吸完，一定买中国烟。”她说话的态度很不高兴。

一个星期天的下午，干妈带着我和毓秀姐，还有两位远亲和她们的孩子，一共有六七个人，到中央公园去玩。我们坐在来今雨轩的茶座上，打算吃点心。干妈在未叫点心之前，先叫服务员拿一包烟来。我听见她吩咐要“老炮台”。这又是英美烟草公司的出品！我听完非常生气！

但是我什么话也没说，等服务员把烟拿来时，我抢了过来，三把两把，将所有的烟都弄碎了。那个服务员吓得张口结舌，不知说什么好。全桌的人也都大吃一惊。

“你这小孩子，胆子越来越大了！你对我这么没有礼貌，我非告诉你爹不可！”干妈气得脸色发白，嘴唇颤抖。

“您答应我以后不买英国烟，可是您一次中国烟也不买。”我看她生那么大的气，心里有点怕，只好壮着胆子回答。

“不管怎么样，小孩子对大人不应当这么没规矩！”她还气冲冲地瞪着我，教训我。

我心里想：“爹爹爱国，我也是为爱国才这样做，他一定不会责罚我！”

那天晚上，我们刚回家不久，先父就命人来叫我到他的书房里去。我知道一定是干妈在先父面前告状了，虽然心在怦怦跳，但也得硬着头皮走进去。

干妈坐在先父对面，面色还是惨白，嘴唇还是有点发抖。

“我要你给干妈跪下赔罪，你跟干妈说，今天在公园里你的举动不对，请干妈原谅。”先父并没有太生气的样子，只是用平常说话的声音对我如此吩咐。

但我因为先父没有站在我这边，而且叫我给干妈赔罪，感觉很委屈，于是我说：

“爹爹，我没有错！因为干妈答应过我不买英美烟草公司的烟，但是，她老是买……”我一边说，一边流泪。

“你的意思没有错，但是你不应当那么没有礼貌！”先父还是在向我解释。其实这时候我如果好好地给干妈跪下赔罪，什么事都没有了。但我的性情有点倔强，还是不跪下，只是站在那里，对干妈说：“我错了！”

她忽然对爹爹说：“你今天如果不重重地罚她，我就走！前几天她把我最喜欢的几个盘子摔碎了，我都没说什么，今天在公园当着许多人让我难堪，如果再不罚她，将来她更得欺负我了。我受不了她的气……”她一边说一边呜呜咽咽地哭。

先父一面拉我一面说：“跪下！”我被拉到干妈面前，只好跪下，爹爹从书桌上拿起一把尺，在我的大腿上打了好几下。

我的肉又疼，心中又觉委屈，自然就哭起来。先父打完我，就叫我回我的屋子里去。我回去躺在床上大哭，心里怨先父不该打我。不知哭了多久，终于睡着了。

大概是午夜以后，爹爹来到我的屋子，照例给我盖被。这次他除给我盖被外，还摸摸我的头，看我是否发烧，大概他觉得我哭得很厉害，恐怕我会生病。最后又轻轻地把我的手拿起来吻了一下，口中不禁小声地说："好好地睡吧！"

我的眼泪当时止不住流下来了！可是我没有让爹爹看见，他说完就出去了。我不知为什么哭，大概是感激爹爹来看我，他还是和从前一样爱我，并没因为我没有礼貌而改变他对我的关怀。这时我对爹爹的怨气已经打消，我不怪他了！我想他本来没打算打我，他打我完全是干妈逼出来的，也怪我自己太倔强，不听爹爹的话去给她赔罪……

现在回想起来，当时先父打我，还有一个原因，他恐怕如不给干妈出这口气，将来他不在世时，她会对我不好。我相信爹爹一下一下地打我，不知多么心疼呢！他忍痛打我，其实是为我将来不受委屈啊！他早已料到，不会等我长大，他就会离开我的，他处处都替我想到了。

这是我第一次，也是最后一次挨打。

家里的英货、日货从此真的绝迹了。但是我觉得我的名字"玛利"很不好。因为这是英文名字。我既反对英国，怎能叫英文名字呢？于是有一天便去请求先父给我起一个中国名字。先父很高兴，他过了几分钟，就把我的新名字写出来给我看，我接过来一看，是"慰君"二字，从此以后，我的正名是慰君。但家中和亲戚们还是叫我玛利。毓秀也请先父给她起一个名字，要和我有一字相同。于是先父给她起名德君。

1925年秋天，宗素姑母的小儿子，终因体弱多病，死在开封！她非常悲痛，因此先父叫她搬回北京。我们在她未到之前，又租了一所大房子，她们回京后，两家仍然住在一起。

先父因为姑母丧子，对她照顾得特别周到。同时，因为表弟之死，先父对我的饮食起居更加注意。我小时不大爱吃青菜，先父说，这样对身体不好，叫我每天得多吃青菜和水果。他每天到报馆去以前，都到我的屋子或书房来看我。有时拍拍我的头，有时摸摸我的脸，或亲亲我的手背。还有时咬一下我手腕上面的肉，在手腕上留下一圈牙痕。每次遇到这种情形，我总是故意嚷："爹爹，我疼死了！我要告诉妈妈去！"先父这时多半微笑着走出书房。想起来小时候的情景，虽然母亲多病，经常缠绵床褥，但有这样爱我的父亲，我是多么幸福！

先父一生喜欢研究金石、字画和碑帖。其中最喜欢的是砚台。1925年，买到了名砚"生春红"。这是先父最得意的一件事。因为这块砚是先父的外祖父家之物。黄莘田老先生是清朝有名的藏砚家，号"十砚老人"，又名"十砚公"。他是黄翼云、黄展云两位先生的祖先。先父小时在黄家读书，黄家的人对古砚极有研究，先父耳濡目染，因此也极会欣赏砚之美妙。

十砚老人曾在以出砚闻名的广东端州为官，在还乡前，得到这块细腻而精美无比的宝砚。他的如夫人爱之不忍释手，给它命名为"生春红”，是根据苏东坡的诗：“小窗书幌相妩媚，令君晓梦生春红”之句。他们夫妻回福州时，她对金银珠宝都不重视，手中却紧紧抱着这块名砚。其实它的体积并不大，长是14.2公分，宽9.4公分，宽厚1.7公分，侧面刻有篆文的“生春红”三个字，正面刻着精细的云纹。

想不到没有多久，名砚犹在，而美人却香消玉殒了！十砚老人悲痛万分，久久不忍打开砚盒重睹这块名砚，过了许多日子，他写了一首悼亡诗，刻在砚的背面：

端江共汝买归舟，翠羽明珠汝不收。
只裹“生春红”一片，至今墨渖泪交流！

先父自从得到这块全国知名的端砚，也是摩挲不去手，每日把玩。因为喜爱这块砚，他把他的书斋名为“生春红室”，后来《社会日报》增加了副刊，刊名也叫作“生春红”。这个副刊专门刊载研究金石、提倡风雅、探讨艺术的文章。经常有诗词、对联和有关雕刻一类的佳作。这个副刊是文言文的，它是一份研究学术的理想刊物，在当时是全国知名的副刊，每三日出一张。现在在先父的纪念堂陈列室中，存有“生春红”副刊108张。

至于那块砚，先父就义后，许多人要向我们购买。抗战期间，还有人劝我卖给日本人，他们说：日本人可以出大价。抗战胜利后，有一次见到画家于非厂先生，他对我说，“生春红”可以卖二十条黄金，一条十两，共二百两黄金。但是我不肯卖，即使有人给我二千两、二万两黄金，我也不能卖，因为它是先父最心爱的东西，而且又是黄家的遗物，我怎么能忍心把它卖掉？我来美时，所带的东西不多，有人劝我带些能在美国出卖的东西，如皮货、首饰等，可以赚钱。但我不带，身边仅带了先父的极小件古玩十余件和这块砚台。这些东西都不是预备卖的，只是要留在身边，预备将来把它们安置在适当的处所。

1979年3月29日，我把“生春红”捐赠给台湾的历史博物馆了。

十六、痛斥潘复　惨遭杀害

军阀一年比一年凶恶，贪官污吏与奸商，一天比一天狠毒。但是先父丝毫不怕，他们越是胡作非为，他骂得越厉害。有些朋友劝他要小心，不要吃眼前亏，但先父认为：当年他干革命时，每天在报上骂慈禧太后和她的王公大臣，早把生死置之度外。如今他看到军阀直接间接抢劫人民的钱财，贪官污吏刮人民的地皮或吞食公款，奸商敲剥人民的脂膏。这一切都使他痛心疾首，怎能不替老百姓吐一吐怨言或替他们想想办法呢？

1924年8月，因有人主张用庚子赔款修铁路，先父则不以为然。他主张将此款用在教育上。原因是筑了铁路，对军阀们运兵打仗，有很大的利益，对人民自然就有害处。在8月13日，有一篇时评，他说出军阀的可恶，和为什么不应用这笔款去筑铁路。现在将原文刊录如下：

庚款处分问题　　　　白水

金钱用在教育方面，是消费的。用在筑路方面，是生产的。这是普通的看法。

教育是培养人才的事业。国家为着培养人才，而用多量的金钱，这却不能看做消费，应当看做生产的。就现在军阀横行的这种现象而论，仅仅几条铁路，南段的入款，被某督军截留，北段的入款，又被某巡阅使截留。这几年中，试问交通部直接收到各路局缴上来的款项，究竟有多少。岂不是仅仅缴到一张账单，那白花花的银子，简直是一别三年，久不晤面了。如今黄河的铁桥，因为没款修理，只得听它倒坍。其余各路的客车货车，早就应该添置，都是因为没款，只好任凭他商货去堆积货栈，无法转运。可怜这几条铁路，都是很赚钱的，而且逐年兴旺。要说黄河造桥，各路添购货车，修理轨道，换垫枕木，那款项都拿得出来。无奈这些入款，全数给军阀抢掠。单就生意来说，每年替军阀白尽运输的义务，以及军人乘车不给钱，这种损失，算算有多少。如今这笔账，既不算，他们还要把普通做下来的买卖，尽数拨做军饷之用，其中却有十分之五六，是装在军阀荷包里。所以这几个大军阀的财产，都是起码千万的。你道筑路是生产的，在我们中国只能算是军阀生产的目的物。国家简直丝毫不能沾他的光啊！

我们说到此处，对于铁路，简直厌恶已极。顶好是把现有的几条铁路，都给他炸毁，或是任他自然的破坏，省得眼巴巴看着给军人利用它东运兵，西输械，去残杀吾民。反正交通的好处，我们做百姓的，既沾不着光，那又何必担负几千万几万万的外债，替军阀去生产呢，所以在军阀横行现状之下，我们绝对不主张募款筑路，至于庚款筑路，尤其绝对的反对。

他们说得好听，以为先把庚款全数用做筑路的资本，等路筑好之后赚了钱，再移做教育的费用，如此兴学的目的一样可以达到，而国家交通事业，又可以扩张起来，岂非两利之道，这等骗人的话，谁来相信呢？现在所谓筑路，自然是先从川粤汉干线下手了。你们所日夜进行的援川援粤规划，要是把这两条干线修好，你们的用兵，实在是无尽的利便啊。把川粤都吞了之后，再去吞滇黔，你们的武力统一，实在可以成功啊，到那时候，你们的兵力，当然又添了好些。因为东南的大功告成，东北西北的经营又得开始，那些军事上的扩大，当然是继长增高，与年俱进。换一句话说，那些军饷，当然是又添了若干若干的了。试问那时候这已成的铁路，每年收入，能够移作教育之用么？不要全数移作教育费，只要百分之几，千分之几，都没有这回事的啊！

所以庚款筑路，不要说教育界没有光沾，路成之日，交通可是利便了，而我们老百姓，既不配享受利便的幸福，反而享受了兵匪蹂躏的祸。为军阀增长势力，开辟财源，煽动杀机，那都是庚款筑路以后必然的结果啊。人家说军阀如能觅得一个确实的保障，担保庚款筑路，路成之后，拿一部的收入，来给教育界。如果真有这担保，我们可以赞成他们的主张。但是我独反对此说，我以为他们字典上哪有“信用”两个字，他们有的是手枪，是蛮横的淫威，到那时谁能给他讲履行约束的话，他们还睬你吗？我又以为就是教育有了款项，不靠庚款来挹注，我也是不主张拿庚款去筑路的。所以我的意见，并不是为着教育界沾不着光，我就反对筑路。我是根本上不赞成在军阀横行现状之下，拿国民担负极大的血汗金钱，去办交通。大家有给我表同情的，请就这一点注意吧。那些担保信用，履行约束的废话，简直不必多说了。

这篇文章虽然说的是庚子赔款与筑铁路和办教育的问题，但主要的对象是军阀。为了不让军阀利用铁路运兵打仗，先父才主张用这笔款项去办教育。如果中国没有军阀，国泰民安，先父一定不会反对筑铁路的。军阀们看见先父处处与他们为难，怎能不恨他？

在所有贪污的政客之中，最卑鄙无耻的是潘复。他在1923年以前，曾做过财政次长。只做了一年多，就捞了好几十万元。先父在1923年1月25日的《社会日报》上，有一篇时评，把他过去的贪污事迹，全部揭露，为的是希望阻止他做山东省省长。因为他如果做了省长，使出他那刮地皮般穷凶极恶的手段，山东人民就要遭殃了。现在把原文抄录一半：

山东全省好矿都要发现了

矿师潘大少爷

恭喜山东人发财

你们山东人应该知道，你那位贵同乡潘大少名复，快要做山东省长了。讲起这位潘大少，他的做官成绩，实在可惊。他统共做了一年零几个月的财政次长兼盐署署长，在北京就买了两所大房子，连装饰一切，大约花去十万块钱。又在天津英界，盖一座大洋房，光是地皮，就有十亩之大，一切工程地价，统共花去十五万块钱。你想，一年半的次长，能有二十五万买房子的大成绩，其他，古董、器具、陈设，怕不也得花十几万块钱吗？就这一项简简单单的大房子，已经值得四十万左右，那么这位潘大少的穿衣、吃饭、赌钱、经商、供给姨太……

我相信潘复在1923年看见了先父这篇文章后，就已种下杀机。1926年8月5日先父写了《官僚之运气》一文，因为潘复在文中又被先父所讥讽，因此下了毒手。

1926年春，冯玉祥的军队，被直奉军阀的部队迫离北京，退往南口时，士兵的秩序极好，丝毫没有惊扰人民。因此先父曾为文加以赞扬。他说冯玉祥的军队“秩序井然，数万大军能于数个钟头之内全行撤退，而京师全市，并不生丝毫之惊动，且有多数市民，并不知局面有如此之大变化者，此不能不钦服国军当局处置之得法，态度之从容。吾人以其行也，谨致深切之感谢与敬意”。

其实先父与冯素不相识，从来没有来往，他赞扬冯玉祥完全是凭良心说公道话，也是替所有的人民表达意见而已。

先父不但赞美直奉军阀的敌人冯玉祥，而且过了不久，到1926年5月，他又写了两篇直接严厉批评直奉军阀的文章。其中一篇，有这样一段话：

> 直奉联军开到近畿以来，近畿之民，庐舍为墟，田园尽芜，室中鸡犬不留，妇女老弱，流离颠沛。彼身留兵祸之愚民，固不知讨赤有许多好处在后，而但觉目前所遭之惨祸，虽不赤亦何可乐也……赤党之洪水猛兽未至，而不赤之洪水猛兽先来……（注：当时直奉军阀说冯玉祥是共产党，所以称他的军队为赤军，他们自己的军队是讨赤军。先父文中根据当时情况也这样说。）

这里先父所说的“不赤之洪水猛兽”，就是指张宗昌的军队。张宗昌在他的家乡山东时，把山东人民蹂躏得叫苦连天。他的兵向来是奸淫掳掠，无所不为。先父对张宗昌的攻击已有多次，张到北京前，一路上又是照旧的抢劫、杀害，无恶不作，先父怎能忍耐得住而不替人民说几句话！

1926年8月6日，先父的时评——《官僚之运气》——一共评论了三个人，即吴佩孚、潘复和张宗昌。现在把原文录下。这篇文章刊载于1926年8月8日的上海《民国日报》，读者一看标题和编辑在文首所写的几句话，就可以知道先父之被害是不应当而冤枉的！

请看林白水致死之文章

——题曰《官僚之运气》

北京《社会日报》主任林白水以著一时评而为张宗昌所枪杀，此时评如何？读者必欲及早读之者。兹已接得该评原文，特录之，愿读者一味文中语气，究竟白水有无致死之道也。该评名曰《官僚之运气》，其辞如下：

吴佩孚毕竟是大人物。客自长辛店来者，言吴每日在车站车上办公，如此炎暑，车中斗室，人所难堪，而吴办公钟点，自上午九时，至下午六时，始回寓休息。近来酒也不多饮，暇时惟观书浇花，以资消遣。日间起居动作，皆有定时，颇与清代中兴将帅相似，惟性颇执拗，头脑简单，不谙政治，其思想陈腐，意见执滞，与合肥极相类。最近张子武往谒，谈次颇以中枢乏人，意欲为梁燕孙道地，开未来总揆，以梁为宜。吴应之曰：是卖国党也，梁卖了国，又想再做总理耶？吾闻久住北京者，必为官僚政客所包围，立变宗旨，君住北院，为期亦不少矣，云云。子武碰此软钉，默默而退。夫梁虽为交通系首领，而卖国则羌无故实，吴此语，亦不过随便道之，然为大人物，则不宜如此随便说话，随便批评，足见其脑筋之简单。中央政治，若长在吴大帅指挥之下，恐终须弄得一团糟，然亦足见梁氏做总理之运尚未到来耳。狗有狗运，猪有猪运，督办亦有督运，苟运气未到，不怕你有天大来头，终难如愿也。某君者，人皆号之为某军阀之肾囊，因其终日系在某军阀之袴下，亦步亦趋，不离晷刻，有类于肾囊之累赘，终日悬于腿间也。此君热心做官，热心刮地皮，固是有口皆碑，而此次既不能得优缺总长，乃并一优缺督办亦不能得。经某君极力斡旋，垂即提出国务会议矣。因先期宴客，以语某军阀，意欲讨好，不料某军阀大不谓然，且云某某无必须畀以某缺之必要，随便与以督办之名可矣。于是变更前议，派一刳池子差事。肾囊大为懊丧，复向某军阀噜苏。闻昨日政府又接到某军阀来缄，盖为某某进言者，且云前谈并未指明刳池子一事，奈何真使某某刳池，未免过于难为他矣。以后某缺如乏人，仍望为某设法。当局得信，难于置复。有人谓此亦不过当面敷衍肾囊先生，并非某军阀之真意，可以不必作答，遂搁置之。可见表面炎炎赫赫之某肾囊，由总长降格求为督办，终不可得，结果不免于刳池子之玩笑，甚矣运气之不能不讲也。

某外交总长，自合肥卸职后，日抱不安，适某大军阀至津，即托人介绍往谒。某大军阀一见，即下一番教训，弄得面赤耳热，懊丧而归。介绍人对之甚为抱歉，复进言某大军阀，谓某虽无状，究系中央特任官吏，宜稍加优礼，不妨请他吃一顿饭，以示优容。某大军阀允之，即下请柬，约翌日下午吃饭。及期，某至，某大军阀假以辞色，口称总长不置。饭罢，即命左右安排场面，请总长入场，推牌九。某辞以未带现币，某大军阀云，此无妨，即命左右到账房拿钞票十万来，借与总长作赌本。某至此，无法拒之，只得听命，赌未及半，赢得数万金，方私自庆幸，而某大军阀忽下大注，未及一小时，而某已将十万本钱，输去九万八千，某大军阀略昂其首，一声呵欠，谓时已不早，请总长即在此间安歇一宵。即有一副官来，引入一室。此时账房先生踵至，问总长十万欠款，可否即开支票，以便归账。某云，深夜无处告贷，请宽至明日，当为设法。账房先生有难色，云适间以大帅之命，不得不将军饷先行挪借，明晨即须支付，务请总长及早设法，免于未便，某领之，一夜苦思，不能成寐。天甫破晓，见室外监视之兵，不下十余，知难脱身，乃以电话向某同乡告急，借得十万付与账房，始狼狈而返。如某者，可谓自投罗网，讨一没趣，亦时运该当倒霉耶。

据说潘复看到这篇文章后恼羞成怒，拿着报哭诉于张宗昌之前。他是张宗昌最喜欢的走狗，平常除日夜陪他聚赌外，还四出替他物色漂亮的女人。不管是青楼中的妓女或大家闺秀，他都直接间接设法弄到手，然后奉献给好色的张宗昌。这样会逢迎拍马的幕僚，张宗昌怎能不言听计从？！那天下午，潘复曾令人打电话给先父，叫他在报上更正并且请罪。先父当然拒绝了。

那天（8月5日）晚上，先父应友人之约，到金鱼胡同海军联欢社去参加一个宴会。在座的多为福建同乡，先父回到报馆去时，已是将近午夜。

8月6日凌晨1点左右，宪兵司令王琦，奉了张宗昌之命，来到报馆，说张要请先父谈话，于是先父就被他们拥上汽车，急驰而去。报馆里的编辑们看情形不对，立刻打电话给先父的好友，这些好友分头打电话找了十几个能和张宗昌直接谈话的人，去见张。半小时内，这些人都赶到潘复的家去讲情，因为张宗昌正在潘复家推牌九。这些人中包括薛大可、赵次珊、杨度、叶恭绰、李律阁等。他们听说张已下命杀害先父，有四个人跪在地下求情。张起初不肯收回命令，后来被他们声泪俱下地苦苦哀求，才答应了暂缓执行。但在他答应以前，王琦曾进来与潘复低声耳语，说完后就匆匆走出去。张宗昌应允暂缓执行后，命令送到宪兵司令部时，据说为时太晚，先父已经被枪杀了。其实那时先父尚未被害。因为根据叶恭绰的记述，张下暂缓令时是2点多钟，而先父写遗嘱时是4点钟。可见潘复与他的走狗王琦耳语时，早已定下毒计：万一张宗昌下令暂缓执行，就说已经执行，使那些来讲情的人绝望，不再继续说下去，果然，先父那些朋友听说先父业已被害，大家就拭着泪各自回家了。

关于先父被害时的详细情形，我不忍写。因为这件事使我太悲痛太难忍了。当时报纸都有记载，可请参阅，这样可以免掉我一些痛苦，敬请读者原谅。

现在我忍痛把8月5日我和先父最后对话时的情景说一说：

那天下午，大约是四五点钟，我和德君姐正在书房练习写篆字。先父从后院出来，到报馆去。他进到我的书房时，看见一条狗在门里睡觉，于是用脚踢了它一下，叫它走开（因为狗身上有跳蚤，常常把我咬得遍身红肿），我听见先父踢我心爱的狗，有点不高兴，所以当他走到我书桌旁边时，我故意不抬起头来看他一眼（平常我总是抬头看看我的慈父，叫一声“爹爹”，或说一两句傻话），这次我一面低着头写字，一面埋怨着：“爹爹，老吓唬我的狗！”

“你愿意让它身上的跳蚤咬得你全身肿包吗？”先父微笑着问我。

“我愿意！我愿意！”我抬头看了先父一下，毫不讲理，几近撒娇地回答。先父没再说什么，只看看我写的字，拍拍我的肩膀，就到报馆去了。

谁想到这次和爹爹说话，竟是我们一生最后的一次！我多么对不起爹爹！我后悔不该为了狗而埋怨父亲！我如果知道他这一去会有危险，我一定会抱住他的腿，不让他走！一定要跪着求他不要迈出屋门！到现在，我想起那天的情景，还会流泪！

那天夜里，大概是三四点的时候，我忽然从梦中惊醒，不知为什么，无论如何也睡不着。不久，表姐重华忽然到我的屋子来叫我，她说：

“表妹，舅舅被人逮走了！”

我的心大跳起来，又怕又慌，不知怎么办，于是立刻起来，问表姐："我妈妈和姑妈在哪儿呢？她们做什么呢？"

"她们正在四处打电话打听消息呢！看样子很危险！"

过了一会儿，母亲和姑母从外院进到里院来了。母亲哭着说："玛利，快起来吧！有人说你爹爹被张宗昌打死了！"

我全身颤抖，腿也软了！但我对这个消息似乎相信，又似乎不相信。妈妈只是哭，不知怎么办！

这时忽然有人建议：妈妈应带着我去国务总理杜锡珪家，如果爹爹尚未被害，求他去讲情，可能有希望。大家都希望先父被害的消息不确实，所以立刻叫了一辆汽车，妈妈带着我到东城的杜锡珪家里去。

刚一进门，就听见门房里电话铃响，一会儿，杜家的用人出来告诉我们：

"你们赶快回去吧！你们家里来电话说：有人已经在天桥看见林先生的尸首了！"

我的慈父竟真被他们杀害了！

十七、临终遗言　含怨入殓

母亲本来就是经常生病的，现在又悲伤过度，什么事也不能管，一切的事，多半由姑母和其他的亲戚们料理。

那天午前，有人把爹爹的遗嘱送来了。母亲、姑母和我都不忍看，于是由一位住在我们家念书的族叔林建书念给大家听。原文如下：

> 我绝命在顷刻，家中事一时无从说起，只好听之！爱女好好读书，以后择婿，须格外慎重。可电知陆儿回家照应。小林、宝玉和气过日。所有难决之事，请莪孙、淮生、律阁、秋岳诸友帮忙。我生平不做亏心事，天应佑我家人也。
>
> 丙寅八月七日夜四时万里绝笔

我听了爹爹的遗嘱，忍不住放声痛哭。他在临难之时，最不放心的是我。他恐怕我不好好读书，又怕将来母亲不能给我找一个好丈夫，所以叫母亲要格外慎重。他恐怕我受人欺侮……我知道他最不放心的是我这“爱女”。最后他把年月日都写错了！先写了“丙寅”，按阴历，那天是六月二十八日，但他又写阳历的8月7日。实际上那天是8月6日！可见当时他心里是多么悲痛！一个人在那么悲痛的时候，哪有心情去细查阴历阳历和年月日啊！人家都说先父是慷慨就义，丝毫不在乎。但他内心的痛苦不知多么厉害！又有谁知道？！

那天傍晚，爹爹的遗体在龙泉寺入殓。帮忙的人给他穿了很多层新做的寿衣，并用丝绵把手足和全身各骨节处紧缠好，停在一张木板床上。叫我和他们一起把爹爹抬到棺材里去，据说这本是儿子的责任，但因为哥哥在美国还没有回来，所以一切儿子应做的事，都由我去做。

我应当抬爹爹的头，好多人告诉我，这时候不应当哭。因为眼泪如果掉在死者的脸上很不好，我不知道为什么，也没有心情去问，只好忍着悲痛，一口一口地咽下眼泪，把爹爹抬到棺材里去。

可是，他们也不等我好好地看看我的父亲，就把棺材盖上了！接着就钉钉子，砰砰砰的几声，把棺材钉上了。他们多么残忍！每一个钉钉子的声音，好像都在刺我的心，让我的心疼痛！

从此以后，我和爹爹被一层木板永久隔离了！我伏在棺材上失声痛哭！我抱着棺材叫我的爹爹，可是爹爹听不见。他不知道他的爱女有多么悲哀？他也不知道他的爱女从此会受多少折磨？当时我真希望人死以后会有灵魂，我希望爹爹的灵魂会看见我，会知道我多么悲痛！

爹爹的实足年龄只有52岁（我的实足年龄是12岁），在这短短的52年中，他没有享过一天福。小时家中经济状况不好，祖父对他不够慈爱。奔走革命时，出生入死，逃亡，入狱，或营救朋友，没有过一天安静的生活。晚年所处的环境，又是连年内战，民不聊生，文官贪污，武官互斗，他的精神总是不愉快的。最后竟被那蛮横的军阀和卑鄙的贪官所杀害！这个世界公理何在？！

从此以后，晚上没有爹爹来给我盖被，或轻轻吻一下我的前额，拍拍我的肩膀，叫我好好睡觉了。

自从五卅惨案事件之后，干妈对我一天不如一天，为一点小事，她能叨叨不休地数说我一两个钟头。有时晚上我已躺在床上，她特意来到我的屋子，坐在我的床边，无止无休地数说，弄得我常常是皱着眉，流着泪，痛苦地进入睡乡。

第二天，先父如果看见我的眼睛有点红肿，就知道我一定又受了委屈，他大概很心痛，但不说什么。只好等我念完书，带我和德君姐一起到公园去玩，或带我出去吃一顿饭，来补偿我在精神上所受的损失。他对我可谓无微不至，他知道干妈的脾气一年比一年坏，跟什么人都合不来，常常和人争吵。有一次，我听见先父跟人说，她的精神不太正常，要大家原谅她。现在回想起来，先父那时的心情一定非常不愉快，母亲的身体不健康，长年缠绵床褥，干妈的精神又不正常，唯一喜欢的女儿又太小，不能分他的忧，他的日子是多么难过。爹爹，您太委屈了！

不过，先父一生交游之广，真可以媲美孟尝君。我们家里虽然没有鸡鸣狗盗之士，但在我们家住过和受先父照应过的族人、亲友和学生则比比皆是。此外，他对有学问的人都非常谦恭，所以人说他是“礼贤下士”“屈己下人”。而且为人豪爽慷慨，见义勇为，因此尊敬他、佩服他的人特别多。

东莞容庚教授，在他所著的考古丛书中，搜集了一篇先父的文章——《生春红室金石述记》，在这篇文章之后，容教授写了一篇跋。他说先父“……豪迈轩举，人有一技之长，辄屈己下之，而视权贵蔑如也。其所办日报，抨击军阀，笔锋犀利，如挝渔阳之鼓……其身世与祢正平略同”。

他为什么说先父对有“一艺之长”的人，都“屈己下之”呢？因为当时容先生是我的篆字老师，他每星期来教一次。那时他是北京大学研究院的学生，但对金石和篆文极有研究，所以他虽比先父小约20岁，但先父非常尊敬他。

每次他教完我和德君时，总是由我们的人力车夫拉车送他回家。车夫因为他从来没赏过小费，因此有一天，走到半路，忽然推说肚子疼，叫他下车，态度很不好。那已是晚上10点左右，那僻静的街上，一辆车也没有，容先生只好走回家去。

他回去后很生气，于是给先父写了一封信，愤而辞职。

先父看完这封信，不但把车夫辞退，并命我和德君拿着一封先父的道歉信，到容先生家去给他磕头谢罪。容先生看了先父那封诚恳的道歉信，自然就把怒意打消了。

当他第二天又来到我们家时，先父见了他，竟也给他跪下磕头赔罪。容先生非常感动，从此和先父成为好友。

那时容先生尚未成名，但先父知道他的学问，非一般普通的大学生可比，所以对他如此尊敬。后来，他一由北大研究院毕业，果然立刻就被燕京大学国文系聘去为教授，在那里任教数十年。

十八、千人哀悼　遗灵南运

先父就义后，北京的报人，个个自危。《世界日报》社长成舍我因略略表示同情，也被王琦逮捕下狱。另一报人成济安，则闻风潜逃，未被魔掌抓住，但他的报——《民立报》也遭到封闭的噩运。亏成舍我有福，三日后被孙宝琦保出，得免死。

后来北京的报纸，就不敢太明显地表同情了。但日本人所办的《顺天时报》非常坦率地批评军阀，说他们不应当这样不经过法律手续就杀人。

这些记者在先父被害的当天晚上（8月6日）在北京东单三条胡同大和俱乐部开会，议决发表宣言，对先父之死表同情，对军阀的举措加以批评。第二天，他们又举行追悼仪式，并送一个花圈到我们家来。其实先父在世之日，对侵略中国的日本军人和政客，也曾多次攻击，对不良的驻华日本记者，同样的痛骂过。但日本人中有一些人，对正直的和忠心爱国的中国人非常崇拜。不管这人反对不反对日本，他都认为这样的人应受尊敬。

开吊那天，到我们家来吊祭的人，似乎有一千人。我跪在灵旁，给所有的吊客磕头致谢。哥哥本来也应跪在这里，但他还没有从美国回来，我们打去电报，他没有回电。

无耻的潘复，他假意地表示杀害先父与他无关，竟差用人送来一份蓝缎的幛子，和一份“奠仪”的祭礼。我已不记得是多少钱。大概是五百元或一千元。母亲看了后更加愤恨，她命人当着潘家的送礼人把那蓝幛子扔到茅厕里去。那钱则原封退回，并叫那个用人告诉他的主人，我们不要他的臭钱。

开完吊以后，母亲和姑母以及其他的亲戚们一同商议怎样搬到小一点的房子里去。他们主张把先父的古物和书籍，先交给李律阁先生，由他替我们找买主。至于家具，除一部分自己留用外，其余的则一次拍卖完。姑母已决定不久就搬到南方去。

于是在一个深秋的上午，拍卖行的人，把我们的大部分家具，都放在先父的客厅、书房和前院里，举行拍卖。我们家里人都聚在后院屋中，但听得见他们大声喊叫。

我听到他们拍卖先父的大书桌时，心如刀割。那是我爹爹整天写字的书桌。他的双手每天要放在这张桌子上，他的身体每天要靠在这张桌子上。它的抽屉，每天都经过爹爹拉开，关上。……现在不知要落到什么人的家里去了！爹爹的椅子，我更舍不得卖。我恨不得出去阻止他们出卖这些东西。但是我知道那是不可能的！我们将搬到一个很小的房子里去，容不下许多大家具。况且我是小孩，家中的事不能做主！因此我只好跑到自己的卧室里去痛哭。我从前没想到我会对桌子、椅子、鱼缸、花盆等东西有情感，但现在它们要被别人买去时，我竟感到难舍难分。因为它们都是我爹爹爱惜的。爹爹今天如果在天上看见他所喜欢的东西，一件件被别人搬走，他一定也会很伤心。

我也永远忘不了拍卖完的第二天清晨，那是一个寒意已来的深秋，我独自站在西风落叶的院中，看着一些工人把先父的家具等东西一件一件地搬走。我一边流泪一边告诉搬运工人：“小心一点，不要碰坏了！”似乎那些家具都是有知觉而且不愿意离开我们的。

一个工人笑着对我说：“东西已经是别人的了，你还管它做什么？碰坏了也不是你们的啊！”我听了这几句话，只好惭愧得低下头去，他们怎么会理解我心中的悲痛？

先父所收藏的古物和书籍，都搬到李律阁先生家去了。他后来替我们卖了一些钱，加上姑母和许多亲友所送的奠仪，放在银行里生利，我们家中的生活费，就靠这一点利钱来维持。

我们搬到一所小房子去，与二叔继勋全家同住。我们两家分担房租，从此家里一个用人也没有了。

母亲还是经常卧病在床，家中的事，都是我做。干妈的精神不健全，她什么事也不做不管了。那年冬天，我的两只脚都长了冻疮，因为我每天得在院子里砸煤。此外，生火炉、做饭、买菜、洗衣服、收拾屋子、买药、煎药等工作，也都是我做。从我们家走到街上买东西，往返大约五六里。

母亲身体好一点时，她就起来做做饭，擦擦桌子，扫扫地。有一次我从外面回来，看见她一边扫地，一边流泪，我心里痛悲万分。先父在世时，母亲因病，总是有人伺候，她从来没有扫过地，吸过灰尘。我含泪抢过扫帚，请她到床上去休息，自己把地扫完。

第二年春天，我入了中学，因为国文和作文考得很好，学校许我入初中三年级，不必从初一读起。

1928年夏北伐成功，北京改为北平。

北平第一任市长是何其巩，他上任没有多少天，就为先父和邵飘萍先生开了一个追悼会。邵是《京报》社长，是被军阀张作霖杀害的。

1928年8月19日，是一个炎热的日子。那天下午，我由先父的几位朋友和德君陪着，到宣武门外下斜街全浙会馆去参加追悼会。

到会的人，似乎也有一千人。其中很少是我认识的，他们之中包括学界、工会、商会、新闻界、文化界以及军政各界的代表，挽联花圈挂满摆满整个会场、屋子、走廊、院中，各处都有。

大堂正面悬有“国家正气　革命先驱”的横额。供桌前面两旁，悬着一副对联，右：“以身殉报”，左：“为国捐躯”。

主祭是何其巩。他的两旁还有两位陪祭的人，似乎其中有一个是第二军团的代表张秀岩，另外一个是谁，现在已不记得。

何等三人率领大家向总理遗像和先父、邵飘萍两位烈士的遗像行三鞠躬礼，然后有献祭，读祭文，各界发表演说等仪式。

最后由邵飘萍先生的弟弟和我致答谢词。我那篇演讲稿是先父的朋友所拟的，我只是拿着去念而已。现在已不记得我说的是什么。当时我看到这么多人来参加追悼，又听见那些演说的人，对先父的赞扬，使我忍不住泪如泉涌。我那一篇讲词，是一面呜咽，一面勉强读完的。据说到会的人里，也有许多流泪的，我想这些人可能多半都没有见过先父，他们只是钦佩他而已。他们的眼泪，是真正的同情之泪啊！

第二天，报纸都以大字标题，刊载追悼会的详情。有的报并提到我那“泣不成声”的答词。

1930年春，我写信给先父的表兄弟黄翼云和黄展云两位先生，请求他们发起为先父募款，在福州为先父造墓。他们写信问我关于坟墓的地点问题，我记得先父曾说过，青圃是我们祖先的出生地，而且那里风景很好，将来希望葬在那里。因此决定那儿便是先父永久的安息之所。

捐款的人，都是先父的老友，林森、张继、吴稚晖、蔡元培等各位老先生。墓碑上的字由蔡先生写。表伯和表叔并为先父印了一本传略，即《闽县林白水先生传略》，分赠给先父的朋友。

那年冬天，曾在我们家住过四年、由先父供给上大学的族叔林建书，从福建到北平，把先父的灵柩运回故土。

我永远忘不了那个冬天的晚上。时间大概已是将近午夜了。我和母亲、族叔，把先父的灵柩从停放所在——龙泉寺——运到火车站。建书叔买的是三等票，而先父的灵柩是放在货车里，那个货车又脏又乱又冷，我们就把爹爹放在这样的地方了。爹爹活着的时候，是多么爱清洁、爱整齐！现在让他躺在这么脏乱的地方，我觉得万分对不起我的爹爹！我没有能力把爹爹安放在一个干净整洁的车上，只好让爹爹受委屈，我希望爹爹能原谅我这不孝的女儿。

因为钱不够，又因为母亲的身体不好，经不起长途跋涉，所以我也不能亲自陪送爹爹的灵柩回乡安葬，我让爹爹就这样孤孤单单地离开我们了！

火车终于离开那黄色灯光照着的站台，在那凄惨的灯光下，驶向黑暗而遥远的南方。从此我连爹爹的棺材也无法再见了。我的眼泪使我的视线模糊，我真想放声痛哭，但又恐怕妈妈更难过，因此只好忍住，不令自己哭出声来。我相信爹爹虽然愿意归葬故里，但他一定也舍不得离开我们！

后来，建书叔来信，说先父安葬那天，来参加葬礼的人很多。全村的人都非常热心帮忙。

一年以后，我们曾在北平地方法院具状正式控告张宗昌、潘复、王琦谋杀我父亲之罪。因为那时他们三个人都住在北平。后来张宗昌大概听到风声，跑到天津日租界去了。

但是我们没有钱，请不起律师，因此竟得不到结果。我们的状纸是我和妈妈亲自送到法院去的，它竟如石沉大海，一点消息也没有，这场官司就这样无声无息地完了！

十九、元凶毙命　遗爱乡里

1932年9月3日，张宗昌在济南火车站，被郑嗣成（一名继成）和一个姓陈的刺杀而死。他身中数枪，跑得很远，才终于倒地。据郑说他是为他父亲报仇，陈似乎也是，现在记不清了。但有人说他们是受韩复榘的指使。其中内幕，我们老百姓自然无法知道，不过不管怎么样，张宗昌之死，是大快人心的。郑、陈虽自首而被捕，但在狱中时，全国各界都给济南的法院打电报或写信，请求释放他们。因为全国的人，都认为张宗昌一生奸淫掳掠，杀害忠良，死有余辜。我也以被害人家属之一的资格，给山东省政府和济南法院去了一封快邮代电。历数张的罪恶，请求释放郑嗣成和陈某。连张宗昌自己的山东同乡，也都联名具状，说他“蹂躏乡里，杀人无数……”请求释放这两位替所有山东人报复的勇士。

我真希望我是那个持枪把张宗昌打死的人！

现在把我当年的那封快邮代电抄录如下：

山东省政府济南地方法院及全国新闻界先达诸公钧鉴：溯自军阀肆虐，海内嗟毒。志士仁人，孰不愤慨！于时先烈之为党国革命而牺牲者，不知凡几！至于屠戮之惨，构害之众，尤莫甚于张宗昌横行直鲁之时。此举世之所不容，而人神之所同怒！倘该逆不死，公道犹在，固人人皆得而诛之者也。

先君林白水先生，曩以主持《社会日报》，拥护正义，屡发谠言，偶存规诫，竟触凶焰！遂遭收捕。恸于民国十五年夏间被害！此事原委，或犹在公等矜念之中。慰君突遘奇变，痛裂肝肠！然在当时，以弱女孤露，处彼虎狼淫威之下，亦惟有茹恨含冤，以俟昭雪而已！

及北伐告成，家慈立命慰君向法院提起公诉，特以该逆托庇日人权势之下，未得依法引渡归案惩凶，血海沉冤，于兹六载！伏思该逆，妄戮无事，戕害记者，杀人者死，已干国章。然犹偷息人间，荼毒齐鲁，摧残华北，蹂躏民众，勾结日寇，乃至酿成五卅惨案。先烈诸公，喋血济南！循其往事，盖皆万目共视，万手共指者也。似此罪大恶极之军阀，日暮途穷之匹夫，早应明正典刑，以维国法，而谢国人，不图该逆天谴未临，怙恶性成，不但不知忏悔其已往之罪恶，以报政府特赦之隆施，胆敢混迹北平，骄奢放恣，攀结要人，淫凶有加，是可忍，孰不可忍？！是以华北民众，殆早欲得而甘心焉！不谓方我群众正欲举发其罪之时，而郑、陈二君竟不顾一切，毅然诛之，认明正身，代伸国法，消息所播，薄海同钦！此种义举，不特为国家社会造福音，亦且为我数十万民众雪积辱！伏念任侠遗风，为我中华民族精神之所寄托，今郑、陈二君，为社会，为桑梓，为国法，为家仇而扑杀此獠，伸张民权，主持公道，民族前途，实利赖之。且闻郑、陈二君慷慨就捕，决不逃脱，孝勇义烈，世所希有。似此卓绝之行，宜从末减之罪，岂非鼓舞民德，敦砺世风之要道也哉？因特吁请，即日明令将郑、陈二君立予释放，以安民心，而符众望！则社会幸甚，国家幸甚！

慰君年幼无知，特以激于义愤，敢陈管见于诸公之前，幸垂鉴焉！

林慰君叩　9月10日

过了不久，郑、陈二人果然获释出狱。

我于1935年从国立北平师范大学毕业。毕业后就在中学任教员，同时开始写些短文或翻译一些故事。

母亲和干妈于1946年、1947年两年之中，先后去世。我把两位老人葬在西郊的万安公墓。在她们二位的坟墓当中，是先父的衣冠冢。这衣冠冢内，是先父被难时的血衣。我们从前请人把它装在一个木桶里，紧紧封好，放在妈妈和我的卧室中，我们从来不忍看。在屋中放了二十年，到1949年母亲逝世时，才把它同母亲的灵柩同时下葬。

我于1948年，托人在美国找到了断绝音信22年的哥哥，因此来美。在临行前，把先父的许多文章、报纸、字画、遗嘱，还有一个染了血迹的手帕，全部交给了张次溪先生，因为他答应我为先父写一本传记。

我来到美国不久，就因中美断绝关系，而与张次溪先生失去联络。在那音信不通的18年中，我心里无时不希望着：有那么一天，忽然得到张先生的来信，告诉我他已把先父的传记写好了！我因他的文笔非常好，又知道他极敬仰先父，所以写传的事，认为他最相宜。

1960年，有一位在香港的朋友，曾替我转过两封信给张先生，后来大概是那位朋友离开了香港，我又没法子和张先生通信了。我很失望，他还没有写先父的传，也许是资料不容易查。

1984年春，我和福州的亲戚们得到联系。当然我所最关心的，是先父的坟墓，不知是否被人破坏。因为我听人说，国内许多坟墓都被挖掉或铲平了。亲戚们回信说：在70年代，因原来坟墓的所在地有别的用处，所以必须把先父的棺木移往别处。当时如果没人管，结果将不可想象。幸亏我的族叔林建书，邀了许多族人，把先父的棺材移往一座高山上，因为这样就不致被雨水浸坏。族人们并寄来照片。我看见蔡元培先生所写的墓碑，顶上已断了一块，但字还没有破损。荒山顶上，黄土一抔，便是先父的坟墓。当时心里悲痛万分。因此决定尽早回乡，为先父建一座较好的坟墓，并且为他建一个纪念堂，把一些能找到的先父遗作、遗墨，放在里面，同时再将不同的人们所写的有关先父生平事迹的文章，也存放其中，使后人永远不忘他那轰轰烈烈的可歌可泣的一生。

1984年夏，我终于回到福州。我虽然生于此，但在襁褓时期，父母便把我带到北京去。在北京长大。因此，过去数十年，我的脑中北京即是我的故乡，福州、青圃似乎是镜花水月，遥远而模糊的一片影子。这次，我真的回到了福州和青圃，回到了我的出生地，爹爹的出生地和我祖先的出生地。当我乘的汽车行驶在福州的大街上时，我总是默默地想：这条街上可曾有过爹爹的足迹？我忽然对福州也产生了感情，对青圃也有了爱意。

我见到的族人和亲戚，多半是从来没有见过的。但他们都很热心，使我非常高兴。

族弟林连秋是青圃村大队的党支部书记，在他领导之下，青圃村成为全省富有的村，族人们对先父的敬爱与尊崇，使我非常感动。

他们告诉我，先父曾给青圃设立了一座小学，名鳌峰学堂，这小学早已改为公立，最初名青圃小学，现在名叫青圃中心小学，当初它是福建省乡村中很早的一个学校。

二十、族人敬仰　建堂纪念

还有一些族人告诉我：先父曾经救过村中不少人的命，又给村里省了许多钱。这些事，我从前向来没有听说过，因此要知道详情。他们说：

有一年（大概是民国初年），青圃村和邻村传筑村发生械斗，打了好多天，相持不下，谁也不肯先停。双方死伤都很重。先父听说这事，立刻电请省长出面调停。省长派了一营兵士驻在青圃与传筑两村之间，把他们隔开，他们就无法再打了。械斗停止，当然少死好多人。

谁知这几百名兵士，虽然把双方的械斗阻止了，但每天在村中吃吃喝喝，却给全村一个很大的负担。过了些日子，族人们又请先父向省长请求把那一营兵调回，因为他们如果再驻下去，恐怕全村都要破产了。传筑村也有同感。他们双方都说愿意和好，不再相打。于是先父又把他们的意思转达给省长，省长当即下令把兵撤回。

现在村中一些年长的村民还记得这件事。许多年轻人，他们自己虽然没亲眼见到这次的械斗，但从他们的父兄口中听说过，因此大家对先父都十二万分尊崇。

此外，族人中有好几个到北京来读书或找工作的，除以前所提过的族叔林建书外，还有林希衡、林有光、林应国等人。现在仅仅林应国还健在，其余的都已去世了！我们家中虽然常闹经济恐慌，但亲友和族人来投奔我们的，先父总是来者不拒。

1984年我在福州时，闽侯县青口公社青圃大队曾为先父就义五十八周年，开了一个座谈会，他们邀请了新闻界以及党政各界领导，来参加的有五六十人。那天发言的有五六位。我也讲述了先父的生平事迹。在我刚刚说完之后，青圃大队书记林连秋走到我的座前，轻声告诉我，我最好跟他出去一下。我不知道为什么，觉得有点神秘感，但不能不去。于是只好在众目睽睽之下，跟他出去了。

到了邻室，连秋给我介绍了一个年轻人，他说这人叫吴启训，是我的表弟——族叔林建书的外甥。他在“文革”期间，把建书族叔托他保存的孙中山先生写给先父的字，设法保留起来，因此未遭破坏。现在他亲自拿来给我。

我看他这么热心，非常感动，于是把这幅字接过来，谢过了他，然后把字拿到开会的大厅，当众宣布此事，并且把孙先生的字展示给大家。这是一张横幅，上书“博爱”二字，上款是：“少泉先生正”，下款是“孙文”。大家看完后，我把它交给林连秋，请他代为保管。预备将来先在先父的纪念堂中展览，然后再赠给福建省博物馆，以便永久保存。

我此次在国内——北京、上海、福州——住了两个多月，主要目的除搜集先父生前的著作和别人所写有关先父的文章外，便是筹备为先父修墓，并建纪念堂。此外，还拜访了好几位亲友，查询了先父生前的事迹，以为请人给先父写传的参考资料。我没有一天虚度或浪费过，不曾去任何名胜古迹游览。住在北京时，连近在咫尺的中山公园和北海公园都没有去。

在这期间，见到了好几位对我非常热心帮忙的亲友。全国政协的赵君迈委员、文强委员和好几位文教界的人士，都曾积极帮我寻找先父的遗作。赵委员后来又曾写信给我，他的信，证明先父确系同盟会会员。

此外又见到几位与先姑母很熟的人，她们所知道关于先姑母的事，比我所知道的还多！其中最重要的，是她曾不断地接济先父办报。先父的报，在那混浊纷乱的时代，维持着一贯的作风，清白独立，不偏不袒，作公正的议论，对军阀政客、贪官污吏加以指责和抨击，站在人民的立场上，为工、农、小市民，以及贩夫走卒大声疾呼，反抗强权。这种做法，正是她的理想，因此她常常倾囊相助。

关于先父的遗作，在北京图书馆、上海图书馆等处影印了不少，此外张次溪先生的儿子张叔文，把我从前存在他父亲处的先父遗嘱、时评等物，也都还给了我。张先生的弟弟张仲葛教授把先父早年和林琴南先生的一张合影见赐，这是非常难得的。

关于修墓和建纪念堂事，我对负责此事的青圃大队书记林连秋说，我有两个建议：1.我希望纪念堂要用琉璃瓦，以便耐久。2.墓要建在室内，不在室外，免得风吹日晒，容易损坏。至于墓园，林书记慨允代为请求征地五六亩。他说村中族人一定都很乐意捐出这块土地，为他们所尊敬的前辈作墓园并建纪念堂。

我在闽时，已把建筑的图样决定，其余细节，交与林连秋负责处理，于是才首途返美。

1985年7月30日，民政部追认先父为革命烈士。发给我一纸“革命烈士证明书”，原文如下：

林白水同志在革命斗争中壮烈牺牲，经批准为革命烈士，特发此证，以资褒扬。

中华人民共和国民政部

1985年7月30日

1986年，先父的纪念堂终于落成，我在7月间由美返国。还是先到北京，因为先母的墓和先父的衣冠冢也曾重新修建，所以我也必须先看一看。在北京住了四五天，即赴上海，在那里，有一些先父的古玩存在朋友家，我当初没有带出国，那时就想将来把它们捐赠给博物馆。但那时没有决定是哪一个博物馆。这次回闽，决定带去捐赠给福建省博物馆。

到福州后，不久，就把这些古物，共39件，全部赠予福建省博物馆。

纪念堂落成典礼和先父就义六十周年的纪念会，于8月6日举行。那天到会的各级领导和新闻界、侨办、侨联等各方人士一共有150多人。各界所送的挽联把整个大厅的墙都挂满了，花圈也有二三十个。会上发言的有省文化厅副厅长李联明等四五位，最后由我讲话，我读了几篇先父的时评，报告了些先父就义前后的事故。关于开会的情形，福建的报纸均有报道。

那天到会的各界领导，于参观完了先父遗著遗物陈列室后，都说里面的收藏，堪称丰富。这使我感到很惭愧。因为我深知这里的先父遗著，连五分之一都没有。因为，许多报纸因时间太久，已不能复印，一动它，恐怕即将破裂，因此只好不印。此外，我家里还有一些先父的遗著，此次没有带到家乡去，计有《中国白话报》全部、《俄事警闻》和《警钟日报》全部。未带去的原因是我自己想留在身边看一个时期。打算看完后再拿到纪念堂去。

二十一、公正立传　永昭后世

先父的纪念堂已落成，就义六十周年纪念会也顺利地举行完毕了。我回美后，好多朋友对我说："你多年的夙愿都实现了，现在一定很高兴吧？"

我只是微笑点头，默默无语，因为我认为我的工作还没有完，在我未死之前，还得找一位很好的作家给先父写一本传记，对我来说，这是世界上最难的事。我深恨自己的知识不够，文笔不行，未能把先父一生轰轰烈烈可歌可泣的事迹写出一本精彩动人的书！尤其使我心中不高兴的，是有些人误信军阀政客们捏造的谣言，竟把先父说成是一个以敲诈为生的报人！

军阀政客，贪官污吏，受贿的议员，以及奸商……这些人都恨先父，因为先父经常揭露他们的罪恶，因此他们在先父被害后，便造出谣言，说他曾向他们要钱，因为没有拿到钱，才在报上骂他们。这些无耻之徒，造这种谣言，完全是为报复！可惜有些人居然相信他们这种毫无根据、毫无证据的污蔑之词！

我曾看见一个报道，现在将原文录出如下：

林白水先生那篇招来杀身之祸的社论——尿道督办——就在这时出现在他所办的《社会日报》上。传闻林向潘函索五千金，潘不予置理，才写出此文，因乏可靠资料，不知真相若何。

我看了这两行字，觉得可笑之极！天下有这么傻的人吗？向人敲诈，居然“函索”！故意给人把柄，不怕他公之于世！？给人物证，好让自己献丑丢脸？我想凡是以敲诈为生的人，绝不会做出这样的傻事！潘复制造这么幼稚无聊的谣言，有识之人，多不齿之！但也许有少数嫉妒先父的，便借此机会，随声附和，说先父“到处伸手”，这种话真是太狠毒了！

先父在世时，很多友好已经给予他很高的评价。如容庚教授以先父比作祢衡，袁寒云先生以先父比作杨修，徐佛苏先生说先父是“文运中之骄儿，舆论中之飞将”。

《东方杂志》第32卷第13期：“白水既长于文言，复精白话，朗畅曲达，信手拈来，皆成妙谛，其见诸报端者，每发端于苍蝇臭虫之微，而归结及于政局，针针见血，物无遁形。北平之中央公园，夏日晚凉，游人手报纸而诵者，皆《社会日报》也。即平日不喜白话文者，亦独于白水之白话文重视之……”

《庸庵漫钞》：“……少便颖悟，卓荦观书，倚马为文……其笔之妙，如生龙活虎……然其笔锋犀利，不轻恕人，其病在斯，亦聪明人结习，无可如何也。”

往后，邓拓先生也说过：“……我们应当建议在编写中国近代报刊史的时候，适当予以应有的评价。”

尤其使我感到慰藉的是中华人民共和国民政部已经追认先父为烈士，这是对他最高的评价。我希望今后如有人能够搜集更多的材料，为先父写出一部传记来，永昭后世，彪炳史册，这是我所盼望的。

赞颂先父的文章、对联、挽联等，现在能找到的，不及十分之一，先父的时评及其他著作，能找到的，也不过十分之一。最遗憾也最惭愧的，是我未能把先父最精彩的文章找出，以符人们对他的称赞！

本文如有错误之处，希望同胞们不吝赐教。

1986年写于美国加州

林白水返乡

余　暇

1910年夏秋之交，林白水滞留上海校刊书稿期间，林长民、黄展云等人就不断来信请他尽速返闽，共襄大计。彼时，先期学成于1909年归国的林长民已当选福建省咨议局第一届书记长，正忙于福建省宪政改革的推进工作。同时，林长民还兼任闽省法政学堂教务，并拟与友人合办私立法政学堂。林长民力邀林白水尽快返闽，在福建家乡宪政改革和民主法制建设方面大展宏图。

黄展云来信详细介绍了福建革命党发展的情况，恳请林白水返闽共同推进福建革命的发展，黄展云早于1905年春，即与郑权、郑祖荫在福州组织秘密反清的汉族独立会，黄展云任会长。次年，汉族独立会取消，改为同盟会福建支部，所有成员，改为同盟会会员，对外则用“丙午俱乐部”名义。

1906年秋天，黄展云与堂兄黄翼云遭人告发，遂避祸离开福州东渡日本，考入早稻田大学师范系学习。在日本黄展云等与孙中山结识，正式加入中国同盟会。1907年8月，革命组织共进会在日本东京成立，黄展云被推举为共进会福建分会的负责人之一。1908年秋天，黄展云返回福州，主持益闻阅报社（实为中国同盟会福建支部机关）。

1909年，林长民任省法政学堂教务时，黄展云也在法政学堂附属文科中学任“修身”课教师。在学堂里，黄展云坚持秘密进行反清革命活动，继续在进步学生中鼓吹民族民主革命，发展会员。后来，在福州光复的辛亥战役中，不少在校学生主动参加了战斗；是年10月，福建咨议局成立，黄展云入该局当文书。

其实，在当时的许多地方，立宪派与革命派的阵营并不像日后教科书中所陈述的那样阵线分明，非黑即白，而是你中有我，我中有你。有志青年根据自身条件积极投身到各种社团、党派的活动中，目的都是为了拯救国家，改善政治环境。在辛亥革命之后，许多立宪派人士从清朝的咨议局过渡到民国政府的议会中来。如福建光复之后，原福建省咨议局议长高登鲤做了福建政务院的民政部长，副议长陈之麟做了财政部长，秘书长林长民做了外交部长等。

彼时，清末宪政改革与各省起义、暗杀等革命活动都在紧张进行。朝廷的统治权威已消失殆尽，吏治腐败现象愈烈，地方官员借口绞杀革命党而勒索钱财或公报私仇的大有人在。时局愈加动荡，革命与反革命的力量此消彼长，已然发生了变化。身在上海的林白水感受到风云激荡的革命氛围，加快了编译校对书稿的步伐，争取早日返回福建。

1911年11月，林白水夫妇告别了妹妹、妹夫以及高梦旦等诸多好友，离开上海返回福州。林白水夫妇所乘轮船到达福州马尾港时，表弟黄展云和黄光弼等人到码头迎接。当天傍晚，黄展云等人在福州仓前山桥南公益社中国同盟会福建支会设便宴为林白水夫妇接风洗尘。出席晚宴的人士有黄展云、黄翼云、黄光弼、郑祖荫、林斯琛、林肇民等人。

黄光弼原是蒙学堂林白水的学生，现任福建军政府的参事员。郑祖荫是福建同盟会支会会长，林斯琛是支会总干事，他们都是林白水认识多年的老同志，现在都是福建军政府的参事员。林肇民是林长民的弟弟，十多年前在杭州“林氏家塾”曾受教于林白水，而今是新军管带。

其时，福州已经光复近半个月了。黄展云等人向林白水介绍了福建光复战役的情况；郑祖荫则向林白水介绍了福建军政府建制的一些情况。

武昌起义之后，各地陆续光复的消息传到福建，福建省咨议局局长高登鲤召开咨议局特别会议，也着手商议福建独立事宜，副议长刘崇佑向闽浙总督松寿劝降，要求其交出政权，“冀成不流血的革命”。而松寿却以组织“杀汉团”大肆围捕革命党的行动作出了回应。

革命党人方面则在积极备战。武昌起义之前，同盟会会员许崇智等在福建新军中宣传革命，成效显著。同盟会会员彭寿松受命在福州组织军警特别同盟会，新军和巡警部队中的中、下层官兵入盟者甚多。武昌起义、湖南光复消息传到福建后，要求参加军警特别同盟会的人络绎不绝，新军中几乎所有的官兵都入盟。新军第十镇统制孙道仁见军心已变，遂附和革命。

11月5日晚上，同盟会的郑祖荫、林斯琛、彭寿松、刘通、黄光弼等人与同情革命的新军统制孙道仁、协统许崇智在台江的一艘夹板船上秘密集会，商量起义事宜。会议决定同盟会总机关桥南社仍设在仓山；同时，在城内花巷成立革命军总司令部，在于山观音阁设立前敌总指挥部；推举彭寿松为同盟会会长，孙道仁为举义成功之后的军政府都督，许崇智为革命军总司令。并对光复战役进行了具体部署。

11月7日晚上，前敌指挥部在于山宣布起义。同盟会桥南社总机关密报各社团联甲严守栅门，紧密巡防。是夜，总机关颁布口令，启用“中华民国军政府闽都督”印信，选用十八星旗帜作为战斗旗帜，所有作战人员和工作人员一律佩戴白布臂章和胸章。午夜，同盟会彭寿松、黄乃裳带领巡警和学生敢死队从仓前山入城，配合作战。翌日凌晨，升火为号。起义军警在于山炮兵阵地开炮，炮打福州将军署和满族旗兵聚居的旗下街。驻守在于山北麓的旗兵捷胜营和山南的旗人“杀汉团”从南北两个方向猛攻于山顶，对于山制高点展开猛烈的争夺战。居高临下的起义军警与学生敢死队奋力反击，并趁势冲下山头，从鳌峰坊、仙塔街、旗汛口各处合围旗界。自晨至午，鏖战不息，双方各有伤亡。

是日午时，旗界水部门城墙上挂出白旗，清军要求停战议和。革命军要求必须无条件投降，战斗再次打响。同时，革命军机关又以军政府都督名义，急电长门炮台统领陈恩焘驰援，并派员乘快艇赴马江船政厂接运库存的旧军械。不久，清军打出“乞降”白旗，总指挥许崇智下令停止战斗。

当日傍晚，清政府镇闽将军朴寿从将军衙门外逃被击毙，满人总督松寿见大势已去，遂吞金自杀，其余如布政使、按察使、提学使、劝业道、福州知府等全部官员投降。

1911年11月9日，革命党人全面占领福州。11月10日，福州宣布光复。不久，福建各地陆续光复，全省境内未出现大规模杀戮。革命党根据湖北军政府颁布的《鄂州约法》组建成立了中华民国政府闽都督府。由同盟会推举孙道仁任都督，彭寿松任参事员会长，许崇智任司令部总长。同时，推荐10名参事员。参事员会是议事决策机构，另设几个部，作为执行机构。执行机构各部部长中吸收了原清咨议局的人参加。

郑祖荫介绍说：“推翻帝制，建立共和，是旷古未有的事情，现在各省政制不尽相同，人员构成也比较复杂，日后必定进行改组。”

林白水从好友们的言谈中感受到一种身心解放，扬眉吐气的热烈气氛。他也将自己在上海所了解的武汉、江浙起义军的情况与福建的好友们作了交流。

1911年10月10日，武昌起义爆发，各省纷纷响应。11月光复会在上海、南京起义成功。辛亥革命虽首义在武昌，但武昌最终落入北洋新军之手，只有光复会攻占的上海、南京后来成为革命党人与清廷抗衡的立足之地。从这个意义上说，光复上海、南京对于辛亥革命的贡献，不亚于武昌首义。

1911年11月上旬，同盟会中部总会领导人宋教仁等到武昌，湖北革命党首领居正、孙武、刘公等遂与宋教仁商议制订一个约法，作为中华民国中央政府正式成立之前，与宪法效力相等的根本大法，并用以号召各省。宋教仁随即草拟了《鄂州约法》，由湖北军政府颁布。

《鄂州约法》共七章六十条。是以资产阶级自由、平等、博爱及天赋人权为思想基础，以三权分立为理论基础的一部大法，基本上勾画出以总统制为蓝本的共和国方案，向社会展示了民主制共和国的形象。该约法是对清王朝封建君主独裁专制制度的根本否定，同时无形中淘汰了资产阶级立宪派追求的君主立宪方案。全国其他省份光复后，大都以该约法为蓝本组建地方政府。

众好友济济一堂，满怀胜利的喜悦，憧憬着美好的明天。林白水对尽快投身到新政府的工作中去充满了信心与期待。

（选自《纪念辛亥革命一百周年·长篇人物传记·一代报人林白水》）

林白水先生被捕目击记

段德明

1926年8月5日晚上，我亲眼目睹了林白水先生被捕的经过。

那年我12岁。我家住在棉花胡同头条原《社会日报》社的对过。父亲开设一家小煤铺，我因为家道贫穷，只在一个上学的地方读半天书，常常要帮助家里劳动。我们一般在晚饭后要料理家务，聊聊天，然后再睡，睡得较晚。那天夜里已经很晚了，听见外边人声嘈杂，还有汽车的声音，我想出去看看，发现门外都是士兵，门被挡住，不让我们外出。我从门上一个圆窟窿里往外瞧，看见胡同里都是兵，《社会日报》社门口被士兵把守着，我知道对过报社出事了，但不知什么事。不一会儿，林白水先生被押着出来，他没有被捆绑，神色自若，好像有思想准备似的。他被士兵带走了。林白水被带走后，听说《社会日报》社内部乱成一团，他有一个夫人住在里边，他们都不知所措。天亮以后，我从报上看到，林白水先生已经被反动军阀枪毙在天桥。

林白水先生是个好人，平时对待街坊邻居和气。我们胡同有两个名人：一位是林白水先生，一位是“四大名医”之一的孔伯华。对我们街坊都很好。林先生之死，街坊都说因为他骂了军阀。他又不像我们老粗那样张嘴就骂，而是曲里拐弯地写文章骂人，得罪了军阀，军阀把他枪杀了。他死后，我仍住在那里，现在62年过去了，我已经74岁。每一想到1926年8月5日晚上林白水先生被捕的情况，我们就非常怀念这位因为爱国为民献出了生命的人。

1988年9月

目睹林白水就义

唐振宇

1926年夏天，我住在位于天桥西市场大街的父亲所开的春茗园茶馆中。一天早晨我正在沉睡，朦胧中听到窗外有人高喊："枪毙人了！"我立即翻身爬起，跑出门外，出天桥西市场往南追去，将到原天桥农民早菜市场时，即见七八个宪兵从一辆人力车上拽下一个穿白夏布大褂的白发老人。老人被宪兵簇拥着推上垃圾堆坡上，身子尚未立稳，枪就响了，老人倒在地上。等我跑到亡者身旁，只见躯体尚在颤动。宪兵开枪后立即离去。

为了弄明白案情，我赶忙跑到天桥桥头南派出所前去看告示，只见木牌上刚贴上一张毛笔写的布告，上书："奉直鲁联军总司令张（宗昌）谕：《社会日报》经理林白水通敌有证，着即枪毙。等因奉此，应即执行。此布。"并盖有北京宪兵司令王琦的印章。

旧社会军阀横行霸道，肆无忌惮，草菅人命。群众看此布告，无不内心愤懑，暗中哀叹而恨恨离去！

1986年2月

杀害林白水

张次溪

林白水在我国早期新闻事业中，是一个先进人物，他先后主办的几种报刊，都很有声誉，为社会所重视。因为他疾恶如仇，口没遮拦，遂遭军阀忌恨，终于被害。

1926年8月6日（农历六月二十八日），林白水在北京《社会日报》发表了一篇讽刺性的文章，题为《官僚之运气》。文内说：“狗有狗运，猪有猪运，督办亦有督运，苟运气未到，不怕你有天大来头，终难如愿也。某君者，人皆号之为某军阀之肾囊，因其终日系在某军阀之袴下，亦步亦趋，不离晷刻，有类于肾囊之累赘，终日悬于腿间也。此君热心做官，热心刮地皮，固是有口皆碑，而此次既不能得优缺总长，乃并一优缺督办亦不能得……甚矣，运气之不能不讲也。”他所说的“某君”，指的是当时山东军阀头子张宗昌幕下号称“智囊”的潘复。“智囊”变作“肾囊”，张宗昌又有“长腿”的绰号，此文一出，见者都为之大笑。潘复见了大怒，因为文章的下半篇，牵涉到张宗昌聚赌的事情，就和张宗昌商量好了，饬令“联军督战司令部”把他逮捕。他在北京原有住所两处：一处在宣武门外棉花头条1号，一处在西单牌楼宏庙20号。他被捕是在棉花头条，就在“肾囊”文发表的当天傍晚。到了夜半，宪兵司令王琦，用汽车把他押到宪兵司令部，说他是“通敌有据”，讯问了不多几句话，就喝令上绑。他态度从容，只说要写一张遗嘱，别的并无所求。遗嘱写道：“我绝命在顷刻，家中事一时无从说起，只好听之！爱女好好读书，以后择婿，须格外慎重。可电知陆儿回家照应。小林、宝玉和气过日。所有难决之事，请我孙、淮生、律阁、秋岳诸友帮忙。我生平不做亏心事，天应佑我家人也。丙寅八月七日夜四时万里绝笔。外玉器两件、铜印一个，又金手表一个。”天初明的时候，绑赴天桥南大道枪毙。他生于清同治十二年（1873年）癸酉十一月二十九日，死时年54岁。

林白水被捕的消息传出后，报界同人和他的朋友们纷起营救，探得张宗昌在潘复宅里，就举出代表，前去求情。代表们说了半天，张宗昌意似稍动，眼睛盯着潘复，而潘复却正襟危坐，依然摆出了凛然不可侵犯的样子。《黄报》记者薛大可跪在张宗昌面前，哭了起来，张宗昌笑道：“何必这样，慢慢再说!”正在此时，有人来报告，说是已经执行了。大家觉得出乎意料，没有办法，只得叹息而散。

林白水和先父在日本时同学，他的女儿慰君和我家经常往来。慰君出国前，将她父亲的遗著和临难时的遗嘱、血巾等交我保存。叶遐庵（恭绰）睹其遗嘱及血巾等物尝为题记云：“忆其遇难之夕，有人托余营救，余与白水无深交，然义不应视而不救。方至潘宅，则赵次珊辈方环与张宗昌语，张但唯唯。少顷，言者益多，张意似动，而王琦至，与潘复耳语而去，其时大约为夜二时。旋闻人言，已执行，众亦遂散。今观遗嘱，乃四时所书，然则所谓已执行者，诳也，乃使救者绝望，不再言耳。彼辈涛张为幻，何所不至，白水遂已矣。”可见林白水的被杀害，是军阀们预先布置好了的。但又听说，他在被捕之先，王琦奉了潘复之命，曾到报社，勒令更正请罪，林说言论自由，绝不容许暴力干涉，无论如何，不肯认错，遂遭杀身之祸。

林白水致死的罪名，是“通敌有据”，“通敌”，是说他通了冯玉祥。冯玉祥在当时北洋军人中，思想比较进步，军纪也严明，他对之具有好感，但亦不过从客观立场，并没有任何密切瓜葛。有人怀疑他跟冯玉祥有勾搭，他写过一篇文章声辩说：“你们不要当我是替冯玉祥做说客，请你去打听，冯玉祥在北京快两年了，我林白水跟他们有半次的往来、丝毫的接近没有？”当冯部国民军退出北京时，秩序良好，并不扰民，他在报上屡次表扬。等到直奉联军开到以后，情形大不一样：“庐舍为墟，田园尽芜，室中鸡犬不留，妇女老弱，流离颠沛”，他就用犀利的笔锋，伸张正义，抨击邪恶。说：“直奉联之军队纪律，吾人本着良心，未敢瞎恭维。”又说：“吾人对于军阀，说一句老实话，都无好感。因为军既成阀，多半不利于民，有害于国。”又说：“本来是民，为什么会加个难字的头衔呢？这就得请那做大帅的解释解释给我们听了!”他对于“奉军”，更是毫无隐讳地斥责道："不料奉军至今，犹不改其胡匪之性质。"对于"直系"军阀头子吴佩孚，也讽刺地说："我请问吴大帅，打了败仗，免了职之后，躲在鸡公山、躲在岳州，几时奉着命令，开复功名？而乃自作主张，跑出汉口，大做起什么联军的总司令，一面遣将调兵，一面下令任免鄂赣豫各省的督军省长，这都是有法的根据么？"在奉直两系军阀头子张作霖、吴佩孚联袂进京之时，无耻官僚强迫商民欢迎，他写了《欢迎与哭迎》的一篇社论，说："古之善战者服上刑，今之善战者受欢迎。"又用滑稽口吻，把参加欢迎的行列，比作空巷往观的大出丧。人都替他担心，怕出事故，他却谈笑自若，并无畏惧。不过他也写过文章说："在这无法无天的时候，我们要是天天把市面萧条、人心不安的状态，写得绘影绘声，仿照郑侠流民图的故事，那些军阀老爷，必定大发雷霆，说我是有意与他为难，存心给他捣乱，只要轻轻地赏我一个赤字，我便铁锁锒铛地向警备司令部做隐士去了，那报馆封闭，更是不消说的。"他也未尝不知说话是容易惹祸的。

林白水被难时，身穿白夏布长衫，须发斑白，两只眼睛还没有完全闭上，陈尸道旁，路人伤心。他的徒弟建书到场收殓，厝于南下洼龙泉寺。他有一个儿子，名叫陆起，时年19岁，正在美国留学。女儿慰君，小名玛利，时年14岁，随侍在京，闻讯痛极，吞毒药自杀，遇救得不死。他们家奠那天，张宗昌像猫哭耗子似的派员送去抚恤金1万元，慰君见了大恸，坚决拒绝，人都说她很有骨气。1930年林白水的灵柩由建书运回原籍安葬。他临难时的血衣，后由慰君埋于香山万安公墓。

林白水缘何招来杀身大祸

张一峰

1921年，林白水在北京创办《新社会报》，开始专事新闻工作。在创办《新社会报》之初，林白水即表明自己将立志改造报业、革新社会。他不畏强暴，力图借报纸发出正义呼声。

1926年，奉系军阀张宗昌进京后，耀武扬威，无恶不作。他的亲信也想借机升官发财，狠捞一把。潘复是张宗昌的赌场知己，张宗昌之所以投靠奉系，潘复起过很大作用。张为了酬谢潘复，曾聘其为山东军署参议。潘复从此成为张宗昌的幕后军师，被称为张的“智囊”。这一次，潘复企图利用与张宗昌的特殊关系，谋个财政总长当当。不料事与愿违，只得到河道督办一职。为此，潘复与张宗昌均对北京当局大为不满。此事被林白水得知，特撰《官僚之运气》一文，嬉笑怒骂，予以嘲讽。文中写道：

狗有狗运，猪有猪运，督办亦有督办运，苟运气未到，不怕你有天大来头，终难如愿也。某君者，人皆号之为某军阀之“肾囊”，因其终日系在某军阀之胯下，亦步亦趋，不离晷刻，有类于肾囊之累赘，终日悬于腿间也。此君热心做官，热心刮地皮，固是有口皆碑，而此次既不能得优缺总长，乃并一优缺督办亦不能得。经某君极力斡旋，垂即提出国务会议矣，因先期宴客，以语某军阀，意欲讨好。不料某军阀大不谓然，且云某某无必须畀以某缺之必要，随便与以督办之名可矣。于是变更前议，派一刽池子差事。肾囊大为懊丧，复向某军阀噜苏。闻昨日政府又接到某军阀来缄，盖为某某进言者，且云前谈并未指明刽池子一事，奈何真使某某刽池，未免过于难为他矣，以后某缺如乏人，仍望为某设法。当局得信，难以置复。有人谓此亦不过当面敷衍肾囊先生，并非某军阀之真意，可以不必作答，遂搁置之。……

文中“肾囊”即“智囊”潘复。潘复阅之，大怒，哭诉于张宗昌之前，从而导致了林白水的杀身大祸。

林白水血巾与遗嘱

邓晓东

1986年7月29日林白水烈士的女儿美国国防部语言学院教授、美籍华人林慰君女士向福建省博物馆捐献了她保存多年的林白水烈士的文物多件，其中最珍贵的是孙中山先生送给林白水题为“博爱”两字的横幅和林白水烈士就义前的遗嘱以及就义时的血巾。

林白水先生本名獬，字少泉，又名万里，号宣樊，晚年又名白水。闽侯青圃人。早年留学日本，入早稻田大学攻读法律兼习新闻。1905年加入孙中山先生领导的“中国同盟会”，积极鼓吹革命。他主要从事于办学、办报和著作，作出不少贡献。曾在福州创办福建第一所学堂——福州蒙学堂，对青年灌输革命思想，培养不少革命骨干。后来他又到杭州、上海、北京等地办报及办理学社，作为传播革命，培养男女青年的中心。当时他的住处成为革命党人的秘密联络地点。民国成立，他任南京参议院议员、福建都督府法制局局长。由于他一贯积极为革命奔走，不怕艰难险阻，孙中山先生对他极为器重，送他一幅题为“博爱”两字的横幅，以表彰他对广大劳苦民众的深厚的感情。该横幅长106.5厘米，宽39.5厘米，宣纸墨书。“博爱”两字自右到左横写，在边落款直书“少泉先生正，孙文”。字迹苍劲有力。下盖有“孙文之印”，篆书白文，印迹模糊。因时隔90多年，纸色已呈灰黄。林白水就义后，此横幅由闽侯青圃村他的族侄代为保藏，1984年林慰君教授从美国回榕时，才从青圃村找到。

林白水秉性刚直，在恶势力面前从不低头。后来在北京创办《公言报》，他抨击北洋军阀不遗余力，以敢言闻名于世。与此同时他又办《新社会报》，指责军阀政府乱搞贿选，揭露他们祸国殃民的丑恶嘴脸，为此而入狱3个月。后又复刊，改名《社会日报》。他仍经常撰写评论，往往信手拈来，发端于苍蝇、臭虫之微，而归结于政局，嬉笑怒骂皆成文章。他的社论被誉为北京舆论界的权威，当时北京的群众，每天都以先睹《社会日报》为快。1926年8月初的社论《官僚之运气》发表，把当时驻京的奉系军阀张宗昌的财政部长潘复讽刺为“肾囊”，并把张宗昌也奚落了一番。张宗昌、潘复等人恼羞成怒，于8月6日晚连夜将林白水抓去，未经审讯，即于第二天清晨进行杀害，陈尸北京天桥。就义前，8月7日凌晨4时，林白水烈士留下最后一封遗嘱，遗嘱是用直格信纸墨笔直行书写的，长27.5厘米，宽17.5厘米，原文没有标点符号，遗嘱的全文是：“我绝命在顷刻，家中事一时无从说起，只好听之。爱女好好读书，以后择婿须格外慎重。可电知陆儿回家照应。小林、宝玉和气过日。所有难决之事请莪孙、淮生、律阁、秋岳诸友帮忙。我生平不做亏心事，天应佑我家人也。”时间及落款：“丙寅八月七日四时万里绝笔”。在“万里”两字中，盖了一个篆字朱文的“林万里印”。左边还写着他家的住址及家中收信人：“西斜街宏庙甘号，林太太”；另有托人带回家的物件写着：“外玉器两件、铜印一个，又金手表一个。”笔迹刚劲挥洒。底下盖了一个收藏者的印章，上刻“东莞张资溪藏”，魏碑体朱文。还有一个当时北京《社会日报》的信封，长22厘米，宽10.7厘米，直行，上书“遗嘱”两字。

血巾是林白水烈士就义前放在身上的。系白洋布质地的一条正方形的手帕，30.5厘米见方。上面留下四块斑斑的血迹，分明是军阀残杀忠良的印证，睹之令人倍觉愤恨！血巾右边有北京学者金息侯墨写篆书：“林白水血巾”五个字，下并题上一首行书诗句：“死友林白水，临命遗血巾，千古又何怨，求仁自得仁”。落款是“庚寅重九（即1950年9月9日）息侯金涂”，下盖有“金隶”两字朱文印。左边有早年任过北京国学馆馆长、著名学者叶恭绰（广州人）题的“化碧留痕”四个字。接着下面又书写：“林白水临命遗念今归张次溪”。落款：“叶恭绰志”。在“化，碧留痕”右边盖一个同“遗嘱”中一样的收藏人印，上面也是“东莞张次溪藏”。

以上的遗嘱与血巾，收藏人曾请好些老学者瞻仰过，悼念、敬佩之情跃然纸上，1949年冬，老同盟会员、林白水烈士革命战友及老同行章士钊老先生看了林白水的遗嘱及血巾后肃然提笔题了一首七律诗云：“人生难得是从容，死日方征淡定功！吾友堂堂真自了，诸公衮衮孰为雄？世人妄诋盆成括，间气堪追杨大洪；谁道黄垆在宏庙，謄看秋碧照春江。”（释：诗中盆成括为战国人，仕齐见杀，孟子称其小有才，未闻大道。杨大洪为明官吏，因上疏劾魏忠贤，被诬陷死于狱中。黄垆：晋代竹林七贤常聚饮于黄公酒垆，后世借用“黄垆”作为悼念曾经聚集一起的亡友之辞。）这首诗，对林白水烈士作了很高的评价。此外，文学家周作人、老学者叶恭绰、老教授容庚等都先后题了跋和字，都对烈士表示由衷的景仰。

烈士的遗嘱和血巾是承蒙林白水生前的好友张次溪先生保藏下来的，据林慰君教授介绍，张次溪先生是广东东莞人，是长期住在北京的一位学者，与烈士生前关系密切，慰君叫他为“六叔”。她1954年离京赴美前，曾把父亲的这些遗物托给这位“六叔”代为保管。“文化大革命”前张先生逝世，此物转由其子代管。1984年林慰君教授回国后，才从张家取回。经历“文化大革命”风暴的浩劫之后，幸能完好地保藏下来，这是难能可贵的。

如今这些珍贵的遗物是有力的历史见证。它歌颂了早年积极追随孙中山先生从事革命事业，并为中山先生所器重的民主革命家林白水烈士的忠心耿耿、为国为民、不畏强暴的高贵品质；它揭露了北洋军阀张宗昌之流的血腥暴行。瞻仰这些珍贵遗物，缅怀革命先烈的业绩，启迪后代继续发扬革命精神，为振兴中华，建设现代化祖国而努力奋斗。

第二辑

办学办报：两地办学　弃官办报

林白水创办福州蒙学堂

王宜椿

邓拓在《燕山夜话》“林白水之死”一文中，曾提到林白水创办福州蒙学堂一事。可是此文引起了黄展云之女黄以雍的不同看法。她说，先父当年是蒙学堂的校长，该校应该是我父亲创办的，怎么会成为林白水创办的呢？对于这段历史该作何看法，我们认为邓拓是史学专家，他的行文是严谨的，没有史实依据是不会写的，而黄展云是蒙学堂校长是事实，也是不可否认的。那么究竟谁是蒙学堂的创办人呢？这事得从当时如何创办蒙学堂的过程谈起。

时值辛亥革命前夕，光绪二十四年（1898年）冬，林白水怀着“戊戌政变”后的不安和苦闷，从杭州趁回福州过年假的机会，带回杭州太守、著名教育家林启的办学经验，有心立志创办学校，培育革命新生力量。于是与表兄黄翼云、表弟黄展云，以及革命志士方声涛、郑权、李心庄等相议办学之事，取得共识后，便自筹资金、聘请老师，于第二年春创办了福建第一所新学——福州蒙学堂。它比泉州于1902年由官方与绅士合办的中学堂要早三年。校址设在福州城内三坊七巷文儒坊16号永定籍卢厝祠内，房屋坐北朝南，五开间穿斗式清建筑，共有三进院落，均为五间排大厝，每进都有大天井，单间房便有三十余间，大大满足办学条件。校名取"蒙学堂"，寓启蒙教育之意。既办新学，他们为何不用"学校"新词呢！因当时正值"百日维新"新政，恐遭当局阻挠之故，所以他们本着"不可无济物之志，不可有济物之名"的道理，少做表面文章，多做骨子里的事。

在"蒙学堂"创办之初，大家一致推举林白水为蒙学堂的主持人，因他自己要回杭州，不能在福州久待，故推荐黄展云、方声涛担任正副总办，以主持学堂工作。当时班级和学制、学科是由林白水参照杭州办学的设置，计设特班（中学）一班，招收20岁以下的青年；小学二班，学生年龄在15岁以下。课程既注重汉学和求救国途径，或灌输革命思想和科学知识。五位老师都搬进学堂住宿，同学生打成一片。经分工后，林白水教特班的汉学兼策论，黄翼云、黄展云分担小学汉学课程，全校的数理化和英语、体育由方声涛、郑权、李心庄负责，还请了陈与年、林志恒等教习协助。

春风化雨，催放百花。在黄展云校长主持下，在几位思想先进年轻的老师影响下，"励志会""十汉团"一个个秘密的学生革命小团体，悄悄地建立起来了，他们还吸收进步青年加入，又常邀请本市著名人士如何琇先等前来讲演国内外形势，激发学生爱国思想。因此，蒙学堂成绩显著，在社会上享有盛名。光绪二十八年（1902年），学堂迁至北门越山书院，改名为侯官县小学堂，学生人数逐渐增多，传阅革命书报，如《苏报》《民权报》《扬州十日记》《嘉定三屠记》《太平天国笔记》等，秘密组织学生阅读，使学堂成为福州民主革命的早期据点。

为了适应当时革命需要，在高等班学生第一期毕业时，从中选派陈更新等人往日本陆军学习。派蒲开泰赴上海专修理化，学做炸弹。严骥入闽江要塞炮科学堂学习造炮，作为武装行动的准备，为辛亥革命积蓄中坚力量。他们参加了黄花岗起义和辛亥革命。如黄花岗七十二烈士中的陈与燊、林觉民、陈更新、陈可均和该役生返义士严骥等，都是从这个学堂毕业的。

说到这里，当我们全面了解到蒙学堂的创办过程后，现在可以这样说，福州蒙学堂是在林白水倡议下，由几位思想进步的热血青年共同创办的。学堂前期创立林白水是起到关键性的作用，学堂后期的发展，黄展云校长是出了大力。事情的开始到发展都有它的前因后果。

蒙学堂创办至今已有一百多年的历史。文儒坊16号卢厝祠的蒙学堂遗址仍然存在，它是福州最早宣传革命、传播进步思想的摇篮，是值得纪念的地方。建议福州文物部门保护“福州蒙学堂遗址”作为纪念，并作为爱国主义教育基地，供人参观。

2000年12月21日夜

（原载于《选辑》第6辑）

林白水卖文字办报

史树青

去年8月6日是民主革命烈士、报界先驱林白水就义六十周年。最近，林白水烈士的纪念堂在烈士家乡福建闽侯青圃村落成。烈士的女儿林慰君教授专程从美国回来，参加纪念活动，并将包括孙中山手书在内的一些烈士珍贵遗物捐献给福建省博物馆。

林白水（1874—1926），原名獬，字万里，号少泉，晚号白水。早年留学日本，从事反清活动。归国后，与蔡元培在上海合办《警钟日报》，鼓吹革命，宣传爱国，先后营救过黄兴、章炳麟、邹容、章士钊等人。辛亥革命后，任大总统府秘书，众议院议员，是我国著名的革命报人，也是著名的教育家。

林白水一生为人正直，革命活动深得孙中山、廖仲恺等人的器重。就义时，年52岁。1985年7月30日，被民政部追认为烈士。

林白水的文章和书法，在当时是十分著名的。他还是一位热爱金石书画的专家，收藏有红梅纹端砚，为心爱之物，在《社会日报》开辟《生春红》专版，提倡研究祖国历史文化艺术。他文思敏捷，“嬉笑怒骂，皆成文章”。其书法，大篆、小篆均有精到之处。登门求他撰文、写字的人接踵而至，日不暇给，以至不得不订一个“卖文字办报”的润例（木刻版，宣纸印）。润例或称润格，也称润笔，在我国历史上，书画家制订润例是很正常的事，但林白水为办报而订润例，以润笔收入而办报，宣传革命，打倒军阀，是少见的。

林氏在润例的开头便说：“仆从事新闻，已逾三十载，硁硁自守，不敢以个人私便之故，累及神圣之职业。海内知友，类能见信。《社会日报》自出世以迄今日，已满三年，耗自己之心血，不知几斗；糜朋友之金钱，不知几万。艰难缔造，为社会留此公共言论机关，为平民作一发抒意见代表，触忌讳，冒艰险，所不敢辞。然为资力所扼，发展无望，愧对读者。今则并此不死不活之状态，犹难维持。一切环境，如警吏、侦探、印刷工人、纸店掌柜，均可随意压逼，摧其生命，避免无术，如陷重围。揶揄之鬼载途，将伯之呼不应。计不得已，惟有出卖其自以为能之文与字，藉资全活。海内读吾报与表同情者，或能不吝援助，俾得共保此公共言论机关，则靡非惟区区私人之感幸已也。”

在军阀统治下的旧社会，警吏、侦探环伺，无事生非，动辄得咎，印刷、纸张又形成重大经济压力，文人办报，何以应付？卖文卖字得几个钱，只是部分地缓解了印刷、纸张问题，与主要的政治压迫无涉，我们从这个“卖文字办报”的启事中读到“触忌讳，冒艰险，所不敢辞”这些话，不禁肃然起敬，我们的心深深地为一个革命者无所畏惧、视死如归的革命英雄主义所打动。

润例的内容十分丰富，文例、字例各有详细价格，随后还有一句说明：“以上两例，对于学界，概以八折计算。”这也可以看出林白水对知识分子的态度，无他，只好在自己的润例上给予同情和照顾。

润例最后为收件处，除了西城宏庙20号及太仆寺街72号林宅外，还有棉花头条1号《社会日报》社及琉璃厂几家古玩铺、南纸店、青云阁、富晋书社等。从润例上所写的墨笔字，我们知道《社会日报》社薛茂芝是协助林白水承办收件事务的人。

（原载于1987年《燕都》杂志第5期，本书转载时略有删节。）

林白水与辛亥革命

王植伦*

谈辛亥革命，不能不谈辛亥革命前长达10年的准备工作。这个长期艰巨的准备工作，为辛亥革命的胜利奠定了思想和组织基础。

按照辛亥革命老人章士钊的回忆，这个准备工作："可分作两期言之：一、从1901年至1905年，为理论鼓吹期；二、从1906年至1910年，为分途实行期。分途实行云者，谓一部分人从事暴动，一部分人投身暗杀，一部分人埋头苦学……各相所能，戮力拼命。"（见章士钊《疏〈黄帝魂〉》）而作为我国报界先驱林白水，在这两期的准备阶段中，都以其勇猛激进的思想、冲锋陷阵的锐气和探索求真的精神，为辛亥革命作出了卓绝的贡献。

---

* 王植伦（1932—1998），福州人，高级编辑。生前长期从事部队、地方的新闻、宣传工作、任《福州晚报》副总编、《文化生活报》总编辑。

创办报纸，鼓吹革命

林白水（1874—1926），名獬，又名万里，字少泉，号宣樊，又号退室学者、白话道人。福建省闽侯县青口镇青圃村人。1898年底，经老师高啸桐推荐，应杭州知府林启（字迪臣）聘请，到杭州求是书院执教。由于学识渊博，思想激进，一时名噪杭城。1901年6月《杭州白话报》创立，报馆主人项藻馨邀请林白水出主笔政。这张报纸“以鼓吹新政为主，执笔者颇负时誉”。①不过这时的林白水还只是一个“稍有点反满反封建意识的改良主义者”，②其他几位主笔、编辑情况也差不多。因此，他们热衷于鼓吹“新政”，极力提倡社会改革，宣传内容还停留于缠足的女人放脚、禁烟和破除迷信等方面。虽是如此，但在当时的杭州，影响颇大，每期发行七八百份，林白水和求是书院的学生还集资订阅了20多份分送给杭州庆春门外的茶楼酒肆，免费供人阅读。③全国第一个“女子放足会”，就是在它的影响下，在杭州成立的。在《杭州白话报》主持了两年笔政的林白水，从中认识到舆论的重要意义和用通俗的白话文办报的重大作用。他以为民众“欲不受欺，先得有知识，故（要）办报宣传各种知识”；而白话文，

① 黄梁梦：《新闻记者的故事》，第87页。

② 《新闻界人物》，新华出版社编，第26页。

③ 方汉奇《中国近代报刊史》（上），第262页。

“妇女孩子一看也明白，不识字的一听就知道”；读白话报“第一可去国民的自大心，第二可以长国民的自信心，第三可以壮国民的自立心”。[①]从这时开始，林白水就大力运用通俗浅显而又引人入胜的白话文做宣传，而且形成了独特的风格——“一句一句说出来，明明白白，要好玩些，又要叫人容易懂些”的风格。[②]因此，主笔政于《杭州白话报》，虽是林白水参与革命“鼓吹”活动之始，[③]却为他后来的办报活动奠定了良好的基础；对于推动当时全国的白话报刊的涌现，[④]使革命宣传跨出上层社会，深入到社会底层，也起到十分有利的作用。

如果说，林白水参与《杭州白话报》活动时还只是个改良主义者，但到了1902年4月在上海与蔡元培、章炳麟等人组织中国教育会，创办《学生世界》，以及1903年与蔡元培等人共同创办《俄事警闻》时，他已经成为革命的民主主义者了。在《学生世界》，他发表文章，“鼓吹反清革命，言论尤为激烈”。[⑤]1903年春，他东渡日本留学，亲自参加了拒俄活动和留学生义勇队，决心回国“做火炮的引信，去点燃全国拒俄的火药……去唤醒国民的觉醒”。[⑥]后来由于清

① 见《中国白话报》第一、第二期。

② 《中国白话报》发刊词。

③ 1926年4月《社会日报》刊载林白水启事，有“仆从事新闻已逾三十载”语，以此推算，当在戊戌变法时期。唯未见史料。

④ 当时全国各地出版的白话报刊已知的有53种之多。见《中国近代报刊史》（上），第273页。

⑤ 冯自由《革命逸史》初集，第118页。

⑥ 林白水的朋友，留学生汤槱（尔和）在东京中国留学生拒俄大会上发言。见冯自由《革命逸史》。

廷的压力和迫害，拒俄义勇队被迫解散，不过这倒促成了林白水从爱国拒俄到反满拒俄的彻底转变。他与战友们秘密组织了革命团体“军国民教育会”，1903年夏，林白水由“军国民教育会”派遣回上海从事革命的鼓吹工作。

1903年12月6日，《俄事警闻》创刊，林白水受蔡元培特聘为该报主笔。过了三天，他独立主办的《中国白话报》也诞生了。从此，他以这两张报纸作为基地，以激进的思想、锐利的笔锋、明白的白话，进行激烈的排满宣传。他在《俄事警闻》创刊号的发刊词里，直截了当地提出“中国危险得很”，他说：“我把俄国占东三省的事件一一打听出来，登在报上，使大家晓得现在中国十分危险得很，现在有东三省的兄弟这样受苦，这样可怜，将来瓜分的时候，我们全国百姓都要做东三省的人民呢……”

在1904年1月10日的《俄事警闻》上，他发表了“社说”《告小工》，号召“工人们联合起来做主人翁”。文章说：

> 你们一流人，是世界上顶不可少的……你们辛辛苦苦赚了他几个工钱，还不够过日子，他们还要加添做工的时间，减少工钱，真要逼到你们无路可走了。
>
> 我听得西洋的小工，常常为这些缘故，结起队来，和这些有本钱的人闹……把自己一流人都联合起来；他们不但一国里联合，连国外的也联合。有一个会，叫万国劳动同盟，里面的人不知有多少呢!他们想一个法子要办就办得到；他

们遇到仇人要杀就杀。如今西洋各国，无论什么厉害的皇帝和做官的，什么样有钱的人，都为这一件事日夜劳心，想不出对付的法子。恐怕不久就要把西洋各国的土地和本钱的机器，都要归工人的主人翁了。

你们一面要学他们的法子，自己联合起来，做到国里头顶有力量的人，一面还要先想法子，打退东三省的俄国人，叫各国不来夺我们的地方……不多几年，你们就有好日子过了，不似今日的苦了。

从这个“社说”中我们可以看出，林白水不仅成为激进的资产阶级革命派，而且接受了马克思主义的某些学说，这在当时的革命派中确属少数。

随着日俄战争在中国领土上爆发，《俄事警闻》改版为《警钟日报》，它不仅筹划对俄，还向群众敲响警惕“顽固之政府”和对日、对英法等野心列强的警钟。

在《中国白话报》里，林白水更倾其全力宣传民主，反对专制，鼓吹革命，建立共和。他以明确的信仰、炽热的感情倾注于宣传之中。

对于大难临头仍麻木不仁的同胞，他痛苦疾呼：“列位啊：可怜啊!……如今，大祸已进门，可怜你们还一点不晓得……所以，（我）握着一把眼泪，写这样一张字，送把列位，好教你们列位兄弟赶紧设法自己救自己啊!……如今我们这中国，你若不去救他，再没有人去救他了！”①

他激励民众勇敢地起来，用暴力推翻昏君。他说：“皇帝的权力本来是我们给他的，倘若他一旦弄了弊，我们便撵他去，把一切权收回来，再换一个公公正正的人办事。”②又说：“如今我们中国的生计这样艰难，与其饿着肚皮做道学先生，倒不如大家学着法国人，冒点险，冲开天罗，打破地网，大家把中国弄好。”“法兰西三次革命，也是因为昏君在上，国里头民不聊生。”③

他更进而鲜明勇敢地提出“颠覆满族，推翻政府”和建立自由国家的口号。他说：“二百年亡国大耻……欲达建国的目的，不能不历这复仇之一阶段；因仇满之心，人人皆有，我们可利用民心，颠覆满族，推翻政府，以直达于建国之途径……凡国民有出租税的，都应该得享各项权利，这权利叫自由权，如思想自由、言论自由、出版自由……”④

《中国白话报》开始是半月刊，13期后改为旬刊，设论说、历史、地理、传记、新闻（半月纪事）、实业、科学、时事问答、说苑（杂文）、教育、学说、小说、戏曲、歌谣、选录（文摘）、来稿、文明介绍、战争警报（号外）等20个栏目。这些栏目都围绕着揭露反动朝廷，鼓吹反满革命这一主题，并使之不断深化。以《中国白话报》第一期为例，它除在“新闻”栏里报道了“俄兵占领奉天”“俄

① 《中国白话报》第七期“论说”。

② 《中国白话报》第一期“历史”。

③ 《中国白话报》第四期“论说”。

④ 《中国白话报》第七期“论说”。

国武官驱逐清驻奉天将军”“北京商部尚书吃花酒”“慈禧太后传大臣进宫看戏”四条消息，揭露清廷统治者丧权辱国、骄奢淫逸外，又在“传记”栏里描写了黄帝战蚩尤的故事，让黄帝大呼：“救我这可爱的中国，可爱的百姓啊！”还在“时事问答”栏里，以法租界宁波人群起保护四明会馆的事为例，说：“只因为宁波人不怕死，拼了几条生命，法国人也就软下来。你道天下事到底靠着自己好呢？还是靠别人好呢？”“（如果）靠着皇太后、皇帝、文武百官，如今那座四明公所，早已被法国人占去了!”就连“历史”“地理”“小说”“戏剧”各栏也无不与反满革命联系起来。1904年8月，慈禧太后七十岁生日，林白水更在报上作对联，讥曰：“今日幸西苑，明日幸颐和，何日再幸圆明园，四万兆骨髓全枯，只剩一人何有幸；五十失琉球，六十失台海，七十失东三省，五万里版图弥蹙，每逢万寿必无疆!”这副对联入木三分地揭露了慈禧穷奢极欲、祸国殃民的嘴脸，不仅在上海传诵一时，国内和香港地区、日本、南洋许多报刊也纷纷转载，影响极大。

到了1904年8月12日，林白水出任《警钟日报》主编。这年的12月，《警钟日报》还大力宣传孙中山，称他是“粤党之魁杰，西学之巨擘”，“固夙倡导民权自由之说，而最富民族思想者也”。并且公开宣布“有孙逸仙而中国始可为”。[①]

① 《近代中国新闻事业史事编年》。

办立新学，培养革命力量

早在1898年底，林白水就与老师高啸桐和林纾等人来杭州，在杭州知府林启办的学堂里执教。林启也是福州人，很有维新的头脑，他在高啸桐、林白水师生的帮助下，“立求是书院，综中西之学，以淑成人；立养正书塾，授童蒙经，兼导以欧洲普通之学；修东城讲舍，课经史策论，俾杭士通晓时务以归本于道德……开蚕学馆于西湖，延东人蚕业之良者……以授学徒”。[①]林白水在学堂里传播新学，周围常聚有一批思想激进的学生。当时杭州出了两件大事都与学校有关，一是圆通寺为一批淫僧把持，太守林启置僧于法，废去佛寺。但“屋宇仍华好，某西人将夺之”，并且威逼北京的总理外国事务衙门出面压制林启。林启大为震怒，说：“夺彼教而授彼族，吾无以面杭之父老。官可罢，此寺不可授西人！”因此，他把此寺充作养正书塾的校舍。林白水和林纾并在学生中广为宣扬他的事迹，赞他是“儒林循吏，跨烈青史”。有意让反对“西人”压迫、抵制腐败清廷的意识在学生中扩散。[②]

再一件事是，求是书院的教习孙翼中与林白水志同道合。以《罪辫文》作题目，指导学生作文。这辫子是清朝人的命根，当初满人入

① 见《林社二十五周年纪念·林纾撰来文并序》。

② 见《林社二十五周年纪念册》。

关，就因为这辫子问题杀了多少汉人，现在怎容得有人公开“罪辫”呢？于是满人子弟申权瓜尔德、金梁等人向巡抚衙门告密，几乎酿成了文字狱。幸亏林白水得到消息，恳请林启知府从中掩护；同时让孙翼中焚毁文章，矢口否认；而且援引清廷严禁旗人出禀抚院的规定，反控申权瓜尔德、金梁等人挟嫌诬告，才使得孙翼中和激进学生免遭文祸。[①]后来孙翼中与这些革命学生远走日本，在东京主办了《浙江潮》期刊，大力鼓吹革命，在留学生中影响极大。

1902年2月，林白水趁回福州过年假的机会，与表兄黄翼云、表弟黄展云以及革命志士方声涛、郑权等人共同创办全省第一所新学福州蒙学堂。[②]四学堂设了一个特班，专招二十岁上下的青年入学；设了两个小学班，招收十五岁上下的儿童。学校既注重汉学，更注意西学，因此西欧的政治思想和科学知识逐渐输入青少年的脑海之中。校内还设有图书馆，搜罗各种新书报、供学生课外阅读研究；设运动场（操场），让学生锻炼体格，每天清晨设早操课一小时；每周六举行一次跳高、跳远、双杠等运动比赛。还在有革命意识的学生中组织“励志社”，组织阅读《扬州十日记》《嘉定三屠记》《太平天国笔记》《满清秘史》等禁书和文天祥、史可法、黄梨洲、郑成功等人的传略，鼓吹反满革命。林白水还常做演讲，或

① 《新闻界人物》（四），第7页。

② 福州蒙学堂的创办时间有说“辛丑”（1900年），有说1898年年底，据福州蒙学堂学生、黄花岗七十二烈士之一的陈与桌于1908年在日本给其师黄展云书信，内有“回忆壬寅年与《新民丛报》同时出过之福州蒙学堂”一语，可证福州蒙学堂创办时间应于1902年2月间。

说明国内外大势，或灌输科学知识，或介绍欧美政治思想。在林白水等教师的影响下，有十个参加“励志社”的学生，分别取了“汉”字为首的别号，以示驱逐鞑虏，还我河山的决心，而且都参加了革命派组织。黄花岗七十二烈士中的陈更新、陈与燊就是“十汉”中的“汉郎”和“汉新”。[①]

在创办新学的过程中，林白水体会到有全面改革教育的必要。他从福州回到上海后，与蔡元培、章炳麟、黄宗仰、蒋维乔、陈去病等志士相谈，更进而认识到“我辈欲造共和的国民，必欲共和的教育；要共和的教育，所以先立共和的教育会”。于是共同发起组织中国教育会，明白地提出要与“实行奴化教育”的“奉谕建设大中小蒙各学堂”对抗。[②]表面办理教育，暗中鼓吹革命。[③]

中国教育会成立不到三个月，就办起一所“爱国女学社”，在妇女中提倡革命精神。女学社的经费由上海英籍犹太富翁哈同夫人罗迦陵女士承担。这个罗迦陵原籍福建，原是上海外滩的洗衣妇，思想倾向民主，同情革命。林白水在动员鼓励这位女同乡解囊办学中，“有很大的功劳”。[④]

1902年11月，适逢上海南洋公学学生抗议学校无理开除同学，有200多名学生愤而退学，在蔡元培、林白水等人的支持下，退学学生组织了爱国学社。中国教育会以经费、场所支援他们，教育会的成员

① 《福建文史资料》第五辑《撒播革命种子的清末侯官两等小学堂》。
② 《爱国学社之建设》，见《选报》35期第22页，转引自《蔡元培传》。
③ 蒋维乔《中国教育会之回忆》，转引自《蔡元培传》。
④ 见林慰君《先父林白水烈士》。

大部分担任了爱国学社的义务教员。关于这件事，林白水生前曾经追忆说："爱国女学社开学后不及一个月，适值南洋公学学生退学……无所依泊。中国教育会又不慌不忙办出一个爱国学社，把南洋公学的退学学生都收进来。……又去外边招了许多，又添设一个蒙学班。自办这爱国学社以来不及半年，所用的款足足有三千多金。内地学生脑筋里头，只晓得上海有个中国教育会所办的爱国学社；东京留学生脑筋里头，也只晓得上海有个中国教育会所办的爱国学社；那些官场、政府、守旧党脑筋里头，也天天记挂着上海有个中国教育会所办的爱国学社。这时候的学社，大名鼎鼎，轰轰烈烈，真是可欣可慰可敬可爱……"[①]到了第二年4月，南京江南陆师学堂31名学生因反抗学校压迫退学，也加入爱国学社。这个爱国学社的大部分师生后来都成了辛亥革命的骨干。

鼓吹暗杀，率先行动

1903年夏，林白水在日本东京组织并参加了军国民教育会，军国民教育会是秘密的排满革命团体，规定以"鼓吹、起义、暗杀"三种手段进行革命斗争，而且还专门成立了"暗杀团"。因此，当时的革命党人都热衷于暗杀活动，林白水也是一样。他为军国民教育会派回

① 《中国白话报》第七期。

上海从事鼓吹活动，其中也含有鼓吹暗杀的任务所在。

林白水在报刊上大力鼓吹暗杀的好处。他说："革命断非一次可以成功的，而且此时各种学问都没有预备，各处人心也不能齐一，各等社会的意见更是参差不齐……这时候的革命过渡，就是刺客。这个刺客是顶容易成功的，第一不要多花钱……第二不要多联团体……第三不至惹外国人干涉……第四不至拖累地方多杀人命，第五杀一可儆百。"[①]他的最出名、最有影响的论刺客文章，要算是《中国白话报》第17、18期的"论说"《论刺客的教育》。他在文中提出刺客的教育要分五个学期：第一学期养成政治思想，第二学期破除宗教迷信，第三学期诱导历史信仰，第四学期练武健体魄，第五学期增进科学知识。他完全把刺客问题当作革命的要务来研究了。

林白水对刺客的鼓吹，在当时的知识青年和下层民众中影响很大。1905年9月，因在北京谋炸清廷出洋考察宪政的五大臣而壮烈牺牲的革命壮士吴越，在行刺前给他妻子的绝命书就谈到，他是读了林白水的《刺客论》后"始知革命当从暗杀入手"，才不惜牺牲身家性命的。清廷顽固派首领西太后，曾被由东京军国民教育会派回的暗杀团定为暗杀的第一个对象，有人在北京西直门至颐和园埋伏了五个月，终因西太后深居简出未达目的。

林白水不仅努力鼓吹暗杀，而且身体力行，直接参加了暗杀清廷反动官吏的活动。1904年11月19日，他与革命志士万福华，共赴上海

① 《国民意见书》，《中国白话报》第七期。

四马路金谷番菜馆枪杀勾结法帝国主义的前广西巡抚王之春，就是一例。这次暗杀，由于万福华的临时紧张，未击中，造成了包括万福华、林白水、黄兴、张继等11名志士被租界工部局逮捕的严重后果。后来由于革命党的营救和《警钟日报》《字林西报》《文汇西报》等上海中外报纸的声援，除万福华判处监禁十年外，其余人员全部无罪释放。①这些热血青年不仅没有气馁，反而由“蔡元培和一些人商量，将暗杀团的规章加以修改，并把它改组扩大，定名为光复会”。林白水立即加入了光复会。②正所谓：“光复会成立之时，正万福华枪击王之春之时也。”③

暗杀行动自然是不足取的，是资产阶级革命派不相信群众力量，忽视做艰苦细致组织工作的弱点的反映。但它却是当时的现实，我们自不应苛求先人。

著书立说，探索革命之路

出狱之后，林白水已无法在上海立足了，《中国白话报》于1904年10月停办了。他在退避家乡福州一段时间后，于1905年夏秋，又东渡日本，入早稻田大学学法律，兼修新闻。这时国内的知

---

① 见林慰君《先父林白水烈士》。

② 《蔡元培传》，第32页。

③ 陶成章《浙案纪事》，第10页。

识青年又云集日本，在孙中山先生的协调下，兴中会、兴华会、光复会和留学生中其他革命团体人员，建立了统一的革命政党同盟会。清廷对此惶惶不可终日，通过驻日使馆与日本文部省合谋，于1905年冬发布了《清国留学生取缔规则》，企图以"责令退学"和"遣送出境"的手段"取缔"在日本的革命留学生。同盟会主要负责人之一的陈天华留下《绝命书》后跳海自杀。盛怒之下，二千余名留学生宣布集体退学，分批回国。

1906年，当林白水回到国内的时候，正是清廷为了缓和革命人民反清的势头，开演了一幕"立宪"丑剧的时刻。它在麻痹人民群众，笼络地主阶级、资产阶级上层分子方面起了一定作用。在敌人的软硬兼施之下，当年革命报刊如林的盛况，已不复存在了，出现了"有义林数载终归丧灭者，有如昙花一现瞬息湮没者……至今尚留者，已如晨星寥落"的暂时冷落的局面。[①]在这变动不定的时刻，林白水选择了暂时坐下来著书立说，试图从西方和中国的历史比较中探求祖国复兴的道路。"于是他在同志们（过去）经常聚会的所在，找了一间屋子，关起门来，开始写书。"[②]

与当年拒俄反满，办报暗杀时的冲锋拼杀相比，林白水似乎冷下来了，其实不然。他用以探索、著述的脑子、热血和双手仍与革命紧紧相连。有一件事情足以证明：

林白水自日本回国先回到了福州，与表弟黄展云以及黄振云、王

---

① 《越报》第一期"宣言"。

② 见林慰君《先父林白水烈士》。

永祈合编了《高等小学修身课本》（共八册）、《高等小学经训教科书》（共四册）。[①]回到上海后，遇到革命党人赵声、刘光汉欲到南京发动起义，只因经费无着，不能起行。林白水这时也一贫如洗，身边只有一部数十万言的《中国民约精义》巨著手稿。他慨然允诺代筹经费，刺破手指，用鲜血书写了一封悲壮恳切的信，连同书稿送给商务印书馆主，要求出高价买下。馆主高梦旦是他老师高啸桐的弟弟，看了书和信后十分感动，出了一千银两的高价买下。而林白水把银两全数付给赵、刘，自己分文未留。回到家里，家人已断粮三天，正待他拿钱买粮下锅哩![②]

在这期间，林白水以评传的形式编写了不少介绍西方资产阶级革命家或近代史上有影响的人物，其中《华盛顿》《哥伦布》《俾斯麦》《加里波的》《纳威尔》《大彼得》六本书被商务印书馆誉为"记事简明，议论正大，学生校外必读之书"。[③]他还先后翻译出版了《日本明治教育史》《自助论》《英美法》等著作。

1911年10月10日，武昌起义枪声响起，全国风起云涌般响应，推翻清廷的革命斗争，经过无数革命志士艰苦卓绝的奋斗终于胜利了，林白水为辛亥革命所作的贡献也将长留青史。

（原载于《选辑》第6辑）

① 见张次溪《记林白水》及刘庆云《林白水》。

② 此据林慰君《先父林白水烈士》，唯张次溪《记林白水》中云，书系卖给镜今书局，售价也不相同。

③ 《东方杂志》第32卷第13期，第255页。

林白水弃官办报原因分析

林其泉* 陈慰锭

一

中国近代文化战线上的斗争从未停止过，革命者前赴后继可歌可泣。只是，他们有的被误读，有的被误解。被误读的多受攻击，被误解的多受到歪曲的宣传。林白水与之不同，生前受害，死后被遗忘，长期以来不大为人所提起，直到前不久才有人为他写了传记，此后介绍林白水事迹的文章才多了起来。

林白水原名獬，又名万里，字少泉，号退室学者，1874年1月出生于福州南郊闽县（后改闽侯县）青圃，其父林钧系当年福州船政局（马尾造船厂）的文案。林白水十岁那年曾跟随其父林钧到马尾目

* 林其泉系厦门大学历史系教授。

睹过1884年中法战争马江海战的悲壮一幕，它给少年的他以巨大的震动。林白水少年时代在福州九彩园书馆读过私塾，接受传统文化教育，后拜具有新思想的高凤岐为师，开始学习西方文化，经过自己努力，在这方面取得相当成就。1898年即他24岁时，应聘到杭州蚕桑学堂、求是书院等学校教过书，并利用放年假机会与同学、朋友一起在福州创办过福州第一所革命青少年的学校——蒙学堂，后两度东渡日本入早稻田大学，学习法学和新闻学，先后加入光复会和兴中会，并于1905年他31岁时在东京参加孙中山组织的中国同盟会成立大会，投身民主革命浪潮中。

林白水早年从事过教育工作，当过教师；办过报纸，当过主笔；也在政界活跃过，当过福建省的法制局局长，全国议会议员和福建军务善后帮办等。

林白水从政期间是在1911年辛亥革命推翻清王朝后的最初五年间。时孙中山被推举为中华民国临时大总统。为了国家统一，孙中山让位给北洋军阀头子袁世凯，而袁氏则利用手中权力，大力进行复辟帝制活动，把中国推进灾难的深渊。林白水担任官职期间，虽也办过一些好事，如利用手中权力，以计谋为同党（革命者）摆脱罪名，使一些同志幸免于难，但总的来讲，这期间的林白水被紧捆在袁世凯的御用工具上，使他处在迷惘、彷徨之中，特别是，辛亥革命后有人提出“革命胜利，革命党消”，有的革命党人退隐了，有的消沉了，这让他难过极了。而1914年即他入京任职的第二年，中华民国建立的第三年，亦即帝制取消，“奴才”“主子”称呼取消的第三年，林白水看到，北京城政治空气回头变，许多达官贵人都忙着恢复清朝制度，大兴叩拜跪的旧礼节，各衙门停止称呼先生、女士做法，恢复老爷、大人称呼。就是这一年的12月23日，“民国总统”袁世凯到天坛演出了用古礼“祭天”的闹剧。总统和公仆（官员）们，心中都现出皇帝情结，要奴才请安，摆出主子架势和威风。共和制的中华民国名存实亡。袁世凯当民国总统不满足，千方百计要当上帝国的皇帝。对此，林白水自不会无动于衷！

经过剧烈的、苦痛的思想斗争后，林白水终于摆脱了三年的迷惘，如同大梦初醒，于1916年8月1日毅然决然地辞别了政坛，走上献身近代报业的大道。

二

林白水离开政坛与官场决裂，走上报业之路，最表面的说法是，他“不是做官的料”，也不愿在官场中混日子。有人说过，做官头一件事先要学会卑劣苟贱，又要把良心搁过一边，放出那杀人不见血的手段，才弄得着钱。这二件做不到，就别想做官。[1]林白水正是如此的。

林白水是一位“乱世文人”，眼看政治腐败，毅然弃官从文，通

① 见《二十年目睹之怪现状》一书。

过办报鼓吹新文化，似也顺理成章，不过其原因还可深入加以分析。

首先，林白水的弃官，与不满官场丑行有关。

林白水曾以善良愿望从1912年至1916年在福建官场和全国议会中混过数年，几年中他看到了官场中各种贪婪无耻、吾虞尔诈、争夺倾轧、见利忘义的丑恶行径，心中何止不平，简直是怒火燃烧！

任福建法制局局长期间，林白水眼看政务院院长（总裁）彭寿松大权在握，骄横残暴，任意封闭《群报》，逮捕该报主笔，深感无比愤怒，一气之下，他辞去一切职务，闭门谢客，奋笔直书，把它加以揭露，激起众愤。这是他所难忘的“驱彭”事件。

1913年4月到北京参加国会首次会议期间，林白水看到袁世凯身为“民国总统”，可不把国会放在心上。国会开会时，袁氏自己不到会，只是叫秘书到会上花了两分钟时间念了四百多字的颂词。很显然，这是给议员们一个下马威，叫议员们识相些，今后少给我老袁找麻烦。袁氏独裁惯了，不买民主政体的账，不久，他干脆废掉《临时约法》，念他的独裁经，孙中山愤怒了，举义旗进行“二次革命”，但是革命失败，结果南方革命政权先后落入北洋军阀手中，民主报刊多被封闭，主笔多被严拿惩办。

在这样的环境中，林白水怎好继续待下去，只有另谋出路了。

其次，官场待不下去，出路在哪里？

进入官场之前，林白水当过教师，从事过教育工作；从事过写作；翻译过外国作品；也办过报纸，当过报人，任过报纸主笔。退出政坛后，可以再去当教师，可以再去写作或翻译外国作品，也可以再去办报纸。可走的路子多得是。权衡之后，林白水认为，再去办报纸，更能发挥自己的作用。

人们知道，林白水进入官场前和在官场任职期间，曾参与或单独办过几种报刊。

林白水涉足报业的第一份报纸，是1901年创办的《杭州白话报》，那不是他创办的，但他任主笔，以宣樊子的笔名发表过多篇白话文、大众化的文章。其间，林白水主持过介绍西学的《译林》，并与蔡元培等人合作创办《学生世界》。1903年，林白水应蔡元培之邀在上海参加《俄事警闻》（后改名《警钟日报》）的编务。1903年冬林白水独立创办了《中国白话报》（每月出版两到三期）。1912年林白水担任福建法制局局长期间，还办了一种文摘式的刊物《时事选刊》，那可说是中国人办的最早的文摘报。这些可视为他在办报方面小试牛刀，锋芒初露，使人刮目相看。

在创办报刊和担任报纸主笔的过程中，林白水吃过不少苦头，也积累了相当丰富的办报经验，为以后从事报业工作打下了坚实的基础。

复次，林白水弃政从报，与其个人性格关系颇大。林白水是一位有自己个性又善于独立思考的知识分子，对当时的现实颇为不满，每每加以抨击，且语多激烈，自不为当权者所容，挨批评甚至斥责在所难免，而他不甘受人摆布，我行我素，常常为此闹成僵局，也影响到自己的情绪。如何找块阵地好让自己尽情地发表文章，发泄内心激情，林白水想到了报纸。当时中国封建专制走到尽头，民主共和正在兴起，新旧交替中社会乱象纷呈，而国内传来的“言论自由”，成了相当一部分知识分子办报的依据。在林白水看来为改变国势日衰、民众不安的局面，须从广开言论入手，抓住报纸这块“言论自由”的阵地，好让自己摇旗呐喊，依靠这块阵地自己可以放开手脚去打拼，开辟一个崭新的世界。自己可在这里“树改造报业之风声，做革新社会之前马”。

最后，办报纸是为革命这大目标服务的。在林白水看来，有了报纸，人们可通过它揭露官场腐败、社会黑暗，唤起民众支持革命斗争，通过革新等手段，铲除军阀乱国的祸根，拯救国家和民族。林白水曾立下志愿：第一使命是革命。为了革命，他于1903年至1904年除参加抗法拒俄义勇队，还充当敢死队员和暗杀团员，平时更是在书斋里鼓吹革命；1911年武昌起义，一举成功，各省响应，林白水闻风而动，回闽省参加斗争，虽没赶上起事，其精神令人鼓舞。为了革命事业，林白水曾准备将自己写作的《中国民约精义》一书的稿费捐献出来。为此，他写了血书给当时在商务印书馆工作的高梦旦，希望念在同乡同窗挚友之谊和支持革命事业之道义，以高价收购本书稿。即使在卖文度日时，林白水也从未忘记支持革命斗争，在他看来，即使处于革命低潮，也需要有几声震破沉闷空气的惊雷，就是说要有革命行动。革命要有不怕死精神，“事成为独立之国民，不成则为独立之鬼雄。凡我同志，谅有同心！”为此，林白水决心立足于办报。他提出，办报是第一之第一要事；要不折不挠地办报再办报，直至办出一张自己满意的革命报纸来。这些是何等分量的语言！

三

办报并不是想办就能办得起来。第一，要有资金，要有物质保证，这是办报的基础。第二，办报者要有信心、决心、毅力、勇气和胆略，才能把报纸办起来并坚持住。第三，要有读者，这是办报纸的最大支持者，有了读者，报纸就能发挥其应该有的作用，为此，它必须办出自己的特色来。这些，对于意志坚强又有丰富办报经验的林白水说来全不在话下。在同道、学生和亲友的支持与帮助下，它们都一个一个被顺利克服过去。

林白水于1916年8月1日辞别反复无常的政坛，集中精力转向办报工作，重操办报生涯，重新握起笔杆子，从这年9月开始到1926年8月遇害的十年中，他所创办或参与创办的报刊有《公言报》（1916年）、《平和日刊》（1919年）、《新社会报》（1921年）、《社会日报》（1922年）和《生春红》副刊（1925年）等，如果把他辞官前创办的几种都算起来，那么，林白水在20多年中办过十几种报纸，人说他乃中国近代报坛先驱，如果称不上办报专家，亦可称得上办报能手。

林白水常在自己办的报纸上发表讲真话的文章，“借报放言”，大体讲，辞官前的文章多是报道平民生活，反映劳动者痛苦，即关心同情民众的内容，辞官后多是揭露抨击祸国殃民的各路军阀，春秋笔调风趣幽默，嬉笑怒骂皆成文章。

人说乱世出英雄，乱世造就人才，同样地，乱世出好文，乱世出好记者出好报人。林白水所处的时代，就是战祸连连，政局纷乱的乱世。林白水办的报纸被说成是“苍头异军突起，报界风尚为之一变”[①]。

1917年即民国6年，亦即林白水辞别政坛的第二年，北洋军阀统治下的北京政府，不但府、院矛盾重重，而且一年中六易总理，如同走马灯一般。官员罢职免任了却连同官印一起带走，继任者还得设法去把印夺回来，夺印丑剧迭演不停。除了换官夺印，中间还穿插一出张勋复辟闹剧，京城政局之混乱不难想象。上层政乱，下边通讯社如雨后春笋般出现，林白水称这种现象为“政乱于上，言庞于下”。报纸内容何其丰富！林白水不失时机把它们报道出来，以打开读者的眼界。

1923年即民国12年，北京政局，比以往更加混乱，军阀混战更加白热化。曹锟、吴佩孚把段祺瑞赶出北京后又在直奉战争中打败了东北王张作霖，控制了国务院，以黎元洪为傀儡总统，北京的国家政权成了直系军阀的政权，就在这个势力圈内，也还是经常闹着内部矛盾，即闹曹、吴间的矛盾。但是，他们在对待学生运动方面却一致行动，用皮鞭枪把击伤无数青年学生，重伤待毙者20余人。这便是发生在这一年1月的北京惨案。林白水通过述评式的新闻向读者指明：自

① 王植伦：《林白水》，福建教育出版社1992年，第291、300页。

有北京以来，无如今之黑暗，狰狞鬼头，白昼噬人，血肉横飞，称为惨剧。林白水以新闻记者职责和良心，用新闻舆论声援学生，用新闻痛斥当权者："今之北京政府，可谓完全不懂事的家伙凑在一堆，自名曰政府，自号曰中央，犹复不知羞耻地自谥'合法'。其实此等政府，此等中央，此等合法，值不得一顾，不值一噱者也。"[①]

林白水在办报过程中，勇敢而诚实，在写作新闻文稿时正气横溢，激情满纸，不怕得罪人，不怕坐牢、杀头，这是一个报业工作者做人的基本准则，也是他人格高尚的表现。

在军阀当道，人们无理可讲的年代，那可是社会之痛，许多人找路子求庇护，有的人缩起头以躲灾难，而林白水毫不稍避，他忍受各种伤痛，继续锋芒毕露，抨击军阀头子的祸国殃民行径。真可谓：在高压下许多物质均变了形，唯金刚石碎而不弯。

最嫉恨别人揭其老底的各路军阀、无耻议员和反动政客，对于林白水的揭发和抨击，犹如挖其祖宗坟墓，恨之入骨，打击报复自是不可免了。林白水因揭露军阀走狗潘复的发财致富的老底，并把他糜烂堕落的生活暴露在光天化日之下，使之威风大灭，威信扫地，潘氏怎能甘心？

潘复原是军阀张宗昌的赌场知己，后成了张宗昌的智囊和幕后军师。潘曾想利用自己与张宗昌的特殊关系，爬上财政总长位置，可不如愿，只得到河道督办之职。潘氏心中不满，不时发牢骚。对此，林

① 王植伦：《林白水》，福建教育出版社1992年，第291、300页。

白水大加嘲讽：狗有狗运，猪有猪运，督办亦有督办运，苟运气未到，不怕你有大来头，终难如愿也。某君者（指潘复），人皆号称曰某军阀之“肾囊”，因其终日系在某军阀之胯下，亦步亦趋，不离晷刻，有类于肾囊之累赘，终日悬于腿间也。此君热心做官……而此次既不能得优缺总长，乃并一优缺督办亦不能得……派一刳池子差事。肾囊大为懊丧。[①]潘氏咬牙切齿地恨林白水，铁了心要借张宗昌的刀来泄自己的私愤。他把林白水说成是“赤党”，“把骂人当饭吃”，是“捣乱首都的罪人”。而张宗昌亦恨透林白水，早想收拾他，只因看他手无寸铁，身无分权，不足为惧，暂时忍着，这时在潘复挑唆下，也铁下心，下令逮捕林白水，以“通敌有据”罪加以枪决。

在人类世界里，没有善良正直，也无所谓凶残邪恶，而凶残邪恶也只有对善良正直加害之后才成就自己的“业绩”。那批祸国殃民的军阀不正是如此吗？不过，他们成就了自己的“业绩”，却给国家带来了悲哀，这是国人所不能容忍的！

“春蚕到死丝方尽，蜡炬成灰泪始干。”林白水以自己的生命谱写了一曲近代报人反抗军阀统治的乐章。林白水揭露黑暗社会、抨击军阀暴行的笔停止了写作。他的肉体被消灭了，可他的思想并没有停止传播。

① 引《纵横》2004年第11期。

四

从以上的胪列中，人们不难看出林白水在办报过程中表现出来的思想特点。

其一，不怕犯忌，敢于讲真话，敢于揭露黑暗，敢于揭露各路军阀的暴虐。讲真话，揭露黑暗，难免得罪当权者，招来怨恨，终引来杀身之祸，这也正是林白水的人生价值所在。林白水的做法，不但表现出一个文化人的道义上的责任，也是当时政治斗争的需要。不讲真话、不揭发问题的报纸能起什么作用，有什么意义？清朝也有报纸，按李鸿章的说法，充其量“只讲部分的真话”，由于不能诚实地说明真相，那些报纸自然失去新闻本身的价值，也就“未能成为广泛传播文明的方式了”①。

其二，类似古时侠客的举动。善与恶，弱者与豪强的对抗，一向是社会生活中引人注目的内容，古时这种对抗常常表现在侠客与豪强的斗争中，林白水的举动带有古时侠客的味道。传统的侠客，以见义勇为著称，他们以机智、勇敢的行动消灭各种残害民众的邪恶势力，成了善恶对抗中弱者对权贵恶势力的非对等对抗中的精神慰藉，满足了善良者对善的力量的想象，因此，侠客向来被民众所歌颂。林白水

① 引《大公报》2006年3月30日副刊。

以大无畏精神，通过自己的笔把恶势力的代表——各路军阀、臭政客等的丑恶嘴脸暴露于光天化日之下，为弱势民众出一口气，给人一时快感。这与古时侠客行为颇为相似。侠客多是路见不平拔刀相助，林白水则是眼见军阀暴虐提笔揭露。在林白水看来，上下一片污浊，若没人挺身而出加以揭露，只怕国家危在旦夕，人民势必遭殃，他自己正是因此而挺身而出的。林白水与侠客相比，最大的不同是，侠客多以除暴安良胜利结局，令人鼓舞，扬眉吐气，而林白水在与军阀作斗争中惨遭屠杀，成了悲剧，令人唏嘘。

其三，不回避，不退却，冲过去，勇往直前。林白水身上有一种潜质即内在禀赋，那可说是他年轻时代埋下的革命种子，加上他的社会实践，使他养成一种特殊的性格：不畏困难险阻，触忌讳，冒艰险，在所不辞。明知山有虎，偏向虎山行。他从事的报业，是神圣的职业，也是高风险的职业，有人说他相当于爆破手、高压电工、氯气车间操作工，稍不留心，连命都要赔进去。家人和亲友劝他谨慎行事，别忘了当局有枪、有炮、有监狱、有喽啰，封报抓人的事时有发生。林白水不顾这些，他说，人生征途上，到处有困难、险阻，怎么办？逃避？冲过去？逃避并非绝对不可，但不能没有最后一搏的勇气，否则，弱者就只有受宰割的命运！——何等铿锵而厚重的言语！何止这么说！1923年，军阀头子曹锟收买国会议员，贿选总统，除事先给正副议长高额“炭敬”，开选时每票大洋五千元。林白水拍案而起，毫不犹豫地揭发了这丑行，结果报纸被封，自己被关押了三个月，直到贿选结束才放出狱。要是别人，不屈服也会害怕，可林白水不然，并不后退。他认为，后退也是一种死亡！正因此，他所办的报刊，为社会留下公共言论机关，为平民作一抒发意见代表。

其四，“民不畏死，国运有恃”。一心热爱祖国的林白水，眼看辛亥革命成功，清帝退位，成立民国政府，一时多么高兴！可接着出现的是，乌云遮住了革命带来的一线光明，国家更乱，国势更弱了，内有军阀混战，外有列强觊觎，兵燹连年，民不聊生，如此下去只怕会亡国灭种。对此，林白水怎不忧心忡忡！为此，他自己早下决心，在祖国生死关头，与其做亡国奴，不若奋起舍身救国，绝不含糊！而令人欣慰的是，许多中国人为了救国而奋不顾身，对此，林白水高兴地说：“民不畏死，国运有恃！”他办报的目的更加明确，他努力办好报纸，为的是要动员更多的人关心国家兴亡大事，动员更多的人参加救国行列。林白水的这种人格和精神，不论在当时，就是在今天仍光耀神州大地，为国人所敬重。

五

末了，让我们简单地探讨一下林白水关于“主义”的看法。

林白水曾说：有主义的，就是光身，也能出来与大军阀分庭抗礼；没有主义，单靠兵多地盘广，失败在所难免。胜利并不在于兵多饷足，官大权强，只在于有没有新鲜的救国主义。林白水还警告说，武力靠不住，骄横、乱暴、贪黩可危；须知，与民众为敌的人，即使能欢笑于一时，最后总要落得痛哭的下场。哭与笑皆相为因果，今之得意者，遽尔忘形又蹈不可免的因果律。[①]

在林白水看来，各路军阀，都没有什么主义，光靠武力，虽有地盘，虽然官大权强，最终免不了失败的下场。

无疑，以上这些道理、这些思想，从原则上讲都是对的，都是正确的。这是群众创造历史的唯物史观。而一小撮军阀和臭政客则与此相反，在他们眼里是英雄创造历史，小丑涂改历史，民众在历史海洋中被愚弄，实在滑稽。林白水从军阀们的骄横态度中看到他们的底色，看透他们装腔作势中掩盖不住的可笑、可鄙、可悲。这种分析不但正确，而且对革命者、对广大民众，都会起鼓舞作用。

只是，我们不可忘记，对任何事物都要做具体分析，区别对待。比如权力，对革命来说，是绝对不能少的。军阀们之所以能为非作歹，靠的就是权力，即官大权强；人民大众之所以受欺压，就因为手中无权。

权力绝对重要。当它掌握在善良正直人手中时，便会成为惩恶扬善的利器，会成为阻挡邪恶和罪孽的铜墙铁壁，阻止贪官奸雄乱政，为民众带来福祉：当它被残暴邪恶所掌控时，便会成为扬恶惩善的尖刀，会成为迫害善良民众的恶狗，名正言顺地施恶，祸国殃民。军阀恶吏统治下的中国，不正是如此吗？国家民族备受列强欺凌，人民大众受尽践踏和奴役。作为民众代言人的林白水，在这严重时刻，不顾

① 王植伦：《林白水》，福建教育出版社1992年，第306—308页。

个人安危，向军阀及其走狗发起猛烈抨击。因为没有掌握权力，一时很难把邪恶力量压下去，这也说明，为了保卫主义，权力不可忽视。

林白水以为好的主义会产生社会力量，自也是对的。问题是，这种力量的产生是有条件的，就是，要让主义为广大民众接受才有可能。

社会黑暗，政治上专制独裁、军阀暴虐等的存在，有的属于制度的缺陷，有的属于社会的创伤，要彻底加以医治和改造，需要动员全社会力量投入才有可能，而要做到这一点，重要的一点是要发挥权力的作用。林白水所重视的报纸，正是在社会舆论上为这项工作开路。这里人们不难看到林白水弃官办报的意义。

第三辑

新闻理念：“说人话　说真话”

林白水："记者应该说人话"

黄团元

林白水（1874—1926），原名林獬，又名万里，字少泉，号白话道人。福建闽侯人。留学日本，同盟会会员。曾任北京大总统府秘书、众议院议员等职。为开启民智办过教育，著名报界先驱。

林白水的闪光，还在于1985年7月30日被中华人民共和国民政部追认为烈士。

一、办通俗创新的报纸

林白水的祖父在贵州做过官，父亲林剑泉有文才，母亲黄玉芝是黄沧洲督学的长女，知书达理。对林白水影响最大的是母亲。14岁时，读完"十三经"的他被母亲送到福州城的舅舅家，师从名师高啸桐。因老师鼓励学生课余读野史杂书，林白水读了许多话本小说，从此对白话文有了偏爱。

由于林家家道中落，擅长写作、不屑于科举功名的林白水不满20岁便中断学业，由高啸桐引荐，到杭州为同乡林伯颖教家馆。在这里，他和同事林纾（即林琴南，著名文学家、小说翻译家）成为好友，后来青史留名的林长民、林觉民等人，便是他们这个时期的学生。

在杭州，林白水知道了近邻日本已有平民学校，又听说日本还办有报纸，人们都可以从报纸上知道全世界的大事。由此，他树立了办教育、办报的理想。

1895年，中日甲午战争以痛失中国台湾告终。林白水的叔父、北洋水师参将林履中（字少谷）在甲午海战中殉国，林白水在悲痛之中，为了纪念叔父和不忘国耻，为自己取别名"少泉"。

1902年1月，林白水返回福州，创办全省第一所新学——福州蒙学堂。后到上海与蔡元培、章太炎等人创立"中国教育会"和"爱国学社”。

第二年，林白水赴日本留学。回国后，他用“白话”在报纸上发表文章。以1903年12月19日《中国白话报》第一期的“发刊词”（节录）为例：

“如今这种月报、日报，全是给读书人看的，任你说得怎样痛哭流涕，总是‘对牛弹琴’，一点益处没有的。没有别的法子，只好做白话报罢。倘使这报馆一直开下去，不上三年包管各位种田的、做手艺的、做买卖的，当兵的，以及孩子们、妇女们，个个明白，个个增进学问，增进识见，那中国自强就着实有望了。”

这篇文章，林白水署名“白话道人”。这个笔名，可理解成有道（法）术的人，或理解为用白话讲道理。林白水就是要用通俗易懂的白话文，用创新的方式，唤醒民众驱除鞑虏，与黑暗势力斗争。20多年后，林白水回忆这段经历时说：“中国数十年来，用语体的报纸来做革命的宣传，恐怕我是第一人了。”

二、写切中时弊的文章

林白水在上海主笔的《中国白话报》，以白话为特色，面向社会底层群众，设论说、史地、传记、新闻、实业、教育、小说、科学等栏目。内容以“鼓吹爱国救亡”为宗旨，揭露列强侵略罪行及清政府的黑暗统治，倡导天赋人权、人类平等等新观念，还鼓吹暗杀和排满。

林白水在《论刺客的教育》一文中，倡导把暗杀作为革命的过渡手段。他在文中号召工人、农人"结成一个大党"，用革命手段"建立独立共和的政府"。

在"论说"栏中，林白水公开向贪官污吏叫板。他写道："这些官吏，他本是替我们百姓办事的，天下是我们百姓的天下；那些事体，全是我们百姓的事体，倘使把我们这血汗换来的钱拿去三七二十一大家分去瞎用，又没有开个清账给我们百姓看看，做百姓的还是供给他们快活，那就万万不行的！"

林白水著文，还具有超前意识。1904年2月，他在第七期"论说"栏的《国民的意见》一文中指出："凡国民有出租税的，都应该得享各项权利，这权利叫自由权，如思想自由、言论自由、出版自由……"一百多年前，他就有了"纳税人"意识。

这段时期，林白水还发表了《俄国武官不客气的说话》《商部尚书吃花酒》《大家听戏，好玩得很哩》等作品，用浅显的文字，揭示了国土被占领、妇女被奸淫、财富被抢掠、百姓被杀戮、统治者花天酒地的真相。

1904年11月，清廷大肆为慈禧太后做七十大寿，16日这天，林白水愤然写道："今日幸西苑，明日幸颐和，何日再幸圆明园，四百兆骨髓全枯，只剩一人何有幸；五十失琉球，六十失台海，七十又失东三省！五万里版图弥蹙，每逢万寿必无疆！"这幅发表在他担任主编的《警钟日报》上的长联，使得当时报刊争相转载。

1904年11月19日，安徽志士万福华在上海租界行刺广西巡抚王之春失败被捕，林白水也成了嫌疑人，在参加了“光复会”的宣誓后，回福建暂避。1905年7月底，他再次东渡日本，入东京早稻田大学主修法政，兼修新闻。有人说，他是“中国留学外国，学新闻学的第一人”。

在日本，孙中山手书“博爱”赠给他。同盟会成立时，他欣然参加，自此他的反清思想更加坚定。

三、持救国救民的立场

1907年，林白水重返上海，又为报纸写起了时评。

林白水的文章大受欢迎。究其原因，是因为有思想、有观点、有激情；另一方面，是深入浅出。

一天，林白水请宁波剃头匠理发。他问洋人打进来怎么办，剃头匠说：“有皇太后、皇帝、文武官员，他们是保护老百姓的呀！”林白水便对他讲：几年前，上海法租界一个法国佬想占据宁波会馆的房子，他们给上海道台送去照会，道台立即答应了。但宁波乡亲不答应，他们齐心协力和法国鬼子对抗，结果法国佬不敢要房子了。

讲完后，林白水又问剃头匠：“洋人打进来靠谁抵抗？”剃头匠连忙说：“靠老百姓自己！”

理完发回到家里，林白水便将他这次和理发匠的对话写成了一篇文章，发表在“时事回答”栏目。这篇带有话本特色的文章，收到了很好的效果。当时的《东方》杂志第32卷第13期发文说：“海上诸报，无不以刊白水之文为荣。”

林白水写文章反洋人并且排满，在实际生活中也一样。有一次，革命党人赵声、柏文蔚要发动南京起义，请林白水给予经费上的支持。林白水慨然拿出1903年写成的《中国民约精义》手稿，刺破手指写下血书，交商务印书馆经理，以书稿贷款一千元，全数送给他们“造反”！

1907年秋，林白水三渡日本，再入早稻田大学，一边为国内写稿，一边系统地研究英美法律和日本的教育，翻译和编写了大量的作品。

1910年夏天，林白水回福建参加都督府参事会，被任命为法制局局长、省临时议会议员。在此期间，他创办了《时事选刊》，成为我国最早的文摘报刊之一。

1913年12月，林白水任众议院议员，官至总统府秘书兼直隶督军府秘书长。相比孙中山、梁启超等人识破袁世凯面目后迅速觉醒，林白水进入袁世凯的圈子长达三年。

1916年6月6日，袁世凯一命呜呼。1916年8月1日，林白水辞去“议席”等一切职务，专门办报。此后，他多以“白水”为笔名发表文章。“白水”，是将“少泉”的“泉”身首分离。也许，这是他要同错误的三年告别；也许，这是他不忘家乡的白水山；也许，这是他“愿以身殉所办之报”——没想到十年后一语成谶！

四、行使监督的使命

1916年9月1日，《公言报》在北京问世，林白水开始了生命中最后十年的办报历程。

1917年，曾任段祺瑞政府财政总长的陈锦涛贿赂议员，原交通总长许世英在津浦租车案中贪赃舞弊……林白水在《青山漫漫七闽路》《靳内阁的纪纲原来这样》等文中，捅破这惊人的黑幕，致使陈锦涛入狱，许世英辞职。后来林白水说："《公言报》出版一年内颠覆三阁员，举发二赃案，一时有刽子手之称，可谓甚矣！"

为倾听人民的呼声，林白水于1917年首创"读者来信"专栏，得以更加清楚地了解民情民意。他常说："新闻记者应该说人话，不说鬼话；应该说真话，不说假话！"

1923年1月，教育总长彭允彝破坏司法独立，致使北大校长蔡元培愤然辞职，林白水当即撰文讨伐，春节期间，他又发表《请看某部之大拍卖》等文，揭露议会、政府"都有定价"地卖官鬻爵。

"说人话，不说鬼话"，抒发正义之声。1924年2月，孙中山抱病进京。在许多人不欢迎"联俄容共、扶助和依靠农工"的"孙大炮"时，林白水连续发表《欢迎孙中山》《吾人对孙中山先生的敬意》等文章。

"说人话，不说鬼话"，金钱不能收买他。1925年，北京政府给林白水的《社会日报》和邵飘萍的《京报》每月各发三百大洋的“超等者”津贴。然而，林白水和邵飘萍都不“被封口”。为此他付出了沉重的代价：在他的办报生涯中，报馆五次被封，个人三次入监。但出狱后本色不改。

1926年4月16日，直、奉军阀吴佩孚、张作霖率部入京。林白水、邵飘萍等人发文抨击扰民的兵匪，引起吴佩孚、张作霖对正义报刊的敌视。4月26日，年仅40岁的《京报》社长邵飘萍被奉系军阀以“勾结赤俄，宣传赤化”的罪名杀害。

面对凶残的军阀，林白水毫不畏惧。

5月17日，他在《代小百姓告哀》中这样写道：

“直奉联军开到近畿以来，近畿之民，庐舍为墟，田园尽芜，室中鸡犬不留，妇女老弱，流离颠沛……”

在5月26日的文章中，林白水更是直言鞭挞：“军既成阀，多半不利于民，有害于国。除是死不要脸，愿作走狗，乐为虎伥的报馆，背着良心，替他宣传之外，要是稍知廉耻，略具天良的记者，哪有替百姓说话，转去献媚军人的道理！”

8月5日，林白水又在《社会日报》上发表《官僚之运气》，文中说：“狗有狗运，猪有猪运，督办亦有督办运，苟运气未到，不怕你有大来头，终难如愿也……”

林白水还在文章中讥讽依附奉系军阀张宗昌、号称“智囊”的潘复为“肾囊”！

8月6日凌晨，林白水被张宗昌的宪兵抓走，罪名是“通敌有据”。凌晨4时10分，52岁的林白水在天桥刑场惨遭屠戮。

血色恐怖，天桥地狱。前后相隔，不过百天。报界两位巨星落，国家痛失栋梁才！新闻及各界人士为邵飘萍、林白水召开追悼会，会场的横幅悲壮而意味深长：“一样飘萍身世，千秋白水文章。”

（选自《文人有行——影响现代中国的文化名人》，

四川人民出版社2012年版）

林白水与白话文

余　暇

我国历史上，文字表达的书面语一直使用"文言文"，而日常生活的口语是"白话"。随着岁月流逝和语言的发展，到了清朝末年，口语与书面语脱节现象日益明显，差距越来越大。1919年的"五四运动"前后，开展了影响深远的"白话文运动"，才逐渐缩小了口语与书面语的差距。

林白水早在1901年就在杭州主办《杭州白话报》，倡导和实践用白话文写作。1903年，林白水又独自创办了《中国白话报》等报纸，为推翻清王朝做了大量革命宣传鼓动工作。林白水通过自己创办白话报的具体实践，为1911年五四运动前后席卷全国的白话文运动的开展，做出了重要贡献。

说到文言文与白话文，就自然要说到方言与"标准语"。文言文是书面语，白话文是口语，而方言则是各地方各民族历史上形成的有独自特点的语言，“标准语”，则是对文字的相对统一的读音和析义。

中国历代王朝对语言的统一都非常重视，视为“文治武功”的重要内容之一。春秋战国时期，各地方言在语汇和读音方面差异很大，书面文字十分混乱，且各行其是。秦始皇统一中国之后，施行“书同文”政策，统一了文字。汉朝承袭“秦篆”并经过“篆、隶、楷、行”等字体的演变，发展和完善了文字，基本确定了“汉字”（楷书）的形体并沿用至今。“汉字”在中国历史文化传承和维系民族统一方面都功不可没，起着维系民族统一的第一纽带的作用。

此外，“标准语”，即语言学家们称为汉族共同语的作用，也同样不可小视，在某种意义上可以说那是维系民族统一的第二纽带。“标准语”的确定基本是自然形成的。一般认为是“官方约定、民间俗成”，其“约定俗成”的基础，应该与当时国都所在地的方言有关，从历史上来看，基本上国都所在地的方言就是“官话”，也就是当时的“标准语”。

西周、秦、西汉建都咸阳、长安（西安），当时的“官话”大致是以秦晋一带的北方方言作为标准的，而自东汉以降，国都东迁，东汉、西晋都建都在洛阳，“官话”逐渐受到洛阳一带方言语音的影响。

直到隋朝，北方上层士大夫与下层民众的口语差别很小，“其辞多古语”，口头交流都是说司马迁《史记》那样的语言。唐诗的韵律，也是依洛阳话为据。宋人谈论“天下语音何处为正”，认为

"西洛人得天下之中"，但仍应以"读书人然后为正"。当时洛阳话与"读书人"的差别，大致就相当于如今北京土话与标准普通话的差别。

到了唐宋时期，从文献来看，即使在北方，口头语言与书面语言的差别明显增大。唐诗中，已经采纳了一些当时的口语。宋代的汉文更出现了口语化的倾向。朱熹的弟子所编的《朱子语类》，在很大程度上保留了朱熹使用宋代口语讲授和谈话的原貌。这证明即使像朱熹那样文化修养很高的人，虽然仍用古文写作，但平日的言谈，甚至在讲授儒家经典之时，都已经不可能像六七百年前的北方庶民那样，"其辞多古语"了。

自金朝中期开始，今北京成为中国的政治中心，于是"标准语"就逐渐由洛阳话转变为北京话。金人接待宋使，"语音亦有微带燕音者"。众所周知，现代北京话带"儿"字，是其一个特点。而早在辽金时代，燕地方言即带"儿"字了。如辽代称汉人为"汉儿"。金朝后期，官府榜文中出现"雀无翅儿不飞，蛇无头儿不行"这样的语言，被讥为"语鄙俚"。

元朝建都燕京（北京），明初先定都金陵（南京），不久即迁都北京，清朝也定都北京，于是燕地方言到明清时自然就成了"官话"。北京话通过几百年的时间演变，逐渐取代洛阳话而成为"标准语"。

但是口语与书面语的差异愈益扩大，许多"会说话"的人已经无法直接"听懂"文言文章。而北方"官话"与南方各地方言的差距也很大。比如，福建、广东外出做官或做生意的人，其口中的“官话”，就实在难听费解：据说雍正年间，皇帝因为听不懂闽粤两省官员说话奏事，十分恼火，曾降旨在福建、广东设立了“正音书院”，帮助官员学习“官话”。

清朝末年，以北方话为基础方言、以北京语音为标准音的汉民族共同语实际上已经形成，辛亥革命之后，国民政府正式确定其为我国的标准语——“国语”：清末民初，许多有识之士致力于语言文字改革，努力改文言为白话，实行了汉字书写和印刷排版的汉字横排，使我国的语言文字发生了具有现代意义的巨大变革。林白水即是参与其中，做出有益尝试的先行者。

1902年，林白水与蔡元培等人在创办中国教育会时，就将“编订教科书，满足各地教学需要”，作为中国教育会的主要任务之一。1906年12月，林白水与黄展云、黄翼云兄弟合编《高等小学修身课本》八册，与黄振云等合编《高等小学经训教科书》。两书均刊行作为福州各个高等小学的教科书。

1920年，全国小学教材《国文》（文言文）一律正式改为《国语》（白话文）。20世纪三四十年代，随着抗日战争和解放战争的革命宣传在人民群众中的广泛开展，“国语”（普通话）获得更为广泛的推行。

（选自《纪念辛亥革命一百周年·长篇人物传记·一代报人林白水》）

简评林白水与《中国白话报》

哈艳秋　李　淼　杨　璐*

林白水原名林獬，又名万里、白水，字少泉，号退室学者，笔名宣樊、白话道人等，闽侯县人。从1901年出任《杭州白话报》主笔开始到1926年被反动军阀杀害，25年间林白水先后创办或参与编辑《中国白话报》《俄事警闻》《公言报》《新社会报》《社会日报》等十余种报刊，是我国近代著名的报刊活动家和新闻记者。

林白水对中国报刊事业的贡献之一在于用白话文进行革命的宣传，为五四时期的白话文运动高潮的出现打下了基础。《中国白话报》1903年12月19日创刊于上海，1904年10月停刊，是林白水独立创办并且亲自担任主编的第一份报纸。它装订成书册的形式，开始是半月刊，每期80页，每月的初一、十五各发一期，由于受到读者的欢

* 哈艳秋系中国传媒大学教授、博士生导师，李淼、杨璐系该校硕士研究生。

迎，从第13期起改为旬刊，每期60页，每月逢十各发一期。在主持该报期间，林白水以白话道人为名，运用白话文撰写了大量的文章，为民主革命摇旗呐喊，在林白水的苦心经营之下，《中国白话报》在不到一年的时间里成为当时中国白话报刊的典型代表。虽然，《中国白话报》的出版时间不长，但是它的成就和影响决定了它在中国近代报刊史上占有重要的地位。

一、《中国白话报》创办的背景及原因

（一）社会文化背景

白话文是汉语书面语的一种，比较接近各个时代的口语，容易为当时和后来的广大人民接受和运用。它的历史甚至可以上溯到唐宋时期。到了元代，白话文已经成熟地应用于短篇小说的创作。明清时期，中国文学史上闪耀的群星们大都用白话文来成就他们的传世之作。然而，即便如此，在千百年来的封建制度里，文言文依旧是无可替代的主流和官方的文学语言。晚清以后的中国，陷入了内忧外患，白话文作为文言文的对立面开始被大力提倡，并且逐渐取代了文言文的主流地位而大放异彩。清末民初的风云人物们在苦苦思索救国之路，摒弃千年以来积累形成的枷锁和桎梏的同时，也一并抛弃了承载着封建思想文化的文言文，掀起了一浪高过一浪的白话文运动。

戊戌变法前后，维新派意识到要开民智、造新民就要进行广泛的宣传，而晦涩难懂的文言文显然不能担负起这一时代的使命，言文分离使“中国有文字而不得为智国，民识字而不得为智民”[①]。因此，“诗界革命”和“小说革命”得到了当时具有先进思想的社会贤达的肯定和支持，康有为、梁启超、黄遵宪、谭嗣同等人不同程度地参与其中。从报章媒体的角度看去，这一时期最为引人注目的当然是梁启超的“时务文体”。“时务文体”因《时务报》而得名，半文半白、平易畅达，文字之间常带感情，有时夹杂了口语和外来语，它可以看作是文言文到白话文的过渡形式。

就在《时务报》风靡海内的同时，另外的一批人开始了更加彻底的白话文的尝试。1898年，裘廷梁发表了《论白话为维新之本》，扯起了白话文的大旗：“愚天下之具，莫文言若；智天下之具，莫白话若。”[②]四年之后，林白水创办了《中国白话报》，成为中国新闻史上报刊白话文的先行者之一。

（二）社会政治背景

中国文人自古就有以文论政、指点江山的传统，历史上也留下了不少向统治者进言的名篇。然而当历史进入19世纪末20世纪初的时

① 吕凤棠：《白话报刊的历史演进及其特征》，《出版发行研究》2003年第9期。

② 余香顺、凡燕：《白话文运动三部曲：以报刊为中心考察》，《广播电视大学学报》2005年第3期。

候，距离鸦片战争已经半个世纪，洋务运动和戊戌变法也都像流星一样在中国近代的黑暗天幕上划过，根本无力阻止丧权辱国的条约的签订。1900年义和团反帝爱国运动在中外反动势力的联合绞杀下失败。1901年9月7日，俄、英、美、日、德、法、意、奥、西、比、荷11个帝国主义国家胁迫清政府签订了严重不平等的《辛丑条约》，它标志着清政府彻底投降帝国主义，“量中华之物力，结与国之欢心”，并且公开保证永远禁止中国官民成立任何反帝组织和坚决镇压中国人民的反帝斗争，清政府完全沦为“洋人的朝廷”。各种政治势力在探索救国出路的实践中，终于认清了一个事实：统治者昏庸腐败、清王朝已经病入膏肓，民众尚处于愚昧和混沌的状态——较锱铢之利却不清楚自己贫弱的原因。与其痛哭流涕、字字血泪地陈情上疏却得不到任何回应，倒不如唤醒民众，增强民众的国家民族意识和凝聚力，在侵略者面前形成强大的抵抗力量。在亡国灭种的危急时刻，文人的目光从高高在上、富丽堂皇的庙堂移向了遥远而又贫瘠的“江湖”，移向了“教书的”“种田的”“做手艺的”“做生意的”“当兵的”以及“女人孩子”等社会底层民众。《中国白话报》正是这一历史趋势的领航人和积极实践者。

（三）林白水自身的原因

林白水出生在一个知识分子的家庭。母亲在教授他学史通经、吟诗读赋之外，更教导他如何像古代的圣贤一样，立志做人。叔叔林履中供职于北洋舰队，林白水从小就出入马尾船政局，与爱国的水师官兵相熟。家庭的影响和熏陶使林白水自幼年时代起就崇拜民族英雄，心怀天下、忧国忧民。世纪末，在求学于恩师高啸桐时，林白水从日本人松田谦一处第一次得知了关于现代教育和现代报纸的信息。从此，办学和办报就成了萦绕他一生的两大主题。国家的落后在于民之愚昧不化，教育可以开启民智，但是，影响却小，时间也长；办报纸既可以传播国家大事也可以发表言论并以此引领民间的舆论，影响大、速度快，是唤起民众、启开风气的捷径。但是，当时的中国，读书识字的人数量有限，文言文要求有一定的文化基础，一般的报纸并不可以达到"千里有眼，综观世界悲欢事；万里留聪，光听环宇疾苦声"[①]的作用。办报要明明白白，要办百姓自己的报纸，要让百姓看得懂是当时迫在眉睫的问题。因此，林白水从第一次涉足报界担任《杭州白话报》主笔开始，就走出了一条与众不同的办报道路——办一份百姓人人爱看的报纸，一份像说话一样的报纸。于是，在1903年的12月19日，集中体现林白水白话报刊思想的《中国白话报》诞生了。

① 王植伦：《林白水》，福建教育出版社1992年版，第51页。

二、《中国白话报》的主要特点

《中国白话报》设“论说”“历史”“地理”“传记”“新闻”“实业”“科学”“小说”“戏曲”“歌谣”等十几个专栏，根据时局发展和需要，还增添了“半月纪事”“日俄战争记”“谈苑”“文明绍介”“战争警报”（号外）等栏目，无论哪个栏目都紧紧围绕革命进行宣传，痛击堕落的清政府和残暴的帝国主义侵略者，诚如林白水在《中国白话报》第11期《答常州恨无实学者来函》中所引用的读者来信中所说，“巴不得我这一本的白话报变成一枚炸弹，把全国种种腐败社会都炸裂了才好”①。《中国白话报》作为当时的进步的革命白话报刊，其特点主要反映在两个层面，一个是思想内容层面，一个是新闻业务层面。

（一）思想内容层面

林白水生活的年代正是中国处于内忧外患的年代——国内封建专制统治腐朽落后，其靠出卖国家领土和主权得以苟延残喘的统治已摇摇欲坠；国外帝国主义为把中国变成它们的殖民地，一步步加紧对中

① 《中国白话报》第十一期“通信”，中历甲辰年四月初一（1904年5月15日）。

国的侵略，掀起一次次的瓜分狂潮。中国陷入亡国灭种的深渊，人民生活在水深火热之中。而此时的资产阶级革命派在反对和倾覆封建政府的斗争中，已经充分认识到报刊在革命宣传中的强大力量，也开始认识并重视普通民众在斗争中的作用，因此为了在认字不多、文化程度不高的社会底层人民中进行革命思想启蒙，他们开始自觉地把创办白话报与革命宣传紧密结合起来。

作为这一时期革命报刊宣传工作中的重要媒体之一，《中国白话报》从创刊起，就明确地把受众定位为"种田的、做手艺的、做买卖的、当兵的，以及那十几岁小孩子阿哥、姑娘们"[①]，用简短的文字、通俗的语言从不同的侧面宣传革命思想，以唤醒国民救亡图存的意识。

1.把矛头指向清政府，揭露和批判统治阶级的腐败无能

当帝国主义列强正把魔爪伸向中国的每一片土地时，风雨飘摇中的清政府不但没有尽到保全国家、保卫人民大众的历史责任，反而愈加堕落、腐败。国将不国，统治阶级却生生一副不关己事的嘴脸，从"垂帘听政"的皇太后到黎民百姓的父母官无一例外，《中国白话报》对慈禧和众官的丑态及阴暗社会的种种丑闻进行了深刻的揭露和批判。

林白水在1904年1月2日的《中国白话报》上一篇题为《送生日礼

① 张之华主编：《中国新闻事业史文选（公元724年—1995年）》，中国人民大学出版社1999年版，第112页。

物》的新闻中写道："十月初十这一天，是大清国皇太后万寿生日的日子，宫里头做戏着实热闹哩，各位大老官，都是朝珠补褂红顶花翎，一同进宫去磕头拜生日……只听见说绸缎珍宝顶多，足足有一百多件，其余金的玉的还多得很哩……皇太后就欢欢喜喜地都收下去，那些大老官听见皇太后收了他的东西也就欢欢喜喜地回来。"[①]此时列强瓜分的大势已起，俄帝国主义在东三省横行，英国对西藏也虎视眈眈，统治者没有丝毫忧国忧民之虑，反倒狂欢照旧，好一个临危不乱、好热闹、好钱财的清朝皇太后，好一群只要主子开心万事无忧的忠臣孝子，岂管国家社稷的安危！

《中国白话报》对清政府谄媚于外、暴行于内的行径，更是进行了直接、犀利的批判："……那种地方官……天天朝我们做百姓的要钱，我们做百姓的哪里有许多钱给他，到了无可奈何的时候，没有饭吃，只得在外抢抢，他们又道我们是犯法的强盗，拿到衙门里，不由分说把我们兄弟一个个杀了头……"[②]大难临门却仍旧横征暴敛，林白水在《铁良南下》[③]中犀利地写道，原本应该做兵饷、做善举、办学务的要款常被政府搜刮，"这一刮，以后什么事都不必做了……你们各位要留心一点，铁良来时，那地方官要极力地巴结他，不能不任他刮财刮个饱满，铁良一去，那地方官办事一个钱都没有，又要立了

① 《中国白话报》第一期"新闻"，1903年12月19日。

② 《中国白话报》第二期"论说"，1904年1月2日。

③ 铁良，满洲镶白旗人。1903年赴日本考察军事，归国后任练兵大臣，继任军机大臣、陆军部尚书。

许多巧名目，在你们列位身上吸髓敲脂哩”[①]。寥寥几笔将清朝官吏搜刮民财，清朝统治者的昏庸、腐败跃然纸上。

林白水痛斥清朝统治者陷百姓于危难而不顾，无论是皇帝、皇太后，还是“京里的王大臣，城里的州县官，都是依得外国人不能违拗的”[②]，偌大的中国领土任人宰割，“如今不能够保护我们，把我们这么大的地方一块一块听外国人来占去，他们好拍外国人的马屁，将来还有一碗饭吃，可怜我们做百姓的，白白的受外国人欺侮……你道那地方官他自己都保不住自己，难道还能够救我们百姓吗？”[③]林白水以一种大无畏的精神，将批判的矛头直指昏庸的君主、腐败无能的清政府，《中国白话报》似匕首、投枪，刀刀见血、毫不留情，对民众认清封建统治者的本质有警示作用。

2.痛陈迫在眉睫的列强瓜分形势，宣传团结御侮的爱国主义思想，号召群众奋起斗争

自1895年《马关条约》签订后，帝国主义就从未停止过侵略中国的步伐，20世纪初列强争先恐后地划分在华“势力范围”，形成瓜分狂潮，民族灾难空前深重。为唤起广大读者对当前危急形势的注意，《中国白话报》对帝国主义列强蚕食鲸吞的种种侵略活动和残忍的暴行做了详细的报道。

---

① 《中国白话报》第二十一、二十二、二十三、二十四合期“时评”，甲辰八月三十日。

② 《中国白话报》第二期“时事问答”，1904年1月2日。

③ 《中国白话报》第二期“论说”，1904年1月2日。

林白水在《中国白话报》中时刻不忘警告读者："外国兵顷刻要到了""大祸都在眼前了""在中国内地，没有一省不危"，沉痛地陈述了中华民族所面临的严重危机，"胶州割了，又割旅顺，旅顺割了，又割威海，威海割了，又割九龙，可怜啊，自戊戌以后到如今不上六年，把我们中国的土地，也不晓得丢了多少"①，在第一期的"新闻"《瓜分就在眼前》中，详细地分析当时的瓜分形势，一语道破帝国主义列强的狼子野心——"英国想占长江一带，日本想占福建，意大利想占浙江，德国想占山东，法国想占云南两广，只留直隶一省还给中国……"

列强在中国的土地上横行，抢掠骡马牲畜，索要钱财粮草，破坏村落田园，奸淫杀戮，无恶不作。《中国白话报》用大量的新闻、评论，报道和谴责帝国主义巧取豪夺、杀人越货的罪行。林白水在《俄国兵占了奉天》中曾愤怒地写道："……那八千俄兵，一点道理都不讲，闯进百姓家里，把那些年轻妇女，随意奸淫，淫死的多得很，要待不依，就拿起洋枪打死了，还有许多钱财物件，抢得精光。可怜奉天一省的百姓，遇了这个大劫，一个个都进了枉死城哩。"②

林白水一方面把当时国家的危急形势及时地传达给国人，让民众了解国家正遭受着怎样一种危机的情形，另一方面鼓励大众重视自己的力量，"……你们自己看得自己太轻了，皇太后、皇帝共总只有两

① 《中国白话报》第一期"时事问答"，1903年12月19日。

② 《中国白话报》第一期"新闻"，1903年12月19日。

个人，我们做百姓的足足有四万万人种”[①]“我们大家协心，动起公愤，不要说他们做官的害怕，就是外国人也顶害怕的哩”[②]，进而号召民众把国家当作公共的产业，团结起来自救，像上海租界的宁波人为反对法国租界当局侵占四明公所而奋起抗争那样，和帝国主义者进行针锋相对的斗争。

配合以上的宣传，《中国白话报》在其“地理”栏目中，介绍了黄河、长江、珠江、昆仑等“美哉中国之山河”，对祖国壮美的风景和丰富的物产宝藏充满了自豪与赞美之情，如第二期中所言，“北部为北岭以北之地，黄河在焉，又称为黄河流域，土地是肥美的，人民是刚强的，开化又最早；中部在南北二岭之间，扬子江在焉，又称为长江流域，土地尤为肥沃，物产很多，这是中国最好的地方……”[③]。在其“历史”栏中，追述以汉族为主的中华民族的悠久的文化历史和政治兴亡史；在其“传记”栏目中，介绍黄帝、大禹等传说中的汉族祖先及陈涉、郑成功等以反对暴政、抗击入侵而闻名的民族英雄。而如今，盛时不再，面对惨遭列强铁蹄践踏的大好河山，面对生活在水深火热之中淳朴善良的民众，林白水写下这些饱含深情的文字，都是为了激发读者的爱国主义思想。

列宁说过，爱国主义就是千百年来巩固起来的对自己祖国的一种最深厚的感情。林白水在《中国白话报》中对列强侵华、清廷腐败进

① 《中国白话报》第一期“时事问答”，1903年12月19日。

② 《中国白话报》第一期“论说”，1903年12月19日。

③ 《中国白话报》第二期“地理”，1904年1月2日。

行强烈的批判，表达了他对祖国和人民那种无比深厚和炽烈的爱。

3.宣传资产阶级的民主思想

1901年《辛丑条约》的签订使许多进步的青年知识分子迅速觉醒，对帝国主义侵略本性及中外反动势力相互勾结的关系有了新的认识。1902年前后，国内兴起了创办刊物、翻译介绍西方民主政治学说和各国民主革命历史的热潮，民主革命思想迅速传播开来。

《中国白话报》作为当时影响较大的白话报刊，从民主主义的立场出发，对封建专制主义的政治和道德观念进行批判，林白水不仅为百姓定名——“我今要替我们中国四万万同胞汉种，定个名号，叫做‘国民’”①；同时鲜明地提出国家的主人不是皇帝，而是千千万万个老百姓——“国家是从哪里来的，还不是由我们做百姓集起来的么，没有我们百姓，就不得叫国家”②。

在《中国白话报》第一期中，林白水曾一语道明：“……天下是我们百姓的天下，那些事体，全是我们百姓的事体。”③对此蔡元培曾评价说：“好一个‘天下是我们百姓的天下’！我可以说以前还没有人在报上明明白白地说过。叫那些‘为民父母’的、把天下当作私产的皇帝官吏来读读吧。他们不判你个‘大逆不道’才鬼哩；而那些平头百姓读到它，便会联合起来闹革命，去讨回为皇帝百官抢掠去的

① 《中国白话报》第五期“论说”，1904年2月16日。

② 《中国白话报》第二期“时事问答”，1904年1月2日。

③ 《中国白话报》第一期“论说”，1903年12月19日。

本来属于百姓的东西。”[①]

同时林白水把天赋人权、人类平等诸种学说写成白话进行宣传，“教全国中下等社会里头，个个都有权利思想，晓得皇帝是百姓的公仆，没有什么好怕的，官吏更是百姓第二等的奴才，没有什么好惧的，他若犯了法，就把他赶了杀了，也不过共赶杀鸡犬一样”[②]。“我们既做了‘国民’，却不能没有一番意见……你道这意见，光是我一个人的意见吗，大家都是国民，便大家都有这一番的意见，我白话道人不过替你们大家发表发表罢了”[③]。自秦汉以来，中国在政治上一直是高度集权的皇帝专制统治，直至清末仍旧没有民主制度，林白水能在蒙昧至极的中国，以白话文在报上公开地宣传平等的民主思想，在当时实为罕见和难得。

更为可贵的是林白水不仅谈到国民“如何应享权利”，还提出《中国白话报》要“教全国中下等社会里头，个个都有政治上的智识，晓得人民于国家，如何应尽义务”[④]。在100年前即响亮地提出，“纳税完粮是我们百姓应该担承的责任”[⑤]，不能不说是林白水敢为天下先之举，同时在《论百姓的责任》一文中，对当时一些读书人只关注科举考试，农民只管着挑粪犁土，工人只顾着做工的现象，林白水也进行了思考和批判，提出国民不该“整日家把国家

① 王植伦：《林白水》，福建教育出版社1992年，第169页。

② 《中国白话报》第十七期“论说”，1904年8月1日。

③ 《中国白话报》第五期“论说”，1904年2月16日。

④ 《中国白话报》第十七期“论说”，1904年8月1日。

⑤ 《中国白话报》第一期“论说”，1903年12月19日。

大事丢在脑后，专门担这种小责任”“把国家付与几个七八十岁痰迷心窍的老头子去管理，任他糊涂”，在这国破家亡之际，全国民众正应该把小责任暂时撇开，团结一心一致对外，“把那项大的责任各人担当一两分，保得国家没事，你们自然好慢慢地享福，倘然国家被人瓜分，你还去哪里讨福享呢”。[①]在那样一个人人自危的年代，能清醒认识到身为中国的一员，国破则家亡的道理，并公开地、强烈地号召国人把国家看作是公共的产业，一起来保护这公共产业的，在当时首推林白水。

在《中国白话报》“小说”“戏曲”“歌谣”等栏目中所刊载的《玫瑰花》《娘子军》等小说，《博浪锥》《康贸才从军》等剧本，《人种歌》《板荡集》等诗词作品，或写反秦、反金、反元、反清的历史故事，或写法国大革命时期的资产阶级革命英雄，或写虚构的中国当代女革命家的斗争事迹。[②]这些并不是让读者发思古之幽情，而是希望借怀旧思古的诗文、传记等把读者引到革命的方面，因此，《中国白话报》上的许多文学作品也都带有强烈的民主革命的色彩。

（二）新闻业务层面

作为资产阶级革命派的一员，林白水早已认识到报纸强烈的政治性和广泛的影响力，把它当作舆论的利器，内容上重视其宣传鼓动作

① 《中国白话报》第二期“论说”，1904年1月2日。

② 方汉奇：《中国近代报刊史（上）》，山西人民出版社1981年版，第267页。

用，教育读者，开通民智，提供新知；形式上打破了文言八股起承转合的锁链和绳索，在新闻业务层面也做了许多新的探索。

1.新闻报道注重时效，内容广泛，形式灵活

中国早期的报刊，由于通讯技术手段落后，新闻所占比重不大，版面大多以政论和文章为主。辛亥革命前后，通讯设备和印刷技术大为改进，加上经济的发展和时局的变幻无常，人们对于各方面信息有极大的需求，因此资产阶级报刊大大增加了新闻的报道量。

林白水在《中国白话报》专设“新闻”栏目，刊登的消息每期在15条左右，既关注清政府的一举一动，又对帝国主义列强的军事、政治活动步步紧跟，《俄日预备打仗》《可怜东三省的满洲人》《瓜分就在眼前》《日本向釜山进发》等大量新闻，以浅白的文字报道了那个时代的真相。在刊载消息的过程中，林白水对“时效”颇为重视，因此在第三期就把“新闻”栏目更名为“半月纪事”，因“这中国白话报隔了半月才出一本”“只怕是旧闻了”。出至第五期，“刚刚要印好时候，忽然得着十二分紧急新闻，就是日本共俄国已经开战的信息，因为这事实在要紧，所以特添一张新闻，名做战事警报”，依我们现在的新闻观点，这即是对发生的重大新闻和特殊事件，（报社）为迅速及时地向读者报道而临时编印的号外。

《中国白话报》报道面比较大，涉及政治、经济、社会、军事等不同领域，既重视新闻的传播，也重视科学知识的普及，在专栏的设置方面可见一斑，为革命宣传设“论说”“新闻”“军事”“日俄战争记”等栏目，为启迪民智、传播知识有“科学”“实业”“学说”“生理学”“文明绍介”等栏目，满足了社会各阶层读者的不同需求。

在新闻的写作方式上，既有简明扼要的短讯，如：“俄国日本，两边兵船，已经开战，那开战的地方，是在大东沟，这是十三日早上十点钟的事情”“满洲铁道的桥，被日本人毁去，俄国官兵，共死三十人”“二十五日晚上，日本皇帝，下一道诏书，布告全国，内言日本共俄国宣战的事体”，[①]用简洁、朴实的语言交代了现代新闻的五要素，符合消息快速、言简意赅的传播特征。同时也有夹叙夹议的长篇及对某一事件的追踪报道，如从第七期开始增设“日俄战争记”（不定期）栏目，密切注意日俄两国的最新战况，对国内局势进行综合的报道和分析。

就是在新闻标题的写作上，林白水也别出心裁，另辟蹊径，《皇太后皇帝要去陕西玩玩》《商部尚书吃花酒》《大家听戏，好玩得很哩》《大家关起门来睡觉吃鸦片叉麻将》等，个个浅白而生动，诙谐中暗含讥讽，已具备现代新闻标题简洁、精练又生动活泼的特点。

2.报刊政论辛辣尖刻，冷峭凌厉，评论体裁多样

作为最早用白话文写评论的政论家之一，林白水非常重视报刊政论的战斗作用，《中国白话报》对清政府腐朽没落的封建统治的批

① 《中国白话报》第五期“战事警报”，1904年2月16日。

判，对民众进行爱国主义、民主革命思想的宣传和教育主要就是通过报首的“论说”来进行的。

林白水的评论词锋犀利，鼓动性强。那时候，一方面是国土广被侵占，财富被劫掠，民众惨遭杀戮；另一方面则是统治者纸醉金迷，叫局子，吃花酒，寻欢作乐。当时看不过眼的人多，愤世嫉俗的人多，但像林白水那样以笔做刀枪，道人所不敢道，言人所不敢言的人则不多。

对帝国主义列强，林白水词严义正，直指其瓜分中国的野心和侵略本质。“他借了保护教士的题目，正好趁势想法来行他灭国的手段……借着闹教做题目，好共中国勒索军港，承办铁路矿！！！以图扩张本国的利权……如今外国人想在别国辟了许多的土地，把自己国里百姓迁移到那一边……单剩自己这一种一族称雄地球之上，这叫做民族帝国主义”①，并严厉控诉外国人见鸡杀鸡，见狗杀狗，抢劫钱财，奸淫妇女的卑劣行径。

对封建统治者，林白水当头棒喝，痛斥其腐败无能和荒淫无度的生活。慈禧听闻所练之兵只能抵抗俄军三天，“吓得魂不附体，因叹一口气道我早晓得有今天这样光景，倒不如庚子那一年躲在陕西不回来，免得在这里担惊受怕，如今懊悔也来不及了”②；北京新任的尚书、庆王爷的儿子载振很喜欢吃花酒，林白水对其好色、堕落大

① 《中国白话报》第二十一、二十二、二十三、二十四合期“论说”，甲辰八月三十日。

② 《中国白话报》第一期“新闻”，1903年12月19日。

加讽刺，“约了几个商部侍郎，还有几个阔佬……吃花酒，又叫了许多局子。那种花颜云鬓，陪着红顶花翎，坐在一块儿，着实配得很哩”。[①]

对学生、青年，林白水痛下针砭。“现在那般浮躁的少年……肚子里空无所有，光是抱着这好宗旨好手段，你道干得成事么？所以如今的少年，最要紧的是要实实在在去讲究学问……”[②]，并尖锐地指出，如果当今的青年、学生“……学问不弄，天天只说要做未来中国的主人翁，我恐怕主人翁做不成，倒补了亡国奴的实缺哩”[③]。

林白水犀利的笔锋，曾被当时的报界赞誉为“信手拈来，皆成妙谛”“针针见血，物无遁形”[④]，林白水文章如今读来仍感鞭辟入里，句句指向人之最痛处，无愧于这个评价。

林白水不仅重视“论说”，还利用新闻报道来发表意见，寓评论于新闻之中，常常就某一新闻配发短小精悍的言论，夹叙夹议；并在《中国白话报》中，以“白话道人附记”等为名，广泛地使用编者按或编后记，点评时事，生动鲜明。《中国白话报》停刊前还专设过“时评”专栏，短小泼辣，富于战斗力。几种评论形式，均即事而议、借题发挥，鲜明地表明了作者和报纸在某些问题上的鲜明立场和

① 《中国白话报》第一期“新闻”，1903年12月19日。

② 《中国白话报》第二十一、二十二、二十三、二十四合期“教育”，甲辰八月三十日。

③ 《中国白话报》第二十一、二十二、二十三、二十四合期“论说”，甲辰八月三十日。

④ 转引自王开林《千秋白水文章》，http: //www.hnxinhuanetcom/cul/2005—09/26/content_5215480.htm.新华网。

观点，成为《中国白话报》在政论上的必要补充。

3.语言通俗易懂，畅如流水，激昂慷慨，痛快淋漓

以白话为语言表现形式，是白话报刊区别于文言报刊的显著特点。但需要强调的是，白话报刊并非仅仅呆板地袭用民间的粗辞鄙语，而是采用了一种糅合着口语、方言、俗语的文字，后来逐渐演变为比文言通俗、较口语精练的语体，从而升华到"或娓娓道来，畅如流水；或哀婉动人，如泣如诉；或激昂慷慨，神采飞扬"的境地。在梁启超半文半白的报章体风靡当时的新闻界，林白水独树一帜，大胆采用纯白话，文章浅显易懂，读来活泼上口，明快畅达，不仅是用老百姓的语言说话，更是用老百姓的立场和感情在说话。

在"论说"《大祸临门》中林白水这样写道："……列位啊，可怜啊……一场大祸已进了门，可怜你们列位，还是一点不晓得。我急得要死，又死不来，没法可想，所以握着一把眼泪，写这一张字，送给列位，好教你们列位兄弟赶紧设法自己救自己啊！""……如今我们这中国，你若不去救他，再没有人去救他了！"[①]文中所用词句，就如与人说话一样，"列位啊""兄弟们啊"，仿佛邻家兄长的话语一般，与普通民众没有任何的距离。

"我们生在当今，若把前头祖宗的事情都忘记了，岂不笑话？……我雇一个人办事，他的权本来是我们大家给他的，倘使他一

① 《中国白话报》第二期"论说"，1904年1月2日。

旦弄了弊，我们便撵他去，把一切的权收回来，再换一个公公正正的人办事，这还有什么客气呢。”林白水就是以这样一种浅显如水的话，将百姓与当权者间的关系准确地表述出来。“头目……你道这头目现在叫做什么东西，哈哈，就是现在所称的皇帝了唉，那时候头目那样贱那样公正，一天到晚替百姓办事，那时候百姓那样有权那样安闲自在过日子，真真可羡慕得很哩……”①

同时，林白水在写作中又带有浓烈的感情色彩，纵笔所至，畅所欲言，千态万状，有声有色。《张之洞共俄国钦差说话》中的一段描写，就是有代表性的一篇：“张之洞见俄人占了奉天，也着了忙，就跑到俄国钦差衙门里面去求见他，对俄国钦差道：……俄钦差冷笑道：不行也要行了！张之洞还乱嚷道：万万不行，万万不行！那俄钦差卷着胡子，抬头看着天，拿一条纸烟，只管一上一下的吃，不去睬他，张之洞弄得没法可想，只好垂头丧气没精打采地跑回来了。”②文章用一种特写的手法，只用了“那俄钦差卷着胡子，抬头看着天，拿一条纸烟，只管一上一下的吃”和“张之洞乱嚷嚷”这寥寥数笔，就把俄国钦差傲慢无礼，张之洞低三下四的神情，刻画得细致、传神、栩栩如生。而这样生动的描写在当时的报刊上也是鲜见的。

林白水在《中国白话报》中常用反语，单刀直入，痛快淋漓，有时尖锐得近乎刻薄，在《吃了九百万银子又要翻腔》中，林白水充分揭露了把国土拿去与外国交换的清朝狗官的丑恶嘴脸，对他们贪财、

① 《中国白话报》第一期“历史”，1903年12月19日。
② 《中国白话报》第一期“新闻”，1903年12月19日。

卖国、猥琐如鼠的行径，进行了最尖酸的讽刺和辛辣的批判。

面对俄国派遣来想"吞吃"我国土的官员，中国众官非但没有任何警戒之心，李太监还与之拜把子，"鬼鬼祟祟议了好几天，才把价钱议定，你道买的什么货色？哈哈，原来是把东三省卖给了俄国，价钱不二，足足卖了九百万银子，里头三七二十一七八五十六，上上下下都分得均匀了……"把众列强见俄国占了东三省，自然不允，迫于众国的压力，清政府才想要"假做翻腔"，打电报给湖北抚台"叫他赶紧把各营久练之兵选出来，以便喝声要打，你们就好上前死了，我朝深仁厚泽二百余年，你这食毛践土的，还敢不出力吗？"看这昏君狗官是如何不爱惜自己的国土与国民，万里河山，说卖就卖，天下百姓，死不足惜！林白水对昏庸无能、卖国求财的清朝统治者的愤恨与怨怒，灼然如炽火，猛烈如飞瀑，用他如尖刀般的利笔，刺向清王朝的心窝，不留一点余地、半点情面！从中我们也体会到这位报人奔腾如驰马的爱国爱民之深情，感人肺腑，天下之苍灵无不为之动容。料想当时的读者必会受到强烈的感染和鼓动。[①]

① 《中国白话报》第三期"半月纪事"，1904年1月17日。

三、林白水和《中国白话报》的影响及历史贡献

在内有清政府独断专权的昏庸统治，外有帝国列强虎视眈眈入侵的情况下，林白水与《中国白话报》放言高论，痛斥怒批封建专权和帝国主义霸权，敢于革命，无所畏惧，难能可贵。《中国白话报》在思想和业务上所具有的进步性，无论在当时还是日后，对我国报刊事业的发展都有着不容忽视的影响及借鉴意义。林白水及《中国白话报》的影响和历史贡献，主要体现在以下几个方面：

（一）担当报刊文体彻底转向白话文过程中的重要角色

中国的报刊自产生之日起就作为统治阶级内部传递信息的工具而与百姓绝缘，即便是流于民间，它的受众也是社会的知识阶层，因此，中国的报刊从来都是文言文的天下。1840年以后，国家处于危难之际，知识分子由专注于治国之术转而寻求救国之路。在这样的大环境下，人们开始意识到邸报陈旧的形式在传播信息和引导舆论上的束缚，转而寻求一种新的、现代化的文体形式。

王韬的政论一扫桐城派刻板拘泥的文风，提倡文章要适应社会的

变化，不能墨守成规。梁启超在《时务报》上实践了一种更加自由浅显、通俗易懂的文体。时务文体以其半文半白的形式，充实而富于感情的内容风靡全国。然而，报章文体的改革并没有就此停下脚步，那时的报人还不屑于写白话文的文章，就是蔡元培、章士钊等社会名流和进步的报人也大多用文言文写作，至多用半文半白的文体办报。这种精英话语和文人意识显然不能引起百姓的注意和共鸣，不可能达到理想的传播效果。在这种情况下，《中国白话报》担当了报刊文体由文言彻底转向白话过程中的重要角色。

《中国白话报》把受众定位在“种田的、做手艺的、做买卖的、当兵的，以及孩子们、妇女们”，把爱国、救国的道理，国家危难的形势，政府的腐败和列强的豺狼野心统统用浅白如话的口语表述出来。林白水善于利用白话文通俗易懂的优势，以平等的姿态面对受众与受众进行沟通和互动，特别是他运用白话文书写的评论文章，活泼明快、嬉笑怒骂、讽刺辛辣，在民国初年的著名报人中独具特色，广为后人提及。《中国白话报》也因为独具特色的评论和语言风格而受到读者的欢迎，成为这一时期最有影响的白话报刊之一。

（二）富有斗争精神，旗帜鲜明地支持革命

清朝的最后十年，政府对内昏庸腐败，对外谄媚屈膝的嘴脸使广大的志士仁人彻底地失望。中国社会的政治风向由改良转为了革命。与此同时，中国的白话报刊迎来了一个发展的高潮，大多数的白话报

刊都融入了革命的洪流，为革命摇旗呐喊。《中国白话报》以其激烈的言论成为这些报刊中的典型代表。

林白水早年就投身于革命斗争，加入中国教育会之后，更是表面办理教育，暗中鼓吹革命。《中国白话报》正是他实现政治理想、抨击反动政府、宣传鼓动革命的有力工具。《中国白话报》几乎所有栏目的设置都为着一个明确的目的服务，那就是革命。在“论说”专栏里，林白水充分利用政论文鼓动、批判和斗争的特点，用犀利的笔锋向当局发起猛烈的攻击和挑战。他讥笑慈禧太后的贪财昏庸、讽刺达官显贵的无能迂腐、痛陈国之将亡的危急形势、控诉广大百姓的悲苦生活。在“新闻”专栏里，他揭露政府官员荒淫无耻的行径、列强瓜分中国的野心，报道侵略者对中国人民的野蛮劫掠和迫害。在“传记”专栏中，他用通俗的语言为大众讲述陈涉、张良、文天祥、郑成功等中国历史上在暴政和外族入侵面前挺身而出、敢于反抗的英雄故事，号召和教育广大人民以他们的事迹为榜样，团结自救。

《中国白话报》以无所畏惧的批判和斗争精神，向封建统治者发起最激烈的攻击，使人读起来悲愤交加，极大地激发了广大读者抵御外来侵略、振兴中华的爱国觉悟，从而更加坚定了民众选择革命立场和道路的决心。

（三）推动近代新闻事业的发展

白话报并不是资产阶级革命派首先办起来的，在19世纪70年代，一些帝国主义分子为了向"下层社会"进行奴化教育，就曾用他们把持的中文报刊出版过白话版。维新变法时期，为了实践其"开通民智"的主张，资产阶级改良派的一些知识分子也办过白话报，但其根本是为了扩大改良运动的影响。只有资产阶级革命派所办的白话报，才真正开启了用白话进行民主革命思想宣传的大门。

林白水并非白话办报的第一人，《中国白话报》充当资产阶级革命派宣传民主革命的话筒的时间也还不足一年，但在这一时期国内出版的革命白话报刊中，它是最有影响的一家。一方面完全以"语体文"（即白话文）办报，使白话报刊真正登上了近代报刊事业的舞台，并逐渐成为这一时代的主角；另一方面，林白水真正地意识到了人民群众中潜在的巨大的、反对封建专制的力量，在《中国白话报》的发刊词中即提出，"我们不读书的这辈英雄，倘然一天明白起来，着实厉害可怕得很"[①]。

《中国白话报》出版第一期时，代办处仅为6所，分布在上海、宁波、天津、武昌、苏州、江西等6座城市，经改版后出至21、22、23、24合期时已增至全国25座城市[②]44所代办处。这种大受欢迎的原因不仅仅是因为《中国白话报》采用了白话文的形式，在它的背后，是一系列价值观念和价值体系的改变。中国的报人由"代圣人立言"

---

① 张之华主编：《中国新闻事业史文选（公元724年—1995年）》，中国人民大学出版社1999年版，第112页。

② 这25座城市是：上海、宁波、天津、武昌、汉口、长沙、江西、南京、成都、无锡、芜湖、常州、通州、济南、镇江、广州、泰兴、湖北、苏州、扬州、北京、杭州、南昌、福州、河南等。

转为“代国民立言”，对普通民众的觉醒有积极的作用，从而大大提高了近代报刊在底层民众中的声誉和影响，从这个意义上来讲，《中国白话报》为新文化运动乃至五四运动的爆发奠定了一定的思想基础和群众基础。

尽管林白水并不是一个彻底的资产阶级革命者，《中国白话报》在读者中也宣传过狭隘的种族主义和反满思想，提倡暗杀，但这份报纸明确提出的反清暴政、反帝爱国思想、部分民主思想，毕竟还是走在了当时社会的潮头，有利国利民的贡献，这是这份革命白话报刊的一大功绩。

试论林白水的"知识分子"角色

郑亚楠[*]　田　雷

19世纪末20世纪初的中国，时局上"城头变幻大王旗"，文化上中西交汇、古今映照，林白水作为一个传奇的报人，除了"萍水相逢百日间"的悲剧命运之外，留给我们更多的是那个时代中国知识分子嬗变的思考。作为知识分子的林白水，怀抱"社会的良心"，针砭时弊，批判现实社会；与时局抗衡的同时既保持着传统士人的本色，也验证着西方自由主义报刊制度的基本精神。本文试图以林白水及其生活的时代作为切入点，浅析一个报人多重角色的"知识分子"定位。

* 郑亚楠系黑龙江大学新闻传播学院院长、教授。

一、报人与知识分子演变的空间

林白水是近代中国的著名报人，在他52年的生命历程中承担了多种角色。从年少时的私塾先生到三次留日“睁眼看世界”的激进学生；从参与刺杀广西巡抚王之春到辛亥革命胜利后福建省的法制局长；从为袁世凯鼓与呼的短暂迷途到最后职业报人的生涯巅峰，一生中贯穿了1901年6月的《杭州白话报》；1902年12月的《俄事警闻》《中国白话报》；1916年的《公言报》、1921年的《新社会报》，因此，在纵览其作为报人的一生时，自然要把眼光聚焦到他背后的社会浪潮中。

林白水生活在清朝末年和民国初年这样一个社会更替的时代，而整个20世纪的中国又是一个真正的大时代，一个充满了思潮演进和政治格局变迁的时代，一个处于“三千年未有之变局”的大转折时代。这样的大转折时代在中国历史上并不多见，除了春秋战国和魏晋，就是自19世纪中叶以来蔓延至今、仍未完成的现代性转型。[①]

学者单波认为，近代以来至新中国成立的中国新闻史可以划分为新闻启蒙时代，以新闻为本位时代和大众化与新闻宣传并存时代。新闻启蒙时代具体所指为19世纪中叶至1911年辛亥革命胜利，以新闻

① 许纪霖：《二种危机与三种思潮——20世纪中国的思想史》，《战略与管理》2000年第1期。

为本位时代具体所指为1911年辛亥革命至20世纪30年代中期，其后至1949年为大众化与新闻宣传并存的时代。[①]而林白水的报人生涯是从1901年6月任项藻馨的《杭州白话报》主笔开始的，至1926年因撰写《官僚之运气》获罪被杀。他作为生命个体从事新闻事业的时间，正好与中国新闻业由启蒙到发展，各种新闻理论观念、业界变革潜滋暗长的时期相吻合。

在近代以来的中国名记者群体中，在开始独立的科学意义的采访第一人黄远生之前是各个新闻事业的启蒙家：林则徐、洪仁轩、魏源、郑观应，在其后是以笔为旗的维新报人康有为、梁启超等。维新报人对于林白水的影响不可谓不大，然而相对于革命党人对林白水的影响来说，维新的观念只存在于其前半生的思维中。从他组织和参与的1902年10月的"爱国学社"、1903年4月的"拒俄运动"、1904年11月的暗杀广西巡抚王之春等一系列事件中都可以看到一个革命者的身影。当"从暗杀开始的革命"最终汇集成了武昌起义的成功时，林白水一直以士人的角色出现，以官员的面孔效命，以报人的情怀牺牲。

---

① 戴元光等主编，单波著：《20世纪中国新闻学与传播学·应用新闻学卷》，复旦大学出版社2001年版。

二、知识分子角色的围绕与承传

近代报人与知识分子是何关系？自由主义报人与自由主义知识分子是何关系？报人林白水到底是不是知识分子？如果是，是中国视角的传统知识分子还是西人视角的知识分子？笔者认为在这其中存在着重合关系，即作为现代报人的林白水与传统意义的“内圣外王”的中国知识分子心灵相通。如果借用西方拉塞尔·雅各比（Russel Jacoby）的《最后的知识分子》中“公共知识分子”（public intellectuals）的界定，那么我们看到的则是百年之后一个全新的林白水。

（一）报人与知识分子的角色

1987年，余英时在为古代知识分子研究论集做新的自序时指出：如果从孔子算起，中国“士”的传统至少已延续了2500年，而且流风余韵至今未绝，这是世界文化史上独一无二的现象。它与西方人常常称知识分子为“社会的良心”，认为他们是人类基本价值的维护者有异曲同工之处。

是的，在今天对于名记者的界定中，“正义”“责任”“公平”“良心”等词汇不绝于耳，它说明了新闻事业的核心价值观，追求与向往。但这并不是西方的专利，当我们打开中国士人“穷则独善其身，达则兼济天下""入秦则秦重，背齐则齐轻"的情怀，寻找其知识分子的踪迹时，会发现中国的传统士人与西方学界界定的知识分子有着诸多神似的地方。

孔子揭示的"士志于道"便已规定了"士"是基本价值的维护者，曾参发挥师教，说得更为明白："士不可以不弘毅，任重而道远。仁以为己任，不亦重乎？死而后已，不亦远乎？"这一原始教义对后世的"士"产生了深远的影响，塑造了一代代中国的传统知识分子。[①]这种传统知识分子的人格到了近代，尤其在风雨突变、城头变幻大王旗的"天下无道"的时代转化成为报格，士人精神终得承传。

中国宋明以后儒家意识形态的基本命题是"内圣外王"，其中一个是与个人安身立命有关的信仰或意义问题，另一个是由个人修身（内圣）推导出来的社会秩序安排（外王）的问题。[②]"格物、致知、诚意、正心、修身、齐家、治国、平天下"是中国传统的一代代知识分子的人生定位，他们"穷则独善其身，达则兼济天下"，他们"士为知己者用"，他们"先天下之忧而忧，后天下之乐而乐"，他们"士不可以不弘毅，任重而道远"。写到了这里，似乎可以证明林白水和林白水们完成了从传统知识分子向自由主义报人的变化，人格转化为报格，国士精神转化成了"宁鸣而死，不默而生"的自由主义报人精神。

① 陈来：《儒家思想传统与公共知识分子——兼论现代中国知识分子的公共性与专业性》，载《公共性与公共知识分子》，《知识分子论丛》第1辑，江苏人民出版社。

② 陈来：《儒家思想传统与公共知识分子——兼论现代中国知识分子的公共性与专业性》，载《公共性与公共知识分子》，《知识分子论丛》第1辑，江苏人民出版社。

（二）作为公共知识分子的林白水

在探讨林白水变化的人格与变迁的时代的同时，我们还应注意到另一个维度的报人空间。那就是：传统知识分子在其信仰的理性空间中出现的危机以及解决危机的途径。因为，林白水和他的同代人毕竟经历了“新文化运动”和“五四运动”！如果要把在他们身上承传了数千年的士人精神随同旧文化、旧道德一同砸烂的话，历史也许就要改写了。

纵观19世纪末20世纪初的中国知识分子，便会发现其中的多数人有过报界从业的经历，结合当时中国的实际提出了各自的主张。有人愿“以报业终其身”；有人希望报业能够使“民隐得以上达、君惠得以下逮、达内事于外、通外情于内”；还有人希望报业能够完成“对于政府而为其监督者，对于国民而为其向导者”的重任；也有人“研究新闻学理，增长新闻经验，以谋新闻事业之发展”，这些人以传统知识分子“以天下为己任”的情怀结合西方自由主义报刊制度开创了中国政治家办报的先河。他们的办报宗旨是“必使政府听命于正当民意之前”“为社会发表意见之机关，顺世界进步之潮流”。这些以新闻事业终其身的时代精英，在完成传统的“士”的转化同时也完成了现代知识分子人格的塑造，即在社会的公共领域内拥有一定的影响力与信誉度，以公共知识分子的担当面向世人。

尽管“知识分子”一词有着多种含义，但一个基本的衡定取向是，它并不泛指一切有"知识"的人。以某种知识技能为专业的人，这只是比较表层的状态，比如，教师、新闻工作者、律师、文学家、工程师或任何其他行业的脑力劳动者。[①]更重要的是，作为社会阶层，知识分子还要具有反思性、个人化、精致而连贯，与大众结合，提升由"常识"组成的意识形态，否则就成为没有实践意义的冥思苦想（葛兰西语）。也就是说，知识分子是要担当使命的。毫无疑问，做过私塾先生的林白水，作为报人的林白水，作为《论看报的好处》《国民的意见》《官僚之运气》作者的林白水具备新闻工作的专业技能，是一个脑力劳动者，是一个"知识分子"。然而，林白水对于社会更大的贡献还在于他在新闻这个公共领域内的所有建树。

公共知识分子指知识分子在自己的专业活动之外，同时把专业知识运用于公众活动之中，或者以其专业知识为背景参与公众活动。这些公众活动包括政治、社会、文化等各个方面，而这种运用和参与是以利用大众媒介等公共途径发表文字和言论为主要方式。[②]

林白水作为一个报人，知识分子中的一个"分支"，他1903年作为中国留日学生，组织"义勇队"，发起"拒俄运动"；将届而立之年号召"工人们联合起来做主人翁"，提倡革命民主主义思想；在1902年创办的《中国白话报》上宣传爱国民主思想；1904年11月因同人万福华暗杀广西巡抚王之春以致与黄兴、张继等人被捕；1903年

① 陈来：《儒家思想传统与公共知识分子——兼论现代中国知识分子的公共性与专业性》，载《公共性与公共知识分子》，《知识分子论丛》第1辑，江苏人民出版社。

② 陈来：《儒家思想传统与公共知识分子——兼论现代中国知识分子的公共性与专业性》，载《公共性与公共知识分子》，《知识分子论丛》第1辑，江苏人民出版社。

春、1904年冬（一说1905年7月）、1907年夏三次入日本留学；1911年后担任众议院议员、参政院参政、总统府秘书兼直隶省督军署秘书长等职，有过为袁世凯鼓与呼的迷途；有过1916年9月《公言报》，1919年2月《平和日刊》和1921年《新社会报》的业界经历，在他短暂的一生当中写下了非凡的篇章。

按着公共知识分子的界定，林白水参与的社会活动不可谓不多，涉及了那个时代政治、社会、文化的诸多方面，并且利用了大众媒介发表文字和言论，在继承了中国传统知识分子参政议政精神的同时，为社会服务，为社会的变革注入了自己的力量，也付出了生命。

依据西方学术界的理解，如果一个专业职能人员把他的全部兴趣始终限于职业范围之内，那么他仍然没有具备“知识分子”的充足条件。

公共知识分子的第二个特征是他们除了献身于专业工作以外，同时还必须深切地关怀着国家、社会以至世界上一切有关公共利害之事，而且这种关怀又必须是超越于个人的私利之上的。

林白水最终为自己的报业和报格献出了生命，与“余百无一嗜，惟对新闻事业乃有非常兴趣，愿终身以之”的邵飘萍同一年倒在了北京天桥刑场，于是才有“萍水相逢百日间”，于是才有“一样飘萍身世，千秋白水文章”。

回望1926年，真是个不寻常的年份，张季鸾是邵飘萍的莫逆之交，胡政之是林白水《新社会报》的同事好友，新记《大公报》在天津获得了重生。林白水、邵飘萍的生前好友为公共知识分子续写了公共社会空间的华章，新记《大公报》坚持“四不主义”，公共知识分子为公共事业的献身终于换来了人类的基本价值精神的维护。

三、林白水的“知识分子”定位

知识分子可以是主张对现实批判的人，也可以是主张回到传统精神价值的人，知识分子无须与现有政治保持一致，但也不必与政治刻意保持距离。[①]作为一个受维新思想影响深刻的林白水和作为一个同盟会会员激进的革命的林白水和作为一个报人的林白水和作为一个烈士的林白水完成了他自己身上知识分子角色的转型，即从士人到革命者到官员到自由主义报人，从传统知识分子到公共知识分子，在这期间他把古代儒士传统化为办报人格，把儒家强烈的入世精神发挥得淋漓尽致而后又走向了相反的方向，不再以为官作为经世济民的手段，而是以报业完成了个人的使命。

他既有对现实的强烈批判，也凸显了传统士人的精神价值，没有与清朝的现实政治保持一致而是背道而驰，没有为大清王朝尽忠而是反传统，没有刻意与民国的政治保持距离而是投入其怀抱，这既是矛盾的，也不是矛盾的，因为他既是一个传统的中国特色的知识分子，也是一个西方学界社会强调的公共知识分子，仿佛在他身上我们看到

① 陈来：《儒家思想传统与公共知识分子——兼论现代中国知识分子的公共性与专业性》，载《公共性与公共知识分子》，《知识分子论丛》第1辑，江苏人民出版社。

了中西文化的碰撞与交汇，看到了从传统士人到近代自由主义报人那一批中国人痛苦嬗变的身影，殊不知，中国传统士人与西方公共知识分子惺惺相惜，有着太多的共同，而他，林白水，只是林白水，只是他自己。

（选自《报界先驱林白水研究论文集》，
福建人民出版社2008年版）

试论林白水的新闻思想

艾红红　齐立稳

林白水（1874—1926），中国近现代史上的著名报人，因发表抨击反动军阀及其走狗的时评而惨遭杀害。今年8月6日是他就义80周年纪念日，为缅怀这位报界先驱和勇士，本文试图对其新闻思想的个性和特色进行初步的总结性探讨。

诚然，林白水对新闻理论并无专门研究，也没有系统的新闻学论著，但这并不表明他没有新闻思想。笔者认为，他的新闻思想主要散见在其有关言论、主张，尤其是体现在他丰富的新闻实践中。从1901年投身报业，到1926年以身殉报，中间除五年左右的官场生涯外，林白水都是以报人身份参与社会事务的。他不仅亲手创办了多种报刊，还撰写了大量消息、通讯、评论以及文学作品。正是20多年悲壮、热烈的报业生涯和数百篇"如云驱电掣，如风马之驰"的文章，奠定了他作为一名优秀的新闻工作者和出色的民主革命宣传家的历史地位。

所以，探讨林白水的新闻思想，应当主要从其新闻实践入手，以他的新闻实践为依据。

一、以开启民智为宗旨，大力倡导白话报刊

1901年6月，应《杭州白话报》创办人项藻馨的邀请，林白水加盟该报主持笔政。这是他整个新闻生涯的起点。在为该报撰写的发刊词《论看报的好处》中，林白水开宗明义地指出："我们办这个报的意思，原为广开民智……"，并强调看报的好处是"秀才不出门，能知天下事"[①]。由此可见，从涉足新闻事业的第一天起，林白水就已明确地将广开视野、启迪民智当作报刊的首要职责。近代以来，由于儒家传统的影响，也由于现实政治的促动，报人们多将政治理想与抱负寄托于报刊之中，普遍赋予报刊"开民智、造舆论"的社会责任与政治功能。尤其是在辛亥革命前，激烈的政治现实支撑着当时报刊的主题，通过报刊开启民智，以"报刊救国""新闻救国"，成为当时优秀报人们共同的新闻理念。在这一点上，林白水与他同时代的许多优秀报人是一致的。在《杭州白话报》主持笔政两年，他大力宣扬新政，提倡社会改革，如反对女人缠足，号召禁烟；批判宿娼纳妓，主张破除迷信等，在当时的杭州民众中有很大影响。全国第一个"女子

① 林白水：《论看报的好处》，《杭州白话报》1901年6月20日。

放足会"就是在其影响下于杭州成立的。以此为起点，开视野、启民智成为林白水一生办报实践的导向标，成为他整个新闻实践中一以贯之的价值取向。与同时代的报人相比，林白水的超越之处在于，他没有采取文言的或半文半白的"改良"文字以谋求上层社会认同为过渡，而是干脆利落，一步到位，直接选择了白话文。以影响而言，林白水堪称中国报刊白话第一人。在此之前，报刊采用的大都是文言八股或半文半白的文体，在广大民众文化水平不高、教育资源匮乏的背景下，这种报刊事实上很难大众化，只能作为官僚和封建知识分子等特权阶层的专利。也就是说，报刊事实上成为一种文化垄断。对此，林白水一针见血地指出：

> 如今这种月报、日报，全是给读书人看的，任你说得怎样痛哭流涕，总是"对牛弹琴"，一点益处没有的。读书人既然无用，我们这几位种田的、做手艺的、做买卖的以及那些当兵的兄弟们，又因为着从小苦得很，没有本钱读书，一天到晚在外跑，所以见了那种之乎者也、诗云子曰，也不大喜欢看他。到后来想要看时，却又为着那种离奇古怪的文章，离奇古怪的字眼，不要说各位兄弟们看不懂，就是我们，也觉得麻麻胡胡哩！[①]

① 《中国白话报发刊词》，《中国白话报》1903年12月19日。

林白水极力倡导使用白话文，倡导报刊大众化其实质就是要打破话语垄断和文化垄断，使新闻工作者的视野从官僚、知识阶层向平民百姓下移。他认为，只有语言通俗化了，报刊才能大众化，才能真正成为与“百姓”交流、沟通的工具，才能真正发挥启迪民智的作用。在《杭州白话报》的创刊启事中，林白水这样写道：“因为我是一个平民，所以我说白话，是一般老百姓的语言，而不是一般士大夫阶级的咬文嚼字或八股文的文章。”1903年12月，他又独立创办了《中国白话报》，表现了他以白话报刊为启蒙民众载体的决心和信心。“要使种田的、做手艺的、做买卖的、当兵的以及孩子们、妇女们，个个明白，个个增进学问，增进识见，那中国自强就着实有希望了。”①在该报上，林白水以“白话道人”为笔名，陆续发表了《做百姓的身份》《论做百姓的责任》《做百姓的事业》《国民意见书》等多篇文章，力图以通俗易懂的白话，来达到启迪民众、唤起“百姓”与黑暗邪恶势力作斗争的信念。他积极宣传爱国主义和反帝反封建的思想，主张建立共和制度，还大力宣传自由平等、天赋人权等现代西方民主观念，在当时的民众尤其是底层民众中产生了强烈反响，报纸的发行范围曾遍及全国25个城市。除了倡导报刊语言白话化，林白水还对新闻体裁的革新做了积极的探索。在《中国白话报》中，他设立了论说、历史、地理、传记、新闻、小说、戏曲、歌谣等各类丰富多彩的栏目，专门针对下层群众和青少年读者，内容多涉及新政。其直接

① 《中国白话报发刊词》《中国白话报》1903年12月19日。

宣传民族革命的作品《黄帝传》《娘子军》《白话扬州十日记》等均突破了以往报纸体裁的局限性，运用广大群众喜闻乐见的形式，吸引了越来越多的读者。当然，林白水最有特色的创新性文体还是新闻评论。他的短评指陈时事，尖锐泼辣，体现出对时局所持的鲜明立场以及直抒胸臆的无畏精神；他的时评冷峭凌厉，绵里藏针，专寻对方的命穴处加以痛击，[①]读之令人痛快淋漓，从而使报纸言论大放异彩，成为向黑暗和腐败势力冲锋陷阵的锐利武器。

通过报刊语言白话化的倡导，通过新闻体裁的革新，以媒介大众化为追求，林白水实现了自身价值取向与价值体系的根本转换，实现了由传统士大夫的“代圣人立言”向现代知识分子的“代百姓立言”的转型，从而融入时代大潮之中，与国家和民族的命运连在一起。

二、追求专业主义品格，以“说人话、说真话”为新闻工作者的生命线

林白水有句名言：“新闻记者应该说人话，不说鬼话；说真话，不说假话。”这既是他笃定的新闻工作者的职业规范，也是他一生新闻实践中所坚守和追求的专业主义品格。

所谓“说人话”，主要表现在两个方面：一是新闻形式要“说人

① 王开林：《千秋白水文章》，《书尾》2005年第8期，第44—51页。

话”，即如上文所述的以读者的阅读需求为出发点，用普罗大众看得懂的文字和符码来传播信息；二是新闻内容要“说人话”，即通过报纸反映普罗大众的疾苦，传达底层民众的呼声，从普罗大众的立场和视角来识人论世。正是因此，关心底层民众疾苦、注重社会新闻成为《社会日报》的一个重要特点。林白水经常去街头巷尾接触百姓，亲自采写底层社会报道。他曾经采写过一篇关于洋车夫的报道，“都门中下社会皆为震动，报之销路日以数百份计”，老牌的《东方》杂志第32卷第13期曾描述当时的情景：“北京之中央公园，夏日晚凉，游人手报纸而诵者，皆社会日报也。”

所谓“说真话”，也包括两种含义：一是指新闻信息要真实，二是指要有说真话的勇气。真实是新闻的生命，勇气则是新闻真实的支撑。“说真话”，是新闻工作者铁肩道义的象征，事实上，也是其职业规范和专业主义品格的核心要求。1904年10月，《中国白话报》停刊后，林白水于次年5月东渡日本，入东京早稻田大学主修法政，兼修新闻，成为“中国留学外国学新闻学的第一人”。对林白水新闻思想的成长而言，这无疑是一个重要环节，正是由此，其新闻观念、新闻思想开始走上专业主义的轨道。1907年初，他再次来到上海，以卖文为生。其个性风格初露端倪，当时“海上诸报，无不以刊白水之文为荣”①。1916年，在经历一番仕途坎坷之后，林白水又重返报界。9月，在北京创办《公言报》（笔名“白水”）发表论说、通讯

① 傅国涌：《一代报人林白水之死》，《文史精华》2004年第4期，第24—30页。

等，其笔锋犀利，亦庄亦谐，辛辣无比，颇有名气。从这时起，林白水富有个人特色的评论和“监督政府、为百姓言”的新闻思想开始走向成熟。辛亥革命后，尤其是新文化运动开始以后，中国的新闻学由新闻思想的启蒙时期过渡到现代新闻思想的创立与成长时期，这一时期，新闻虽不能完全摆脱政治的浸润，但政治不再是新闻的主导，报人们更注重新闻工作的职业使命和专业道德，追求新闻工作者的独立品格。从这时起，林白水践行着一个新闻工作者的职业使命，成为我国新闻专业主义的先导。他把犀利的笔锋指向军阀政府，指向政客官僚，揭露贪赃舞弊丑闻，指斥种种丑行，被称为新闻界的“刽子手”。1918年3月，林白水曾组织北京新闻记者团赴日本考察。1919年2月，南北议和开幕的当天，林白水在上海创办《平和日刊》，经常率先透露北方政府的消息；3个月后，和平会议宣告破裂，《平和日刊》随之偃旗息鼓。1921年3月，林白水和胡政之共同创办了对开四版的《新社会报》，林白水任社长，提出“树改造报业之风声，做革新社会之前马”的口号。1922年2月，因刊载揭露吴佩孚搬运飞机炸弹及盐余公债黑幕等消息，《新社会报》被徐世昌勒令停刊三个月。5月，《新社会报》更名为《社会日报》重新面世。在《社会日报》上，林白水一如既往，以大无畏的勇气说人话，说真话。林白水认为，报刊是“公共言论机关，为平民作一发抒意见代表”，主张“凡国民有出租税的，都应该得享各项权利，这权利叫自由权，如思想自由、言论自由、出版自由……”①，总之报刊应成为人民意见和公共舆论的平台。作为公共舆论的平台，他认为，报刊就应当站在公众立场，守望社会变化，及时发现危害社会的因素，揭露危害社会的现象，这包括监督社会，也包括监督政府。林白水的“说真话”，即表现在他重视报刊的社会瞭望功能，强调报刊的社会监督功能，尤其是强调监督政府的功能，视报刊为监督政府的利器。尽管这带有危险性，但在他看来，在强权和暴力面前，无私无畏才是一个合格的新闻工作者的专业品格。在林白水的时代，祖国大地军阀横行，社会一片黑暗，在当权者的打压下，新闻工作者往往成为打击和追杀的对象，所以“说真话”作为一种专业品格和勇气，也就显得弥足珍贵。林白水自始至终尊崇、实践着这一理念，其浩然之气正是由此得以体现的。通过撰写评论，他无情地贬斥庸陋，鞭挞上层社会的黑暗、军阀的腐败与官僚的堕落，表现了疾恶如仇的勇气，以实际行动实践了自己“说真话”的诺言。早在《中国白话报》中，他就曾经揭露清王朝的腐化，号召人们用革命手段推翻清政府：“现在的皇帝是怕外国人不过的，外国人说一句话，他都是要依的。京里的王大臣，城里的州县官，都是依得外国人不能违拗的。……你们要想不受苦，快点把北京的政府倒去吧！”②1904年，清廷筹办“万寿庆典”，为慈禧太后祝七十寿辰，林白水在《警钟日报》愤而写下一副对联，字字辛辣，令人拍案，无情地鞭挞了当权者的荒淫挥霍。对段祺瑞的新内阁，他

① 林白水：《国民的意见》，《中国白话报》1904年2月16日。

② 林白水：《时事问答》，《中国白话报》1904年1月2日。

也曾发起过猛烈攻击，在《陈澜生别来无恙？》《不堪回首》两篇文章中，林白水揭了两个曾被他在《公言报》骂倒的政客的老底，还以《不堪回首集》的总标题逐日刊登在《公言报》揭露他们的丑闻，使得这两位新任总长臭不可闻，顿时成为千夫指戳、万人哂笑的小丑。在当时的背景下，林白水的"说真话"还突出地表现在"替百姓说话，不去献媚军阀"的风骨。在1926年5月26日的时评中，他写道：

> 军既成阀，多半不利于民，有害于国。除是死不要脸，愿作走狗，乐为虎作伥的报馆，背着良心，替他宣传之外，要是稍知廉耻，略具天良的记者，哪有不替百姓说话，转去献媚军人的道理。[①]

1926年6月5日，他在《迎吴张者注意》的时评中，对炙手可热的军阀以及嗜利、逐臭的趋炎附势之徒进行了有力的批评；8月5日，他又发表《官僚之运气》的时评痛斥直奉联军、讥讽反动政客潘复。发表这样的文章，林白水并非不清楚其危险性，但作为一名以"说真话"为天职的报人他义无反顾。总之一路走来，林白水坚定地奉行着"说人话，说真话"专业主义的理念，实践着报刊瞭望社会、监督社会的功能，并最终献出了自己宝贵的生命，不愧为新闻工作者的楷模和勇士。

① 傅国涌：《一代报人林白水之死》，《文史精华》2004年第4期，第24—30页。

当然，应当承认林白水的新闻思想中也存在一些局限性。首先，他所追求的新闻专业主义在当时军阀横行的历史条件下，只能是报人的一种理想甚至幻想，是不可能实现的；其次，他一方面坚守新闻专业主义，一方面又追求民主共和的政治功利，这就必然造成报刊的重负甚至矛盾；再次，他虽然对封建政体和法律制度进行了严厉批判，表现出了鲜明的资产阶级民主革命立场，但是过犹不及，其革命宣传为了“利用人心”，有偏向无政府主义和狭隘种族主义的倾向，这无疑有失媒体的公正性。然而瑕不掩瑜，作为近代新闻史上著名的新闻斗士和接受过国外系统的新闻学专业学习的鼻祖，林白水的报刊实践和新闻思想不仅在当时是出类拔萃的，即使在今天看来也不乏熠熠生辉。

（原载于《山东大学学报·哲学社会科学版》2006年第6期）

林白水新闻观的两大思想基石

俞月亭*

林白水的女儿林慰君女士在她的《我的父亲林白水》一文中说，"先父办报，有两个目的：一个是攻击军阀、贪官、污吏与奸商，使他们的罪恶目的不能得逞。一个是代表人民，建议政府做对于人民有利的事，并代小民鸣不平。"从目前我能够看到的有关林白水的资料看，我以为这个概括是准确的。也就是说，在林白水看来，报纸是社会"公共言论机关"，它的性质和任务，应该是启迪民智，代表民意，监督政府，揭发时弊。纵观林白水一生办报实践，不仅始终坚持了这个观点，而且完成得非常出色。林白水办报的25年，正是清朝末年慈禧太后专政和封建军阀混战，动辄获咎，随时都可能招来杀身之祸的黑暗时期，他本人就曾多次因言论贾祸，三次入狱，所办报纸五

*　俞月亭系福建电视台原台长、高级编辑。

次被封。只要我们把他的活动放在那样一个特殊的时代和环境中来考察，便不能不对他那“威武不能屈，富贵不能淫，贫贱不能移”的献身新闻事业的可贵精神，肃然起敬。

是什么力量支撑着林白水，使他的信念如此坚定呢？我以为有两点非常突出，那就是爱国主义和民本主义，这是他的新闻观藉以建立的两大思想基石。

一、因为爱国，所以提倡教育救国，所以拒俄抗日，所以反封建反军阀，所以鼓吹革命

林白水的爱国主义思想似乎是从小熏陶和培养起来的。1840年鸦片战争中的禁烟英雄林则徐与他是同乡，1894年甲午海战中壮烈牺牲的北洋水师“扬威”舰的管带林履中（少谷）是他的叔叔，他的启蒙老师高啸桐也是个具有改良主义思想的著名文士。受他们的思想和精神的影响，他从小就培养起了以天下为己任的抱负。开始是教育救国，认为要教育所有的国民，唤起全国人民对国家大事的关注，1902年他就与黄翼云、黄展云兄弟创办了福州第一座正式学校——福州蒙学堂，接着又在家乡青圃村和族人创办了鳌峰学堂。1904年又建议在福州创办了四所小学，他自己被任命为四所学校的总管（总校长）。后来到了杭州，他结识了许多具有改良主义思想的新朋友，在办教育之外又主持了《杭州白话报》的编务，开始通过办报直接参加

反封建斗争。再不久到上海，又结识了蔡元培等一批具有资产阶级民主革命思想的朋友，开始“表面办理教育，暗中鼓吹革命”。1903年春，林白水和妹妹宗素到日本留学，适逢帝俄向中国提出七项要求，企图进一步侵占东北和蒙古，他当即和一帮朋友们发起召开留日学生大会，组织拒俄义勇军，后来改名“学生军”，并担任丙区二分队队长，不久又和苏曼殊、秦毓鎏等回上海担任宣传，和蔡元培等共同创办了《俄事警闻》，组织“对俄同志会”，不久又将《俄事警闻》改为《警钟日报》，从偏重宣传拒俄进一步宣传拒俄抗日。1905年他第二次到日本进早稻田大学，主修法政，兼学新闻，不但了解了英、美、日等国的法律、教育和新闻界现状，而且加入了孙中山组织的同盟会，从此成为有组织的革命团体中的一员，开始了有组织的革命活动。他的爱国主义思想进一步升华，认识到列强之所以敢于欺侮中国，盖因为中国政府的腐败无能，“要图救国，非先改革政治不可”。而要实现救国事业，“非有大决心、大勇气、大牺牲，绝无侥幸成功之理”（《告国民大会诸君》）。他甚至号召国人“大家学着法国人，冒点险，冲开天罗，打破地网，大家把中国弄好……法兰西三次革命，也是因为昏君在上，国里头民不聊生”（《争百姓自己的事业》）。林白水的爱国热情在许多文章中都有流露，他对国家和同胞的忠心与关爱溢满纸上，对于敌人，不管是沙俄还是日本，或者本国的清朝统治和封建军阀，他都无情地揭露，鼓励人们勇敢反抗。就是在他出任袁世凯总统府秘书和主持由段祺瑞政府资助的《公言报》时期，也就是许多论者认为的“蒙羞”时期，他也还帮助福建人民驱逐了作恶多端的福建政务院总裁彭寿松，从另一个军阀李厚基手里救出了近20个同盟会员，后来又把段祺瑞政府的两个阁员——交通总长许世英和财政总长陈锦涛的贪污腐败案公开揭露，迫使一个畏罪辞职，一个革职囚禁。1926年4月26日，《京报》社长邵飘萍被军阀张作霖杀害，新闻界人人自危，5月12日，林白水竟在《社会日报》头版发表《敬告奉直当局》予以声讨，5月17日又发表时评《代小百姓告哀》："赤党之洪水猛兽未见，而不赤之洪水猛兽先来"，将矛头直指直奉联军。5月26日又发表时评指出："军既成阀，多半不利于民，有害于国。除是死不要脸，愿作走狗，乐为虎作伥的报馆，背着良心替他宣传之外，要是稍知廉耻，略具天良的记者，哪有不替百姓说话，转去献媚军阀的道理？"公开声明"报馆要替百姓说话，不去献媚军阀"（6月5日《欢迎吴张者注意》）。林白水有一句名言，说"新闻记者应该说人话，不说鬼话；应该说真话，不说假话"。什么是"人话""真话"，什么是"鬼话""假话"？从上述叙述中，可以得到明确的解释。

从教育救国到拒俄抗日，从反封建反军阀到鼓吹革命，这就是林白水的爱国主义思想的具体发展和表现，而这一切，他都将它们灌注到了他的办报实践中，成为他的办报思想的一个重要内容。

二、因为爱民，所以启迪民智，所以关心民瘼，所以为民代言，所以用白话文办报

林白水思想中另一个最突出的内容就是民本主义。

据林白水的女儿林慰君女士回忆，林白水14岁就差不多读完了中国古代的十三经，因此国学底子非常深厚，受儒教的影响自然也很深，诸如"民惟邦本，本固邦宁"（《尚书・五子之歌》）、"民为贵，社稷次之，君为轻"（《孟子・尽心下》）之类训教自然也牢记于心，这从他一生的言行和办报实践中都可得到充分的证明。1903年12月19日林白水在上海独立创办《中国白话报》，他更大力鼓吹天赋人权、人类平等、百姓合群等新观念，在第1期的"论说"栏目中，他就明白地提出："天下是我们百姓的天下，那些事体，全是我们百姓的事体。"在第4期"论说"《争百姓自己的事业》一文中，他更进一步指出："民众不晓得这国家两个字，到底是怎样解说，往往把国家当作皇帝的产业，随便什么事都不去管理，可皇帝的权本来是我们大家给的，倘使他一旦弄了弊，我们便撵他去，把一切权收回来，再换一个公公正正的人办事。"到了1904年2月16日，他又在第7期"论说"栏中发表《国民的意见》，指出"凡国民有出租税的，都应该得享各项权利，这权利叫自由权，如思想自由、言论自由、出版自由……"。早在一百年前，林白水就提出了"纳税人的权利"，

在当时看来，简直有点不可思议。在另一篇《告小工》的文章里，他更告诉工人：西洋的工人经常为了自己的利益，联合起来和有本钱的人闹，使有本钱的人不敢不依。西洋的工人不仅一国里联合，在国外也联合，有个万国劳动同盟就是这样的机构，“恐怕不久就要把西洋各国的土地、本钱和机器，都要归做工人的主人翁了”，他要中国的工人们也想法子像他们一样联合起来。到1925年上海“五卅惨案”发生后，他甚至在7月16日的《社会日报》上发出这样的怒吼：“……我们就排外赤化吧！反正迟早总得逼到这条路。被动不如自动，我们就准备干起来吧！怕什么呢？生命既是这样的不值钱，倒不如拣个值得千古的事来做做呢！／为公理而战，为世界人类生存而战，为世界弱小被压迫的民族自由而战，为倾覆帝国主义剿灭资本家而战！……同胞啊！诸君啊！鼓起勇气吧……时候是不能再耽搁的了！”这简直有点宣传马列主义的味道了。由“民本”而启迪民智，走向要求民主、自由，走向革命，这是必然的道路。正是在“民本主义”思想指导下，他不但始终把报纸看成是“社会公共言论机关”“为平民作一发抒意见代表”“替百姓说话”，而且“格外注重平民生活，反映劳动阶级的痛苦”，公然宣称“树改造报业之风声，做革新社会之前马”。为此，他办的报纸赢得了北京各界的赞誉，《国闻周报》称之为“苍头异军突起，报界风尚为之一变”。

还应该大书一笔的是，林白水是我国第一个用完全的白话文办报的报人。我们知道，在五四运动前后，中国报纸上的文章都是用文言文写的，读者对象基本上都是知识分子，这当然大大限制了它的读者面。林白水第一次办报，亦即1901年6月到杭州办《杭州白话报》时，就很明确地提出要把“种田的、做手艺的、做买卖的，以及那当兵的兄弟们”作为报纸的读者对象；到1903年在上海创办《中国白话报》时更进一步提出，一定要把报纸办得“让各地的人，特别是妇女孩子一看也明白，不识字的一听就知道”。所以报纸一出，就受到老百姓的欢迎，《杭州白话报》开头只印2000份，很快地上升到3000份、5000份，刊物也由开始时的月刊，渐渐地改为旬刊、周刊、三日刊，最后竟至日刊。《中国白话报》的销路也由创刊时的几百份迅速升至上千份。此后只要是他自办的报纸基本上都是白话文，与人合办或参办的报纸，只要是他写的文章也几乎都是白话文。他自己对此也很满意，曾说：“说到《杭州白话报》，算是白话的老祖宗。我从杭州到上海，又做了《中国白话报》的总编辑，与刘申培两人共同担任。中国数十年来，用语体（即白话）的报纸来做革命的宣传，恐怕我是第一人了。”用白话办报，是中国办报史上的一次革命，同时也是林白水民本主义思想在办报实践中的具体表现。报纸因采用白话文而在更大的程度上成为“社会公共言论机关”，更好地反映老百姓的心声，替老百姓说话。

三、结 论

由爱国而救国，由救国而启迪民智，鼓吹革命，让民众认识到自己是国家的真正主人，从而起来监督政府，管理国家，这就是林白水赋予新闻报纸的职责和任务，也因此形成了他的新闻观。尽管他未曾对他的新闻观做过完整的表述，他对新闻媒体的性质和任务的认识，也还没有跳出资产阶级新闻观的范畴，但在20世纪初期的中国，能有这样的认识已经非常可贵；尤其是他的这种认识并没有停留在口头上，而是切切实实付诸行动，而且坚持始终，决不动摇，即使以身殉报，也在所不惜，这种无私无畏为新闻事业献身的精神，更让人钦佩。而他之所以有这样的实践和表现，全因为他有爱国主义和民本主义作为他的新闻观的思想基石。

由此，我们又可以得出这么一个结论：新闻观是不可能独立存在的，它必然而且只能依附于世界观和人生观。换句话说，一个人的新闻观是由这个人的世界观和人生观决定的，什么样的世界观和人生观就决定了什么样的新闻观。这么看来，任何人要想树立正确的新闻观，就必须从树立正确的世界观和人生观开始，离开了世界观和人生观而奢谈树立什么新闻观，那就是舍本逐末，缘木求鱼。

从林白水看民初报人的职业化转向

蒋含平*

民国初年是一个新闻事业的转型时期，我们通常称之为职业化转型。这里的职业化转型指新闻业向一个独立的职业或行业发展的趋势。是时，中国民族报业30多年的政论报刊主潮渐渐为综合性报刊所取代；报刊活动主角也由政治家身份的报人转向职业报人。但是，这个转变并非一蹴而就，而是渐变的，有个逐步发展的过程。作为跨越这两个时期的报人，林白水身上较为明显地体现了这个转变：一方面，他从一个具有启蒙意识的革命宣传者逐步发展成独立的报人，所办报刊也呈现出明显的专业化趋势；另一方面，他的身上仍残留了转型时期全能化报人的特点。作为一个著名报人，林白水的这种转化对于研究民国初年新闻事业的职业化发展有着重要意义。

* 蒋含平系安徽大学新闻传播学院副教授。

一、从革命宣传者到独立报人——报人身份的逐渐定型

林白水的社会身份经历了从具有启蒙意识和革命思想的爱国知识分子到政客再到职业报人的转型。

林白水登上历史舞台首先是以一个具有启蒙意识的爱国知识分子形象出现的。中国近代知识分子的改良思想和资产阶级革命思想在林白水的早期活动中都显示出明显的影响。直到辛亥革命之前，他的活动主要是以启蒙和革命宣传为主。

受维新派开启民智的影响，林白水早年十分重视教育，曾在家乡协助创办福州第一所新式学堂——福州蒙学堂，创建青圃小学，并在杭州求是学堂任教。

1902年，林白水来到上海，在上海革命倾向的知识分子影响下，思想进一步开放。与蔡元培等组建第一个全国性教育组织——中国教育会，并参与爱国学社的活动。

直到此时，林白水的主要活动都与教育密切相关。1903年“《苏报》案”之后，林白水赴日短期留学，并积极参加拒俄运动。同年底回国。此时的林白水已经具有了明确的资产阶级民主革命思想，活动更加激进，并逐渐脱离教育，偏向新闻领域：协助蔡元培编撰《俄事警闻》（后改《警钟日报》），继续进行拒俄救亡宣传。同时，创办

了《中国白话报》。

作为近代较有影响的白话报，《中国白话报》在中国新闻史上有其特殊的历史地位，也一直颇受新闻史学界的关注。但是，从创办该报的初衷看，《中国白话报》实际上是林白水利用报刊进行启蒙宣传的一种尝试。

《中国白话报》的宗旨主要是通过浅显的宣传，让"各位种田的、做手艺的、做买卖的……个个明白，个个增进学问，增进识见"，从而达到使国家自强的目的；传播对象是"种田的、做手艺的、做买卖的、当兵的，以及那十几岁小孩子阿哥、姑娘们"，因为这些人虽然没有文化，但是有良心，爱国，是救国的主要力量。①正因为如此，该刊的传播手段采取了一种文言合一的形式，使用了完全口语化的白话文，栏目设置也偏重"论说""科学""文明绍介""实业"等思想文化启蒙的内容，新闻不是中心。

《中国白话报》体现了林白水较为先进的民主革命意识，也体现了具有民主革命思想的近代爱国知识分子唤起民众的努力。

启蒙的心态和强烈的救国意识，是近代政治家办报的遗风。这条线一直是林白水辛亥革命之前的主线。此时的林白水，实际上是一个政治活动者，而不是一个职业报人。

辛亥革命胜利后，林白水先在福州参加福建都督府参事会，担任福建省政务院法制局局长。1913—1916年，林白水成为第一届国会议

① 白话道人：《中国白话报·发刊词》，《中国白话报》第1期。

员，成为袁世凯“筹安会”成员。这时的林白水实际上成为政客，直到袁世凯在一片讨伐声中死去，林白水辞去议员头衔。

对于林白水的这段历史，历来研究者评价不高，认为当初他就在“君主立宪”和“民主共和”之间徘徊，有狭隘的民族复仇主义思想。这时的行动反映出他早期革命思想的不坚定和残留的封建因素。[①]

显然，林白水的政治活动有明显的局限性。但是，我们也应该客观地看到，辛亥革命以来近代知识分子群体整体上是处于一个新旧参半的阶段，思想上中西杂糅，政治上出现摇摆的情况实属常见，从林白水个人角色演变的角度看，这是他前期政治活动者身份的落实与终结。

从1916年以后，林白水真正开始了他的职业报人的生涯。先后创办并主持了《公言报》《新社会报》《社会日报》，直到1926年遇难。其间虽然仍与政治势力时有联系，但是总体上他是以一个独立报人的身份出现的。

《公言报》虽然与段祺瑞的安福系有密切关联，但林白水身份独立，以言论政而不实际从政。报纸保持了相当的批判精神，对于段祺瑞政府也并不客气，曾于一年内“颠覆三阁员，举发二赃案”[②]。

其后办《新社会报》与《社会日报》，林白水有了更明确的民众意识，报纸重视新闻，关注民生，并以读者的意见为风向标。他要

① 参见刘庆云：《林白水》，载《新闻界人物》四，新华出版社1984年。《中国新闻事业通史》第一卷，中国人民大学出版社1992年版，第1105页。

② 《社会日报》1925年12月24日。

"树改造报业之风声，做革新社会之前马"[①]，认为报纸应该"无党无私，直言不讳"[②]，是社会"公共言论机关"[③]。此时的林白水，已经是一个具有明确的报业理念的真正的职业报人。

林白水身份的这种转变，反映了清末政治家办报向民初职业报人办报的演进。

二、从《中国白话报》到《新社会报》——报纸专业化程度的逐步提高

职业化的另一个重要方面是报纸的专业化程度，"新闻报道而不是社论占据中心，而且其报道范围比之以前更为广泛，更为注重人们的兴趣"[④]。比较林白水不同时期的这两份报纸，我们可以看出其专业化程度是逐步提高的。

《中国白话报》是一份半月刊，第13期后改旬刊。这实际上是一份宣传革命思想的启蒙刊物。栏目主要有"论说""新闻""科学""实业""小说""文明介绍""时事问答"，等等。其主要内

---

① 《新社会报》1921年3月1日，转引自方汉奇《中国新闻事业编年史》，福建人民出版社1998年版，第923页。

② 《社会日报》1825年12月10日。

③ 史树青：《林白水卖文字办报》，载林慰君《我的父亲林白水》，时事出版社1989年版。

④ 黄旦：《传者图像：新闻专业主义的建构与消解》，复旦大学出版社2005年12月版，第31页。

容侧重于反帝爱国，呼吁救亡。特别是结合俄国派兵东三省的局势，告诫国人各国列强都试图瓜分中国，因此中国人要学好本领，团结起来，共谋大事。[①]反对封建专制，号召推翻清政府，建立共和政权。

同时，《中国白话报》还十分注重实际知识的介绍，将“实学”与“爱国”联系在一起。林白水认为启蒙应该首重知识的普及：“必须详详细细把旧书看得清楚，然后才晓得我这中国着实可爱的地方。但光是爱他也不行，如今国要亡了，必须如何去救护他，救护中国必从改革社会下手，于是又须在本地方调查了社会许多情形，又调查了许多旧书，研究社会的历史，然后才能下手去改革他。”[②]因此，该报对中国的历史、地理、学术等都做了比较系统的介绍。林白水还发表连载长篇“论说”《国民的意见》，从政治、种族、学问、生计、军事、社会、宗教等方面系统地宣传其社会改革的主张。

可以看出，《中国白话报》既有那个时代激进知识分子的爱国热情，也保留了当时报纸专业化程度不高的痕迹。

而《新社会报》显然已经是一份专业化程度较高的报纸。这是一份单张小报，以新闻为主，同时发表评论。该报如此陈述其办报旨趣：

“（一）纪事注重社会实况，表现国民生活状态。（二）论旨务求切实平易，力戒高渺浮夸之谈。（三）延聘富有学识经验之士担任国外通信，以深切之观察，系统之纪述，以作读者有益之参考。

---

① 白话道人：《大祸临门》，《中国白话报》第2期。

② 白话道人：《论国民当知旧学》，《中国白话报》第8期。

（四）尽量搜集世界要闻，养成国民最新世界知识。（五）多纪国内外经济界消息，以建造国民经济新生活之基础。（六）新闻以直接探访所得为主，拣择从严，用示翔实。"①

从这些陈述中，我们可以明确地感受到林白水此时的关注中心：以民生新闻为主，同时重视国际新闻、经济新闻，并且注重新闻的真实性。从该报的实际运作看，新闻与评论是其强项。对于新闻，林白水既重视内政外交这类重大新闻，也关注人力车夫的生活这类民生新闻，"举人生日用社会消息，无不笔而出之"，在当时北京的报界成为"革新社会之前马"。②

《新社会报》与《中国白话报》的区别在于：它已经由早期的宣传性刊物变成了一张真正的新闻纸，并且，林白水在发挥自己熟悉官场、长于撰写黑幕新闻特长的同时，将目光投向大众，报纸呈现出大众新闻纸的发展态势。

三、全能型报人——报人职业化的过渡状态

在职业化程度逐步提高的同时，林白水身上还明显呈现出非职业化报人特点，即在业务上不是工于一项，而是一个全能型的多面手。

① 《新社会报》1921年3月1日，转引自方汉奇《中国新闻事业编年史》，福建人民出版社1998年版，第923页。

② 《国闻周报》第3卷第30期，转引自刘庆云《林白水》，载《新闻界人物》四，新华出版社1984年版。

从《中国白话报》开始，至《公言报》《社会日报》，林白水首先是报社的老板，为此他要负责报社的经济运营。实际似乎情况并不看好：《中国白话报》只出版了一年不到；《公言报》因段祺瑞的经济支持，被视为段的“喉舌”；《社会日报》时期他甚至刊登广告“卖文字办报”。[①]缺乏经济支撑使林白水的报纸在独立的道路上步履蹒跚。

在新闻写作上，林白水堪称全才。他较早地倡导并坚持白话文写作。他的新闻报道选材丰富，视野开阔，既有民初官场的黑幕，也有下层民众的生活；同时体裁多样，除了消息、通讯以外，还较早地采用了号外、连续报道，综合报道、编者按、编后记等形式。他的评论文章更是针砭时弊，笔锋犀利，分析问题“信手拈来，皆成妙谛；其见诸报章，每发于苍蝇臭虫之微，而归结及于政局，针针见血，物无遁形”，“如矢中的，所发皆著”，被称为“透骨见血，铁肩辣手”，[②]因此大受读者欢迎。

林白水还是主持副刊的好手。他在《社会日报》上创办副刊《生春红》，“专以提倡风雅，导扬文化，发挥艺术为宗旨”[③]，刊载金石研究、诗词、对联等，在全国有一定影响。[④]

一般而言，当一个行业进入职业化阶段，其分工应该十分明晰，

① 史树青：《林白水卖文字办报》，载林慰君《我的父亲林白水》，时事出版社1989年版。

② 刘庆云：《林白水》，载《新闻界人物》四，新华出版社1984年。

③ 《生春红》，《社会日报》1925年7月3日。

④ 林慰君：《我的父亲林白水》，时事出版社1989年版，第67页。

专职人员各有所长、各司其职。但是，在民国初年，一个报人有如此多方面的才能并非罕见。彪炳史册的名记者黄远生、邵飘萍实际上都是多面手。除了新闻采访写作以外，他们都既能办报，又能写评论；邵飘萍也是经营报纸的行家里手。胡政之、张季鸾也不例外。这一方面反映出前职业化时期重视政论的痕迹，另一方面实际上反映了民国初年报业专门化的初始状态，即报纸不是分工明确、规模经营，而是一种原始的作坊式的生产模式。因此，这种全能型报人，实际上体现了过渡时代的特色。

四、对林白水职业化转向的认识

处于转型时期的民初新闻界有其独特的场景。其中一个最突出的景观是：办报门槛很低。几百元的资本、一两间房舍、几个文化人就可以创办一份报纸。

以北京为例，据老报人包天笑回忆，当时办报极为简单，"第一是社址，有许多报馆都是开在自己家里的"。"第二是印刷，北京有很多家印刷厂……好在这些报，出纸不多，销数也有限，所以一家印刷厂，可以担任几家报社的印刷"。"第三是发行……北京的报纸，却只着重在京销行，到外省去的寥寥可数，那就省了许多手续"。[①]

① 包天笑：《钏影楼回忆录续集》，香港大华出版社1973年版。

所以在当时的北京，“多数报纸既无机器以印刷，又无访员之报告，斗室一间，即该报之全部机关，编辑仆役各一人，即该报之全体职员”。因此，“凡具数百元之资本，即可创设报馆”。[①]这种报纸经营是典型的“作坊式”的。

办报条件的简易，加上传统的科举制度的废止与新型教育的发展，新型知识分子纷纷投身报界。报人开始专职化，并且出现了像黄远生、邵飘萍、林白水这样的名记者群体。这批名记者以其中西文化兼容的教育背景、明确的职业理念、浓厚的政治热情、熟悉官场的优势，引领了民初报界的风向。尽管职业化的分工并不明确，但报人的社会地位和社会认同显然已经大大提高，整个新闻事业出现了明显的职业化趋势。

但是，另一方面，民初新闻界政治的干扰有增无减。报人、报馆安全处于极度没有保障的状态。

1912年3月，南京临时政府废除了前清报律和民国暂行报律，颁布了《临时约法》。可是，从4月起，报案就开始出现，直到1913年宋教仁案发生前，几乎每个月都有报案发生。[②]而宋教仁案之后，这种报案更由于政治斗争的牵动发展到白热化的程度，出现了历史上著名的“癸丑报灾”。袁世凯身后的历任军阀，对于新闻界的打压都有过之而无不及。

---

① 熊少豪：《五十年来北方报纸之事略》，转引自方汉奇《中国近代报刊史》下，山西人民出版社1982年版，第730页。

② 见方汉奇：《中国新闻事业编年史》，福建人民出版社1998年版。

由于大量的报纸属于"作坊式"的经营，本身缺少竞争力，生存能力不强，加之政治干扰严重，使得民初报业处在一种旋生旋灭的极不稳定的状态，报人出于政治安全或经济支撑的需要投靠政治势力成为常态。因此，可以说，民初新闻业的职业化与报人的职业化整体上还处在一种较为原始的状态，或者说，是一种过渡状态，是职业化的前期。而林白水的职业化转向就是这种过渡状态的典型代表。

1926年，林白水与邵飘萍以同样的形式遇难，"萍水相逢白日间"。同年，张季鸾、胡政之接办《大公报》，明确提出"四不"主义，中国报业正式亮出职业化的标杆。

（选自《报界先驱林白水研究论文集》，
福建人民出版社2008年版）

第四辑

缅怀先驱：白水精神长存

林白水纪念馆筹建记

林萱治

林白水纪念馆坐落在福建省闽侯县青圃村龙头山之阳。

青年时代，白水就从事教育与新闻事业，留学日本期间，与黄兴等人共组华兴会，积极参加反清活动，为孙中山先生所器重。辛亥革命前后，他为启迪民智、革新政治，做出了不懈的努力。一生疾恶如仇，不屈不挠。1926年8月6日，因发表《官僚之运气》一文，惨遭北洋军阀张宗昌杀害。在旧中国的漫漫长夜里，一个铁骨铮铮的爱国知识分子，突然倒在血泊中，过早地付出了自己的生命。

时光易逝。就这样，过了半个多世纪。在新中国发生历史性变化之际，1983年7月，林白水的爱女慰君女士从美国飞抵北京，向中央民政部申报林白水烈士证书。旋即返回福州，通过亲友到福建省侨务办公室和中共福州市委联系，说明建立林白水纪念馆的意图。由于多年来我受政府领导委托，专职福州市文物管理委员会的工作，便有责任协助办理此事。这正是福州高温季节，她下榻闽江饭店——一座新建的有现代化设备的高楼大厦里。经薛宗耀同志介绍，我第一次和她见面。她谨慎地问我："听过先父林白水的名字吗？"我答："过去看过一些有关他的历史记载。他是我国新闻界老前辈，可惜被山东军阀张宗昌杀害。"当我说到"杀害"两字，她的脸色立时忧郁起来。我猜想她内心必定很痛苦，便不再继续讲了。于是听她叙述建立纪念馆的计划。因为地方财力有限，且福州历史人物众多，所以我告诉她，"政府就是要提倡自力更生精神"，对她自筹资金建馆的做法，倍加赞扬。她又问："纪念馆建成后，能否得到政府的保护？"我答道："是可以的。但按照规定，是否请您先写个报告给闽侯县人民政府，我们帮助您催办，经政府研究同意，可颁布为市（县）文物保护单位。将来立个保护碑，谁破坏，就以违反《文物保护法》论处。本乡群众也有责任保护它的安全。"无疑，她对十年浩劫中祖国文物遭到严重破坏的情况，多少是了解的。

第二天，我向洪永世市长作了简单汇报。并带来一份油印稿——省人民代表大会上福州代表团关于《请将福建省会福州市列为历史文化名城》的提案，指给她看了提案中的附件，在"文学艺术、新闻和文化界方面的主要人物"中列有林白水的名字和简历。而后又请当时分管全市文教工作的陈敬森副市长同她会面。敬森同志亲口答应可将纪念馆列为文物保护单位。至此，她的一点疑虑似乎已打消了。这期间，她将北京、福州新搜集的有关林白水生前活动的资料、旧作复印件，以及村中保存几十年的报刊等实物，加以整理。约半个月后，她满意地离开福州，经上海返回美国。到了9月26日，她写信给我，并附翻拍的林白水遗照留作纪念。因建馆不是易事，为使工作不发生意外波折，我们以市文物管理委员会名义，于1984年5月发出了《关于保护进步报人林白水墓及有关遗址的通知》，指出："保护林白水墓及有关遗迹，有利于发扬爱国主义精神，有利于社会主义精神文明建设。为此，除上报市人民政府备案外，请闽侯县文物管理委员会、文化局会同青口公社和所在青圃大队管委会，就地做好保护工作，作为向广大群众进行爱国主义、热爱乡土的教育阵地。对烈士的遗物应由市、县文物管理部门收藏。建议县文物管理委员会、文化局按《中华人民共和国文物保护法》规定向县人民政府申报列入重点文物保护单位，经核定后对外公布。"

慰君女士离榕时，留给青圃村书记林连秋5000美元和人民银行存款数万元作为建馆之用。但村干部对于组织这样的工程尚缺经验，担心经费不够，不敢贸然动工。我几次去青圃乡了解情况，敦促他们做好设计方案，并强调建筑质量第一。理所当然地，闽侯县委、县政府也支持建馆。有一次，我会同原县长陈传恭、统战部长卢洪远，和连秋等同志商讨，如何把建馆作为乡中的大事来办。我们说，可以将墓、馆与园林这三者结合起来考虑，建成青圃的一个游览点，不但供人们瞻仰烈士，参观其生平事迹陈列，而且可为乡人提供良好的休憩场所。不久，青圃村根据慰君女士意见，陆续设计了三种不同样式的纪念馆方案寄往美国，供她审阅和选择。她提出修改意见，并派中表陈英宜与青圃签订协议书之后，在1985年2月正式动工，5月奠基。施工期间，省、市民政部门和市文管会都拨些款资助，以示政府的关怀。但主要是青圃村林连秋诸同志的同心协力，才能完成任务。为此，青圃村先后补贴经费数万元。他们认为，出个林白水，是全乡的光荣。慰君亦为青圃村赠送日式旅行车一部，以为纪念。1986年2月间，接到慰君女士亲自撰写的《先父生平》草稿，要我帮她修改。我迟疑了一下，只好遵命进行。修改稿由连秋同志转去。3月28日，她给我发出一封信，说："日前青圃族人来信，得悉先父墓碑碑文，承兄斧正，不胜铭感！慰君大概今年夏天于纪念馆建成时返榕谒墓，届时一定趋府面致谢忱。"这说明，修改稿已得到她的同意了。抄正后，连同纪念碑题字一起交付雕工刻石。整个建馆工程历时一年又五个月，于1986年7月下旬，刚好赶在林白水烈士就义六十周年——1986年8月6日之前基本完成。

林白水纪念馆（福州书法家沈觐寿写为纪念堂）占地面积为2660平方米，实际建筑面积260平方米。前面为楼式门墙，饰以彩绘。当中部分是石构碑亭，亭的中间位置耸立一块高9.8米的石质纪念碑，它的正面刻"报界先驱林白水纪念碑"十个大字，背面刻"正气长存"四个大字，均系书法家匡时书写；碑亭正下方的青色碑面上，刻着慰君亲撰的《先父生平》一文，四周砌置石雕围栏。最后部分即是古典式的高约11.6米的纪念馆，用六根方形石柱支撑着一个大厅，上铺琉璃瓦，这是建筑的主体部分，大厅两旁是陈列室兼接待室，厅后安放灵柩，用方石封闭，立有蔡元培题写的"闽侯林白水之墓"金色楷书的墓碑；厅与墓相连的门首上，悬挂着横匾，为孙中山手书真迹："博爱，少泉先生正之。"馆前铺设十层长形石阶，颇见雄伟。这三大部分建筑物之间准备用石砌路面连接，两边是花圃、草地，栽种了荔枝、玉兰、桂、尖柏及其他幼树，让绿色覆盖其间，并环以红色砖墙。因此，馆区布局合理，层次分明，既壮观，又典雅，体现了古代建筑的民族风格和现代建筑相结合的特点。但是，它的形式与多数构件是方的。慰君说，以此象征她父亲生性耿直，堂堂正正地做人的品格。我们就是按照她的设想去办的。

1986年7月下旬，慰君二次从美归国，准备参加林白水烈士就义六十周年纪念暨纪念馆落成典礼。陪同她的，有南京医学博士朱思明。她和三年前一样，精神矍铄，带来了烈士遗物、复印件及其他丰富的资料。当她从皮箱里取出红布包裹的烈士绝命书给我和朱博士阅览时，不禁伤心地哭了一阵。真不知何言相慰？这是多么深厚的父女之间的感情！但时间已经不够了，在市、县党政领导的指示、宗亲们的帮助和省、市各有关部门的积极支持下，从市地方志办公室和县文化局临时抽调美工人员和善于书法者，组成小班子，突击三个昼夜，设计大方、新颖的展品陈列终告顺利完成。根据当时从国内外所能集中到的文字资料、照片、制作的图表和实物情况，展出了三大部分内容：一是烈士家世生平；二是重要事迹和经历；三是社会各方对林白水生前活动的评价。其中最主要的有：林白水任主笔的中国最早的白话报——《杭州白话报》，为资助革命而刺血作函求售《中国民约精谊》的书稿，生前主要释作和《俄事警闻》《警钟日报》《新社会报》等书刊、《苏报案》与营救被捕的章炳麟、邹容情况的有关实物，《官僚之运气》这篇奇文，北京市召开大会追悼林白水的史料，《闽侯林白水先生传略》，以及烈士牺牲前的遗书、所用毛笔、印泥等遗物。在接待室里，也陈列着林慰君旅美期间的生活照片和文字说明。

纪念馆落成典礼和烈士就义六十周年纪念会，是在十分隆重而严肃的气氛中进行的。陈传恭同志主持仪式。出席的有省政协办公厅、市政协、侨联、省市委统战部、省委组织部和侨办的领导，省、市、县、乡代表、烈士宗亲和各方面来宾，《福建日报》《福建侨乡报》《福州晚报》和省、市广播电台、电视台等新闻单位。会议主办者——县长卓斌青首先致了辞，慰君女士则介绍了林白水的思想和生平贡献。而后，中共福建省委顾委副主任温附山、福州市委副书记、副市长林勤、省文化厅副厅长李联明都在会上讲了话，他们一致赞扬林白水在参加资产阶级民主革命和反对北洋军阀的斗争中，爱憎分明、视死如归的革命精神。会后，慰君的心尚未安下，因为纪念馆前面的道路、绿化和围墙等工程还有待抓紧完成。而且她又计划在纪念馆前沿左右空地上再建两个石亭，纪念她的叔祖林少谷——甲午海战中壮烈牺牲的扬威军舰管带，以及白水的妹妹——留日女学生，清末著名的女权运动活动家、早期同盟会会员林宗素。后来，我请了市城乡建设委员会高级工程师王浩到这儿来实地勘察，选定亭子的恰当位置，并研究如何减轻工程费用。慰君闻知此事，来信表示谢意。经过县文化局陈泽山副局长的绘画和雕工的努力，这两个石亭在1987年底也已建成了。其间，市委办公厅主任黄启权还来察看过。

纪念馆落成典礼仪式过后，慰君最感满意的是，中共福州市委书记袁启彤特地在于山宾馆约见了她，和她谈了话，并摄影留念。她临别前曾经告诉我，明年这时候准备偕同女儿、夫、婿回乡谒墓。可是，万万意料不到，她的希望没有能够实现，这是她最后一次和她亲爱的祖国、她的故乡和亲友们的相会，当第二年春暖花开季节，她于1987年3月27日在美国加州蒙特利尔寓所附近因车祸而与世长辞了。噩耗传来，亲友们都惊愕不已，不敢相信。她的死似乎是一个谜，是天公对她不公平的待遇。

慰君逝前不久，闽省选出的部分全国政协委员，还特地到这里参观，他们听取年轻的村长汇报后，兴致勃勃地给纪念馆题了词。

我写这篇建馆记，不仅为着纪念林白水烈士，也是为追忆纪念馆的筹建者、白水的爱女、一位女作家——青圃乡亲们称之为20世纪80年代的“孝女”林慰君教授，表示深切的怀念啊！

1988年7月18日写于福州

纪念林白水伯父

林应国

我是福州人，林白水是我的伯父。小的时候，伯父经常教导我们："要革命，就要读书。"伯父就是在福州办教育的人，他在1899年在文儒坊和黄翼云等人创办了福州蒙学堂，这是福州历史上第一所正式学校。学堂里的学生要上军事训练课，有的学生身长还没有一杆枪高，但伯父鼓励学生要勇敢地参加锻炼，后来在辛亥革命前后，蒙学堂的学生有三个人英勇牺牲，成为烈士。

我受了伯父的影响，于1925年来到北京，想上学读书。我在东城青年会等地考了三个学堂，发榜时都没有我。后来伯父介绍我去考辟才胡同新京学堂，考上了。我在那里读了一年书，我的学费以及生活费用全部都是伯父负担的。通过学习，我学了很多新的知识。本来我应该继续深造下去，可是就在1926年8月，万恶的军阀张宗昌杀害了我的伯父。当我知道这个消息后，我立刻赶到停殓的场所去看望伯父，只见子弹从伯父的后脑进去，前额出来，他已经气绝身亡了，我不禁痛哭失声。由于失去了伯父的资助，我不能在北京继续读书，只好于1926年返回福州，后来我就经商，在旅店等地方工作，但我一直没有忘记伯父对我的教育。1930年白水伯父的灵柩运回福州，安葬在白水山上，我参与了伯父的灵柩安置工作，我还记得那块墓碑是蔡元培先生题写的。

1986年，正是白水伯父死难后六十周年之际，慰君妹妹自美国远道归来营建林白水纪念堂，我也来到闽侯县青圃村参加了纪念堂落成典礼。我看到白水伯父的灵柩安放在庄严的纪念堂里，那天党政机关的领导同志以及有关人士都来祭奠这位为革命捐躯的先烈，我感到无比的欣慰。白水伯父的鲜血没有白流，人们不会忘记他的。

1988年6月11日

闽县林白水先生传略

黄翼云

闽县林公万里，一名獬，字少泉，号宣樊。四十以后于所著作，则自署为白水。曾祖清孝廉唐卿先生，官黔中，父钧国宦。因得娶黔督学黄沧洲公犹子黄圣莞公长女，而生公。公少倜傥，负奇气，不妄交游。从舅家读书，喜诵侯朝宗魏叔子之文，不屑屑于举业。事母至孝，母殁后，赴浙依其师高啸桐公为林伯颖公课子。其时林迪臣杭府，方改求是书院为小学，以公及林畏庐先生并征为教授。年假回闽，同其舅兄黄翼云、展云创设福州蒙学堂。匆匆赴浙，适求是小学为邹容革命军之宣传，激起排满风潮。公出居沪上，约章太炎、蒋智由、蔡孑民、刘申叔，更设立中国教育会，爱国女学校，为革新教育不少懈。及中俄密约事露，公同章太炎、刘申叔，办《俄事警闻》，旋改《警钟日报》主张排满。又以独力办《中国白话报》署名白话道人。著《论刺客》一篇，昌言暗杀，更进而为政治革命之工作。所居梅福里，革命党人黄克强诸公，咸集为机关部。公与蓝天蔚议组学生义勇队，自为分队长，以抵抗强权。为清吏王之春潜通俄人，又为主张卖粤路之有力者，因偕刘光汉、万福华，谋刺杀，不遂，万君被逮。公同时与黄兴、章士钊、张继、薛大可、彭义民、徐佛苏、章勤士、郭人漳俱被捕。诸君旋出狱，各引去。公独与刘光汉集资延律师，为万力争。万因得免死，监禁十年。公此时为嫌疑归匿乡里，张公岱杉，以公才介学，使姚稷臣为草教育计划，创设府立四城小学，以公总其事。公用严格管理，号称模范小学。时闽督魏光焘资送学生留日，公独以名噪，为绅卿所忌，不得与选。乃自费东渡，入早稻田大学法科，兼习新闻科。

未几，日本取缔风潮陡起，留学生纷纷归国。公回闽，居第一山。同黄展云编书十多种。旋复赴沪。适赵声、刘光汉方约同志入宁举义，需款甚急，窘无以应。公以所著《中国民约》一书，刺血作函，求售于某书局，约值千金，悉斥用之。回家则已断炊三日矣。

自癸卯迄辛亥十年中，为宣传革命，身濒于险，而至无以自存，可谓苦矣！岁辛亥，闽省光复。公回闽，任法制局长。编法典，未用。而蒋黄事起。公出赴鄂，参与国庆大会。旋入都，充公府秘书兼直军署秘书长。又被选为众议院议员。及李厚基以兵压境，大捕党人，公于是时，奉命回闽帮办军务善后。以计脱同党十余人，人皆义之。因事与督办意见不投，辞职入京，转参政院参政。遇事俱主持正义，不能与时俯仰，以此常触权贵之忌，盖非一日矣！民六以后，国会旋仆旋复，选举非法，政局益非。公知乱不旋已，乃毅然辞去议席，退为报馆主笔。在京发行《公言报》，专务监督政府，抨击不遗余力。宣传一日骂倒三总长。又办《新社会报》，为指斥贿选，封闭。入狱三月，事解，复理旧业。政府要以强力，改《新社会报》而去一“新”字。公为社论，弁首谓：报馆何辜，亦遭缳首！自是言论益主持正义而不挠。人皆为公危之，而公初不以为意也。暇时临池，为钟鼎籀文，搜集金石书画以自遣。尝以千金，购得其舅家黄莘田十砚公生春红砚一方，曰：此吾舅家之遗也，当为谨藏之。其风趣有如此者。

民国15年8月6日，为《社会日报》披露张宗昌、潘复之言动，突被联军督战司令部逮捕。夜半，宪兵司令王琦，以汽车载至宪兵营，诬以“通敌”，略讯数语，遽驱以出。公神色从容。但乞书遗嘱，其中表李律阁、王莪孙，及其友陈淮生为之料理身后而已。天初明，即于天桥就义。享年五十有四！爱公者俱不及为之拯救！公从弟林建书，仓促收殓，厝于南下洼之龙泉寺。痛哉！前者国民军退却南口时，军容军纪之整齐，以及将帅士卒之一心一德，《社会报》为纪实之宣扬，而忌者顾认重诬其为通敌也耶！公为革命之先觉，生平为努力革命，几濒于死而不死。乃卒为主持舆论，反抗军阀，而丧其元！公之亡也，一时海内外欧美、日本之新闻记者，无不震悼。皆大披露其死难之颠末，以舒其哀。公之名可以不朽矣！公侠烈性成，急人之难如己。前后党人，如万福华、黄汉湘、王莼、陈群、黄展云，皆以公之救援而得生。及公之难，而公之友俱不获一援手，讵不痛哉！

公少劬学，老而弥笃。其文章，云驱电掣，如风马之驰。对于时政之观察，尤具巨眼。故发为文章，则嬉笑怒骂，辄言人所不敢言。侯官严几道诵其著作，必击节赞叹，许为畏友。而公亦引为知己。公友徐佛苏，则以公为文运之骄儿，而舆论之飞将，皆笃论也。

公不务生产，身后萧条。只余砚三十余方及图书金石百橱，归其中表李律阁收藏。子一名陆起，留学美国芝加哥大学。女一名玛利。以公生平常言："吾名白水，吾乡青圃白水山是吾他日魂魄之所依也。"自公之亡，日谋负骨以归葬。致书其中表黄翼云、展云，由其宗弟林建书，于去冬十一月九日赴平，今春一月二日奉公柩归里，殡于白水山之阳。公之义烈，与公女玛利之孝行，均可以泣鬼神而震动殊俗者也。兹其亲串故人为谋集款造坟，以妥公之灵也。述公生平之事略，以告海内外之爱公哀公者。语焉不详，尚或鉴之！

民国19年4月1日黄翼云　谨述

记林白水

张次溪

丙寅（1926年），林白水先生以文贾祸，为军阀所杀害，中外人士，无论识与不识，莫不同声冤之。今岁为先生九十冥诞，距其被难之年，寒暑三十有六易矣。余少从先生问字，先君又尝与之同学日本法校。其女公子慰君与寒舍复时相往还，通家之谊，盖綦笃也。十数年前，慰君远适异国，行前曾将先生遗著及临难时遗嘱并血巾见贻，嘱为编刊珍存之，余敬诺焉，藏之箧衍，亦即有年。最近偶出展示，缅想当年先生授命时情景，感怆之怀，其曷能已。余于先生生平，曩所闻见，有为人之不及尽知者，爰特记其崖略，亦我国近代报刊史上，所当不废者欤？

先生初名獬，福建侯官人（民国初年并为闽侯县）。少时，愤清政不纲，以文字倡导革命，乡党目为狂生。后易名万里，字少泉，又字宣樊，自号曰：退堂学者，白话道人。四十后于所著作则自署其名为白水。白水者，割少泉之“泉”字，身首各为一字，寓以身殉其所办之报之意。或曰：其故乡青圃有白水山，为先生童时游钓之所，久客怀乡，用以自念，则此说亦不为无因也。

先生曾祖讳唐卿，官黔中，先生尊人讳钧随侍，配黔督学黄沧洲犹子圣莞长女，是为先生母。先生幼时，得之母教育者深。家贫，无力就傅，依舅家读，与表兄弟黄翼云（桐坡）、展云（鲁贻）相砥砺，喜诵侯朝宗、魏叔于文，摹拟极能肖。旋从长乐高啸桐游，啸桐以新学名于时，遂弃帖括，而从事于经世有用之学。逢书院课期，辄假友名以应，先一日，典衣被，置酒肴，招人供缮写，自旦至暮，手不停挥，口不停啜，缮者力竭，而先生文犹滔滔不绝。及揭晓，首名至十余名，皆先生文，故月可得数十金。性至孝，母在不远游，及母殁，乃赴浙，依其师高啸桐，时当戊戌、己亥（1898—1899）之交。杭州知府林迪臣方锐意新学，创求是书院、养正书塾，聘先生主养正讲席。年假旋闽，与表兄弟黄翼云、展云，集合同志多人，立学会，设阅书报社，创办侯官小学，闽中风气为之一变。辛亥革命前夕（1911年），广州黄花岗之役，世称七十二烈士，以闽人为独多，而闽籍烈士，又多出自侯官小学校友，故论旧民主主义革命时期，先生等创办此校，为革命导其先河，功诚非浅矣。

庚子（1900年），先生在杭州办《杭州白话报》[①]，以启迪民智为职责，我国之以语体文入报章，此实为嚆矢。不一年，销售期

① 林慰君《我的父亲林白水》一文载《杭州白话报》系项兰生创办，林白水任主笔，创立日期为1901年6月20日。

至五千余份，为当时报刊销数之冠。旋在养正书塾倡言民族、民主之说，大为清吏所忌，被迫离浙出居沪上，与章炳麟、蔡元培、刘光汉、蒋智由诸氏设立中国教育会及爱国女学校，时为光绪壬寅年（1902年）。时帝俄与清廷密约事露，又与元培、光汉等合办《俄事警闻》，旋改《警钟日报》，鼓吹排满革命。越年癸卯（1903年），自办《中国白话报》，为一杂志式之定期刊物。尝以“白话道人”之笔名，著《论刺客》一文，引古证今，将中外刺客之事迹，罗举无遗，寓以奖劝。后吴樾炸五大臣，说者谓即受先生此文之影响。《民报》尝载吴樾与妻书云：“自阅《中国白话报》，始知革命宗旨之可贵，自读《论刺客》一篇，始知革命当从暗杀入手。”暗杀虽非革命之必需手段，而先生之热情洋溢，印入人心者，可谓至深且巨矣。会《警钟日报》语涉铁良，上海道袁树勋饬令会审公廨查办，捕去发行、校对等人，各判押西牢一年半，复以诬蔑皇室罪，勒令停刊。《中国白话报》亦为清吏所查禁，先生乃悄然去沪。

时各省方资送学生赴日留学，先生渴愿出国一行，顾以名噪，为守旧者所侧目，谮于闽督魏光焘，不得与选。乃自费东渡，入早稻田大学法科，兼习新闻学。值留日学生议组义勇队抗拒帝俄，众举蓝天蔚为队长，先生任第五分队队长[①]。后以日方干涉，义勇队改名学生军，旋又改名为军国民教育会，先生皆躬与其事。甲辰（1904年），《苏报》案起，章炳麟、邹容入狱。先生在沪时，尝参预《苏报》辑

---

① 《民国人物传》载林白水于日本留学时任义勇队丙二分队队长；林慰君《我的父亲林白水》一文也载为第五分队队长。

务，又与章、邹交密，及是闻讯，亟归上海，与友叶瀚合力筹资，延请律师，为章、邹辩护。奔走数月，得从末减，各判监禁三年。后邹容瘐毙狱中，炳麟期满出狱，走日本，大倡革命，卒收良效，先生亦不为无功也。是年，复有万福华一案，固先生所共谋者。万福华刺广西巡抚王之春于金谷香番菜馆，不中，被逮。株连者若黄兴、张继、彭羲民、徐佛苏、章勤士、郭人漳、薛大可等几十人，皆被收。先生虽走免，而章行严（士钊）又以与先生同寓所，亦涉嫌陷缧绁。时黄兴等方从湖湘举事失败，逃匿上海，为清吏所侦知，照会租界领事，欲引渡归案法办。事正危急，先生分电各省同志，力谋营救，又筹集款项为延律师，请归租界审判。会审委员王某，先生同乡也，百计哀求，得免引渡，并以全家六口，保黄兴等出狱。万福华亦仅判监禁十年。辛亥革命成功，先生与章炳麟、张继等联名呈请外交部，转饬上海交涉使，与租界领事交涉，万福华得复自由。当案定谳后，清吏以引渡未能，心殊不甘，闻系先生所营谋，衔之。

先生重莅日本，为甲辰冬十一月，翌年乙巳（1905年）日本文部省忽以省令颁布《关于许清国留学生入学之公私立学校之规程》，凡十五条，风潮陡起，留日学生反对无效，纷纷归国。先生回闽后，与黄展云编译书稿多种，旋又潜赴沪上。适赵声、刘光汉等方约同志入宁，运动会党谋举事，困于旅资，不得行。先生出所著《中国民约精义》一书版权，售之镜今书局。镜今主人陈某以书中言辞激烈，难之。先生刺指出血，作书恳商，陈大感动，始勉为收受，然所得稿费，仅百金耳，悉斥用之，不留分毫。回家断炊已三日，处之泰然，未尝介意。

自丙午（1906年）迄辛亥，六载之间，先生为宣传革命，屡濒于险，而生计艰窘，几致无以自存。辛亥国土光复，先生回闽，任法制局长，编法典，未见用，北走京师，充总统秘书，旋被选为众议院议员。在京主办《新社会报》，尝著文云："中国今日政体，民主固善，而封建余威，曾未少杀，欲谋芟除，计须再作十五年之努力。"不幸言中。军阀凶焰，直至戊辰（1928年）大革命告成而始辉。大革命发动于丙寅（1926年）之岁，距先生著文时，适为十五年，诚可谓先知先觉者矣，及李厚基督闽，大捕党人，先生奉令回闽帮办军务善后，计脱同党多人，人皆义之。因事与督办意见不投，辞职入京，转参政院参政，遇事主持正义，不屑与时俯仰，以此颇为权贵所不喜。丁巳（1917年）而后，国会旋仆旋复，直同儿戏，先生鄙之，毅然辞去议席，专致力于报馆事业。先办《公言报》，于时政多所论列，抨击不遗余力，己未（1919年），一度赴沪办《和平日报》[①]。南北和议不成，又北返京师，办《新社会报》。壬戌（1922年）贿选事起，排日撰文，力讦其隐，被捕系警厅，报亦封闭。三月事解，复理旧业，复刊之日，改名《社会日报》，为社论弁首，曰："蒙赦之，不改不可也，自今伊始，斩去《新社会报》之'新'字，如斩首然，所以自刑也。"其愤慨可知。

① 《民国人物传》载1919年2月，林白水主持的《平和日刊》在上海创刊。

先生为文，如云驰电掣，锐不可当，又往往以诙谐出之，读者无不引掌称快。往在甲辰，清慈禧太后七十诞辰，清吏筹备“万寿庆典”，铺张扬厉，劳民伤财。沪报曾载一联，曰：“今日幸西苑，明日幸颐和，何日再幸圆明园，四百兆骨髓全枯，只剩一人何有幸；五十失琉球，六十失台海，七十又失东三省，五万里版图弥蹙，每逢万寿必无疆。”时东三省正多事，日本与帝俄争夺甚烈，此联传诵人口，叹为至言，即出先生手笔也。先生办报，自主笔政。每夕取当日各报，略加浏览，即奋笔疾书，千万言社评，顷刻立就，从不窜改，写至终篇，绝不再看原文，今日写出之文，明日亦不再看。对于时政之观察，尤具巨眼，嬉笑怒骂，言人所不敢言，或称之曰：“文运之骄儿，舆论之飞将”，洵笃论也。其乡人严复（几道），中西文学一时无两，读先生所为文，击节叹赏，许为畏友，先生夸述此事，辄引“人生得一知己，死可无恨”之言，以自壮自慰焉。

或谓：“先生生平之最足自豪者，在于文锋之犀利，其最足短气者，在于生计之窘绝。”我友容君希白（庚），跋其《金石述记》云：“人生苦境，莫如强撑场面。”呜呼！若先生者，强撑场面，洵极人生之苦境矣。先生以个人之精力办报，捉襟见肘，经济时感不支，尝以余暇，卖文鬻字，以所得润金，聊资挹注。其鬻文润格有云：“仆从事新闻，已逾三十载，硁硁自守，不敢以个人私便之故，累及神圣之职业。海内知友，类能见信。《社会日报》自出世以迄今日，已满五年，耗自己之心血，不知几斗，糜朋友之金钱，不知几万。艰难缔造，为社会留此公共言论机关，为平民作一发抒意见代表，触忌讳，冒艰险，所不敢辞。然为资力所扼，发展无望，愧对读者。今则并此不死不活之状态，犹难维持。一切环境，如警吏、侦探、印刷工人、纸店掌柜，均可随意压逼，摧其生命，避免无术，如陷重围。揶揄之鬼载途，将伯之呼不应。计不得已，惟有出卖其自以为能之文与字，藉资全活。海内读吾报与表同情者，或能不吝援助，俾得其保此公共言论机关，则靡惟区区私人之感幸已也。”此文一出，社会人士，极表同情，以金易文者踵至。先生再订润例云：“乱世文人，分当槁饿，不意青帝宥我，赐以机会，俾得自食其力。故迩来求文求字者忽满门庭，往往炊火将断，正彷徨无计之时，而送金之客，跫然以至，足见求富固难，求饿亦正非易。”时当乙丑（1925年）之冬，先生处境艰苦，可窥一斑，而其满腹牢骚，亦复情见乎辞也。

丙寅（1926年）旧历六月二十八日，即阳历8月6日[①]，先生在《社会日报》发表一文，题为《官僚之运气》，文曰：“狗有狗运，猪有猪运，督办亦有督运，苟运气未到，不怕你有天大来头，终难如愿也。某君者，人皆号之为某军阀之肾囊，因其终日系在某军阀之裤下，亦步亦趋，不离晷刻，有类于肾囊之累赘，终日悬于腿间也。此君热心做官，热心刮地皮，固是有口皆碑，而此次既不能得优缺总长，乃并一优缺督办亦不能得。经某君极力斡旋，垂即提出国务会议矣。因先期宴客，以语某军阀，意欲讨好，不料某军阀大不谓然，且

① 应为农历六月二十七日，阳历8月5日。

云某某无必须畀以某缺之必要，随便与以督办之名可矣。于是变更前议，派一刳池子差事。肾囊大为懊丧，复向某军阀噜苏。闻昨日政府又接到某军阀来缄，盖为某某进言者，且云前谈并未指明刳池子一事，奈何真使某某刳池，未免过于难为他矣。以后某缺如乏人，仍望为某设法。当局得信，难以置复。有人谓此亦不过当面敷衍肾囊先生，并非某军阀之真意，可以不必作答，遂搁置之。可见表面炎炎赫赫之某肾囊，由总长降格求为督办，终不可得，结果不免于刳池子之玩笑，甚矣，运气之不能不讲也。”其所谓“某君”，鲁系军阀头子张宗昌幕下号称“智囊”之潘复也。“智囊”易称“肾囊”，见者为之失笑。潘复阅之则大怒，以文后又涉及张宗昌聚赌事、媒孽其间，促令联军督战司令部将先生逮捕。

先生原配陈夫人已先卒，如夫人二，分居宣武门外棉花头条一号及西单牌楼宏庙二十号。其就逮则在棉花头条，时为“肾囊”文发表之日晚刻。

夜半，宪兵司令王琦以汽车将先生载至宪兵部，诬以“通敌有据”，略讯数语，遽驱以出。先生神色从容，但乞书遗嘱，别无他求。遗嘱云：“我绝命在顷刻，家中事一时无从说起，只好听之！爱女好好读书，以后择婿，须格外慎重。可电知陆儿回家照应。小林、宝玉和气过日。所有难决之事，请莪孙、淮生、律阁、秋岳诸友帮忙。我生平不做亏心事，天应佑我家人也。丙寅八月七日夜四时[1]

① 应为8月6日晨4时。见1926年8月7日《晨报》：“林白水昨晨被枪决，一时被捕，四时行刑，赦令已下，只差半时。”

万里绝笔。西斜街宏庙二十号林太太。外玉器两件、铜印一个，又金手表一个。”天初明，即于天桥南大道就义。先生生于清同治十二年十一月二十九日（1874年1月17日），享年五十有四岁。

当先生被捕之消息传出，京中友好，纷起营救。探知张宗昌在潘复宅，急往缓颊。言之再三，张宗昌意稍动，目顾潘复，似有所商。而潘复正襟危坐，凛不可犯，遂无效果。时已夜深，薛大可惧事有失，趋至张宗昌前，长跽不起，涕泣而请。张宗昌大笑曰：“何必作态，慢慢再说。”而传言突至，则已执行矣，众出意外，叹息而散。大可，洪宪遗臣，人素轻之，此事颇见风义，亦难得也。

余所藏先生临难时血巾，叶遐庵（恭绰）丈尝为题记云：“忆其遇难之夕，有人托余营救，余与白水无深交，然义不应视而不救。方至潘宅，则赵次珊辈方环与张宗昌语，张但唯唯。少顷，言者益多，张意似动，而王琦至，与潘复耳语而去，其时大约为夜二时。旋闻人言，已执行，众亦遂散。今观遗嘱，乃四时所书，然则所谓已执行者，诳也，乃使救者绝望，不再言耳。彼辈诪张为幻，何所不至，白水遂已矣。”章行严丈亦尝于其主办之《甲寅》周刊撰文论此案云：“曩者林白水案，黄报记者薛君营救甚力，志不得通，饮恨至今。顷该报以新年号征文于愚，愚欲稍广其意，令其为友为国之诚，终于不没，遂以今篇贡之，并记其略于此。林白水之死，天下冤之，即政局中人，亦且以是为言。当事急时，营救者，竟长跽雪涕，冀得一面，卒之缓刑令出，而人已见诛，自被捕以至弃市，不过三四小时耳。自来决人之骤殆莫逾是，是非军事急迫间不容发，亦何能为之辞。而求已谤议，戮辱文人，必利用天下不得听睹之瞬息间，以快于心焉。可见白水并无必死之罪，凡典章请议，在足出白水于死。特苦无道焉。能公开此三四小时，使与清明之气、法定之程相接，捕者不得于此阴肆其志尔。”抑尝闻之，先生被逮之先，王琦衔潘复命，曾至报社，勒令更正请罪，先生以言论自由，岂容暴力干涉，执不可，遂及于祸。其性行坚决，不畏强御，有如此者。古人云：“视死如归”，先生其庶几乎？

先生致死之罪名，曰：“通敌有据。”“通敌”云者，通冯玉祥也。冯玉祥在北洋军人中，思想较进步，军纪亦严明，先生对之深具好感，然亦不过从客观立场而言，初无任何密切之瓜葛也。或以冯党疑之者，以其尝著文自白曰：“我这些说话，是着眼在国家利害，社会安危，与军阀个人，哪些党派，可是毫无关系。你们不要当我是替冯玉祥当说客。请你去打听，冯党在北京快上两年，我林白水给他们有半次的往来丝毫的接近没有？”当冯部国民军退出北京时，先生以其不扰民，在报端上屡为纪实之宣扬。“但自直奉联军开到近畿以来，近畿之民，庐舍为墟，田园尽芜，室中鸡犬不留，妇女老弱，流离颠沛。”（皆先生文中语。）先生或逞其犀利之笔锋，为正义之抨击。如曰：“直奉联之军队纪律，吾人本着良心，未敢瞎恭维。”又曰：“吾人对于军阀，说一句老实话，都无好感。因为军既成阀，多半不利于民，有害于国。”又曰：“本来是民，为什么会加个难字的头衔呢？这就得请那做大帅的解释解释给我们听了。”又曰：“今罢业者日增，居民日用渐告缺乏，过些旬日，北京人可以停止其人生观矣。以此诉总商会，无益，以此诉政府，不理，以此诉卫戍司令部，不敢。百万民众，咨嗟彷徨，立以待毙，其投河跳井、服毒自抹者，不计焉。”先生对奉军，则尤毫不隐讳，直斥之曰：“不料奉军至今，犹不改其胡匪之性质。”对于直系军阀头子吴佩孚，则又讥之曰：“我请问吴大帅，打了败仗，免了职之后，躲在鸡公山，躲在岳州，几时奉着命令，开复功名？而乃自作主张，跑出汉口，大做起什么联军的总司令，一面遣将调兵，一面下令任免鄂赣豫各省的督军省长，这都是有法的根据么？”当奉直两系军阀头子张作霖、吴佩孚联袂进京，无耻官僚强迫商民欢迎时，先生著文《欢迎与哭迎》，谓：“古之善战者服上刑，今之善战者受欢迎。”又作谐辞，以参加欢迎之行列，喻为空巷往观之大出丧。人为之危，先生不顾也。顾先生尝为文，略谓：“在这无法无天的时候，我们要是天天把市面萧条、人心不安的状态，写得绘影绘声，仿照郑侠流民图的故事，那些军阀老爷，必定大发雷霆，说我是有意与他为难，存心给他捣乱，只要轻轻地赏我一个赤字，我便铁锁银铛地向警备司令部做隐士去了，那报馆封闭，更是不消说的。”则亦未尝不自知“驷不及舌，言出祸随”也。

先生被难时，身穿白夏布长衫，须发斑白，双目犹未全闭。陈尸道旁，见者为之酸鼻。先生从弟建书，仓促收殓，厝于南下洼之龙泉寺。公子陆起时年十九，留学美国芝加哥大学，女公子慰君，名玛利，年十四[①]，随侍在京，闻讯痛极，遽仰药，遇救而苏。家奠时，

① 林慰君时年十二，虚岁十四。

张宗昌遣员赍赠赙仪万元，慰君见之大恸，挥涕坚拒，人多高之，谓先生有女也。岁庚午（1930年）建书奉先生暨其夫人柩归里，殡于白水山之阳，从先生素志也。先生侧室二人亡故后，由慰君连同先生临难时血衣，埋葬于北京香山万安公墓。

先生有金石癖，庋藏甚富，尝斥五百金购《董美人墓志》，以之易友所藏青花砚。先生藏砚最著名。乙丑（1925）年，日人后藤朝太郎约集在京之藏砚家，在太和俱乐部开名砚展览会。先生携六砚往，众为逊色，无敢与之匹敌者。其舅家先德莘田老人所遗十砚，以千金得之。有名“生春红”者，取苏东坡诗“小窗书幌相妩媚，令君晓梦生春红”句意，最为先生喜爱，即以“生春红”名其室，其所编《社会日报》之副刊，亦以此名之。其生平考订金石之文字，时载于《生春红》副刊中。被难后，我友容君希白为拾丛残，付梓行世，即今所传之《生春红室金石述记》，收入考古丛书者也。希白与先生交挚，壬戌（1922年）冬尝应先生聘，授其侄女毓秀、女慰君读，每周辄一往，课毕，先生以车送之归。一夕，车至中途，御者托言腹痛，径自去，以例有需索，而独无所得也。希白寓书请辞，先生得知其故，立斥车夫而谢罪焉。先生虽豪迈轩举，视权贵蔑如，而屈己下士，恂恂儒雅，感人者实至深也。

先生喜临池，时抚钟鼎籀文自遣。初不以书名，而琴边酒后，偶一落纸，辄有嵚崎兀傲之态，露其本色。尝以朱丝栏精书集史颂鼎铭字联见赠。先生既殁，余以之求题于番禺沈太侔师（宗畸），题云：“老友张君天石，尝为吾言，有石经两簏，藏二十余年，旧拓颇精，今以急需故，已送至白水先生处，托其求沽。未几，天石病逝，遗一妾，极窘，因售石经事，了无所闻。吾诣先生，告以天石已逝世，询及石经。先生曰：‘天石死耶？石经固在，以缺页故，无主，今奉二十金，即烦代送张宅。’吾以是重先生之为人，与之订交而归。今白水惨于六月二十九日[①]被载，吾挽以长联云：‘猪狗有运，善戏谑兮，四字狱成妖梦践；豺虎磨牙，命顷刻矣，一枝寄出后人哀。’二十八日[②]先生所为社论，有‘猪有猪运，狗有狗运’二句，前数日又梦‘走入死胡同’，临刑写遗嘱，有‘我命在顷’一语。木秀于林，风必摧之。吾撰此联志哀悼，亦纪实也。次溪弟嘱跋数语。时民国15年岁在丙寅秋七月、双星渡河夕、番禺沈宗畸南野甫题于宣武城南之便佳簃。”

或言：“有憾其受我金而骂我，欲死之而甘心者。”彼时报馆之有津贴，几为普遍之公式，先生维持其事业，竭蹶黾勉，心力交瘁，“盗泉之饮”容或不免，然谓其权门乞怜，甘于自污，则先生之强毅，计当不至于此。观于太侔师所述“石经”一事，取与之间，然诺不苟，虽系细节，足概生平，出尔反尔，夫岂所愿，薏苡之谤，不辩而明矣。

1962年

① 应为六月二十八日。此为阴历，阳历系8月6日。

② 应为六月二十七日，阴历。

后记

先祖张篁溪、先父张次溪与林白水先生及其女公子林慰君先生系两代世交。先父在世时勤于收集有关资料。林慰君先生曾将其父临刑前的遗嘱及遇难时的血巾委托先父保存。先父十分敬佩林白水先生敢于同反动军阀作斗争的精神，特请章士钊、叶恭绰等知名人士为遗嘱和血巾题字，并于1962年写了《记林白水》一文，以为纪念。文中资料很有参考价值，特发表于此，供研究历史者参考。

张叔文

1984年12月

中国报业先驱林白水

王大龙*

北京有个棉花头条胡同，就在原宣武区果子巷的北面，是条并不起眼的小胡同。民国时期著名的报人林白水，就是在这里居住期间被军阀逮捕而杀害的。

从清末到民国，经过“五四”新文化运动的激荡和新闻界同人的不断抗争，北京的新闻界业已形成了相当的影响力。北京城一份《京报》，一份《社会日报》，都是非常有名的。两家报社都在现今北京的虎坊桥一带，当时居住在这一带的文人很多。《京报》的老总是邵飘萍，而林白水就是《社会日报》的老总。

* 王大龙系新闻工作者中国记协国内部原主任。

为民主革命事业培养志士

自鸦片战争以来，不少进步的中国人就在探索挽救危亡、振兴中华的道路。孙中山先生喊出了“驱除鞑虏，恢复中华，创立民国，平均地权”的时代最强音。青年的林白水就是中山先生的追随者。

1899年2月，林白水趁回福州过年假的机会，与表兄黄翼云、表弟黄展云，还有从日本振武学校毕业刚回国的方声涛、正在南京水师学堂学习的郑权等五人，共同创办了福建第一所新式学堂“蒙学堂”，地址在文儒坊卢氏家祠。学校的费用全由林白水筹措。蒙学堂的教育是成功的，作为革命家，为壮大革命力量，林白水把一大批热血青年和自己的亲属引进革命大门，一大批舍生忘死的辛亥革命英雄应运而生。据说，林白水回闽办学，是受黄兴（克强）之委派，目的就是想在福建组建出一支文教的革命队伍。福建蒙学堂，名义上是一个童蒙教学的机构，实际上是进行政治活动和传播民主革命思想的基地。从后来该校大批学生齐集广州，参加黄兴领导的广州起义的事实上看，此言无假。

学堂设有“特班”，招收20岁左右的青年学子入学。另设有两个小学班，所招的学生也在15岁左右。学校既注重汉学的传承，又注意西学的嫁接，积极宣传西方的自由的政治思想理念以及先进的科学知识。空暇之余，他时常开讲座、做演讲，向学子们介绍国内外大势和西方学术思想。在他支持和鼓励下，在校的学生组织了自治团体——“励志社”，该社以反清革命为宗旨，组织会员和学生，通过阅览《扬州十日记》《嘉定三屠记》《太平天国笔记》《满清秘史》等禁书，来强化“反清”意识，再通过研究历史名人诸如民族英雄文天祥、史可法、郑成功以及思想家黄宗羲等的传略，培养和强化汉族意识。在林白水多管齐下的感化下，参加“励志社”的学生，纷纷以“汉”为别号首字，以表达“驱逐鞑虏、恢复中华”的决心。黄花岗七十二烈士中的陈更新、陈与桑就是“十汉”中的“汉郎”和“汉新”。

据统计，在“黄花岗七十二烈士”中出自该学堂的就有19名，包括陈可钧、林觉民、林尹民、方声洞、林文、陈更新、陈与燊、冯超骧、刘元栋、刘占符等。学校还为1911年4月的广州起义输送了大批骨干。1912年，中山先生访问福建时颂赞：“黄花岗闽籍十九位烈士壮烈成仁是福建人民的光荣，希望闽人能完成烈士未竟之志。”并为林白水题写“博爱”条幅。

1902年4月，林白水与蔡元培等人筹办“爱国女学校”，蔡元培任校长（那时称总理），林白水任教务主任（监督）。蔡元培讲，女校设立“含有革命性质。……革命精神所在，无论其为男为女，均应提倡，而以教育为根本”。林白水又与蔡元培等人创建“中国教育会”，表面办理教育，暗中鼓吹革命，冯自由回忆说：“教育会之成立最初乃是痛感国内无新学之适用教材而无补于新教育，因而认为非重新编订完善，不足以改良教育，又因倡议诸子，均属热心民族主义之名宿，故此会不啻隐然为东南各省革命之集团。”

林白水在办学中“鼓动反清革命，言论尤为激烈”，也曾为《苏报》写过时评。这些活动无论在当时的上海，还是在整个中国近代教育史、革命史上都留下了难以抹去的痕迹。

率先垂范投身革命行动

林白水不仅揭露国内政治的黑暗，对一直企图侵略中国的列强也时时提防。其中最引起他注意的要数沙皇俄国。

1903年春，他和妹妹林宗素第一次留学日本，联合秦毓鎏、叶澜、钮永建等人发起召开了留日学生大会，决定组织拒俄义勇队，回到东北去打击俄国军队。他和妹妹林宗素双双参加拒俄义勇队。几天之后，义勇队正式召开会议，商讨训练事宜。会上决定把义勇队改为“学生军”，并推举蓝天蔚为队长，林白水任丙区二分队队长。后拒俄义勇队改为军国民教育会，林白水执笔起草了《军国民教育会意见书》，参加者包括黄兴、陈天华、张继、孙翼中、苏曼殊等。这一组织以拒俄为宗旨，做了很多宣传工作，在留日学生中影响很大。清政府对留日学生的这一义举感到十分恐慌，命令驻日公使请日本政府解散学生军，并禁止学生进行军事训练。

这年7月底，他再次东渡日本，先后与宋教仁、孙中山结识。同盟会成立时，他欣然参加。年底，日本文部省颁布《取缔清国留日学生规则》，酿成中国留学生的抗议浪潮，他愤然退学回国。

当革命党人赵声、刘光汉欲发动南京起义，因经费无着不能成行，这时有人建议他们去找林白水。而此时林白水因办报需自筹经费，经济上也十分困难，手中既无现款，当时又无处借贷，但他还是慨然允诺代筹经费。苦思半日，最后想出一个办法，用三天三夜的工夫，呕心沥血、夜以继日赶写《中国民约精义》一书。写好后，又恐书局不肯出高价收买，因此刺破左手手指，给老师高凤岐的弟弟、他的同窗高梦旦写了一封慷慨淋漓的血书，详述革命需款的迫切情形，恳请书店当局慷慨相助，以书贷款1000元。他知道书局是同情革命的，所以大胆说出实话。这封信使每个看过它的人，都潸然泪下，而这本著作，又使他们如获至宝。书局立即付给他1000元。他全数送给这两个革命党人，自己分文未留。回家后，才发现家中已三天无米了。

1903年12月15日，林白水和蔡元培等人共同创办了《俄事警闻》，把拒俄宣传和反清宣传紧密结合在一起，不断刊出俄国侵略我国的事实，时刻提醒国人一定要对俄国的种种行为给予足够的重视。

来年2月26日，《俄事警闻》改为《警钟日报》，林白水仍然是该报的主要撰稿人，继续宣传拒俄。《警钟日报》支持孙中山的革命派，当年4月26日，该报编发了孙中山从檀香山寄给友人的信件，这是第一次向国内人民介绍孙中山提出的资产阶级革命派的政治纲领。信中刊出了有孙中山建立中华革命军的情况及其增改的誓词："同心协力，驱除鞑虏，恢复中华，创立民国，平均地权，矢信矢忠，如有异心，任众罪罚。”

这是国内对孙中山“创立民国”最早的公开介绍。后来该报又称孙中山为“吾国革命巨子”“有孙逸仙而中国始可为”“第一之孙起，当有无量之孙以应之，则皇皇汉族庶有复兴之一日”。

《俄事警闻》成立后的第三天，1903年12月19日，林白水独立创办的《中国白话报》也在上海同世人见面。主编林白水宣称这份报纸是办给那些“种田的、做手艺的、做买卖的、当兵的，以及十几岁的小孩子阿哥姑娘们看的，希望这本白话报变成一枚炸弹，把全国种种腐败社会炸裂了才好”。

在《中国白话报》第一期的“论说”栏上，作者针对那些作威作福的官吏说道：“这些官吏，他本是替我们百姓办事的……天下是我们百姓的天下，那些事体，全是我们百姓的事体……倘使把我们这血汗换来的钱拿去三七二十一大家分去瞎用……又没有开个清账给我们百姓看看，做百姓的还是供给他们快活，那就万万不行的！”他又在第七期“论说”栏发表《国民的意见》指出：“凡国民有出租税的，都应该得享各项权利，这权利叫自由权，如思想自由、言论自由、出版自由……”这十年间，他将自己全部的精力、时间和智慧献给了民国的报业。

疾恶如仇的“獬”

林白水是福州人，出生于1874年1月17日，本名林獬，“獬”是传说中的独角异兽，能辨曲直，见人争斗，必冲上去用角顶恶人。而林白水的报人生涯，就颇似那只疾恶如仇、除暴安良的“獬”。他使用过的名字很多，最为人所知的就是“白水”。据说他家乡有座白水山，他常对人说：“吾乡青圃白水山是吾他日魂魄之所依也。”他是从40岁时始用此名的，字少泉，“泉”字身首异处即为“白水”，有“愿以身殉所办之报”的含义。

林白水作为当时中国新闻界的领军人物，“诸报无不以刊白水之文为荣”。而他写得最多最好的，是有时署名、有时不署名的时评。林白水的政论小品，就连标题也能弄出不少诙谐和趣味来，如《俄国武官不客气的说话》《商部尚书吃花酒》《大家听戏，好玩得很哩》等，令人莞尔。看看林白水的一段文字：

> 张之洞看见俄人占了奉天，也着了忙，就跑到俄国钦差衙门里面去求见他……俄钦差冷笑道：不行也要行了！张之洞还乱嚷道：万万不行，万万不行！那俄钦差卷着胡子，抬头看着天，拿一条纸烟只管一上一下地吃，不去睬他……（《俄国武官不客气的说话》）

不光文章写得好，这个林白水本人也很有趣。他颇有些“名士”脾气，每篇时评仅收稿费5元（当然已经比一般稿件的稿酬高一倍多了），而且非等这5元用尽之后，才动手写下一篇。一次，一位朋友来看他，他留这位朋友吃饭，可一摸身上才发现囊空如洗。他说了声“你稍等片刻”，便伏案疾书。一盏茶的工夫，一篇千字文就毫不含糊地搞定，于是吩咐仆人：“赶快送到报馆去，要现钱。”仆人旋即带回5元钱，林白水于是请朋友到饭馆大快朵颐。

1926年4月，直奉联军进京，北京城一时大有乌云压城之势。林白水挺身而出，迎刃而上，在时评中斥军阀为“洪水猛兽”。8月5日，他在《社会日报》发表时评，讥讽抨击那些在强势者的卵翼下胡作非为的宵小之徒。

这番言论直接给他招致了杀身之祸。次日晚上，京畿宪兵司令王琦奉张宗昌之命，乘车来到报馆，略谈数语，便将林白水强行拥入汽车。报馆编辑见势不妙，赶紧打电话四处求援，林白水的好友薛大可、杨度、叶恭绰等人急匆匆赶往潘复的住宅，找到正在打牌的张宗昌及潘复，为林白水求情未果。第二天天色微明时，林白水被宪兵拉到天桥，连话都来不及说一句，就被一枪打中后脑。附近有居民听见枪声赶来，只见身穿灰色大褂的林白水倒在路边，头发上沾满血污，双目微睁，还有微弱气息，而刽子手们早已离去。白水先生从容就义，1985年7月30日，新中国追认林白水为革命烈士。

林白水的女儿林慰君1986年在福建参加纪念林白水就义60周年纪

念活动时说："先辈人的爱国刚烈之气，对林白水影响至深，他不避权势，不畏强暴。他一生中无论是兴学、革命或是办报，都贯穿着强烈的爱国民主主义思想。"

（原载于《光明日报》2014年5月23日第013版）

报界先驱林白水

王　雷　王冠军　徐　慧

创办《中国白话报》

1874年，林白水出生于福建省闽侯县青圃村，原名獬，字少泉，号宣樊。他是我国历史上第一个出国攻读新闻学的留学生。林白水早年参加过孙中山领导的同盟会，积极参加反清活动，一生爱国爱民、坚持革命。从1901年开始办报到1926年被杀害期间，他先后在近十家报纸从事主编、编辑和撰稿工作，是当时新闻界与邵飘萍齐名的人物，被誉为中国的“报界先驱”。1985年，国家民政部追认林白水为革命烈士。

林白水幼承家学，1898年，赴杭参与创办求是书院、养正书塾、东城讲舍、蚕学馆四所新式学堂，任求是书院总教习。他是甲午战争中作战牺牲的扬威军舰指挥员林少谷的侄子，早年在林琴南主办的《杭州白话报》当编辑，从此走上了新闻工作的道路。1901年6月，任《杭州白话报》主笔，宣传禁烟，倡导破除封建迷信，为中国最早提倡用白话写文章的人之一，他认为："看白话的人越来越多，即新风俗、新学问、新知识必将出现在所处的老大中国了。"

在《杭州白话报》第一天出版的启事里，他写了一段话："因为我是一个平民，所以我说白话，用一般老百姓的语言，而不是一般士大夫阶级的咬文嚼字或八股文的文章，我不会风花雪月，也不会像别的报纸一样，捧戏子或歌颂妓女的美丽风骚。我只是把国内外发生的大事小事报告给一般老百姓。"1903年下半年，《杭州白话报》因鼓吹的改良主张渐渐失去原有的活力，无法维持下去，1904年1月停刊。林白水又独立创办了《中国白话报》，并给自己起了一个"白话道人"的笔名。那时候报刊不分家，名为"报"，实际上是期刊，先是半月刊，后是旬刊。《中国白话报》发行量从创刊时的数百份，到后来增至上千份。报上几乎所有的栏目，全是林白水一人操刀执笔。

自己独立办报，工作上受到的牵扯和制约少了，他更是毫无顾忌地全心投入，坚守独立不羁的新闻立场，倡导在那个时代还没有几个人听说过的言论自由。一百多年前，他竟然用大白话提出"纳税人权利"的思想，令人感叹不已。同年，清廷筹办"万寿庆典"，为慈禧太后祝七十寿辰，林白水愤而写下一副对联：今日幸西苑，明日幸颐和，何日再幸圆明园？四百兆骨髓全枯，只剩一人何有幸？五十失琉球，六十失台海，七十又失东三省！五万里版图弥蹙，每逢万寿必无疆。此联既出，辛辣无比，传诵一时。与此同时，他在上海和蔡元培等人还合办了一个《警钟日报》，宣传爱国主义思想，后来因为刊登了德国在山东等地侵犯中国主权的消息和评论，受到德国总领事的无理干涉，要求清朝政府加以禁止。此外，他还曾参加过《苏报》的编辑工作。

做过袁世凯的幕僚

在辛亥革命的前夜，清朝政府的广西巡抚王之春，竟然主张把中国主权出卖给外国人，当他路经上海的时候，自称为“革命军马前卒”的邹容和万福华将王之春谋刺于“一枝春酒馆”。据说，林白水也参加了那一次刺杀王之春的行动。他看到行刺不中，急速跑进四马路的梅福里，将情况报告给黄克强等人立即转移，才免于被捕。

民国以后，林白水曾有过短暂的出仕经历，并当过袁世凯政府的大官，为其摇旗呐喊。1913年春天，他以众议院议员的身份进京，还兼任《新中国报》的笔政。袁世凯死后，林白水厌倦了政坛的翻云覆雨，难以适应军阀政客尔虞我诈的生涯。于是他告别政坛，专心于新闻事业，1916年8月，他辞去北洋政府议员职位，在北京与梁鸿志、黄秋岳创办了《公言报》，开始了他生命中最后十年的悲壮旅程。

好友林纾给了林白水很大的帮助。《公言报》的办报资金就来自林纾的门生徐树铮。这份报纸在当时名气较大，使得林白水有了用武之地，从这个时候开始，他大量地用“白水”这个笔名发表时评，笔锋辛辣，庄谐齐出，抨击军阀官僚。在1918年一年间，林白水就“捅”破过不少惊人的黑幕。他发表了名为《青山漫漫七闽路》的时评，将财政总长陈锦涛、交通总长许世英贪赃舞弊案公之于天下，引起北京舆论一片哗然。时隔不久，又有政客在津浦租车案中舞弊，被林白水在《靳内阁的纪纲原来这样》的时评中独家揭露出来，又掀起一场轩然大波。这些政客有的被革职入狱，有的畏罪辞职，使内阁总理段祺瑞狼狈不堪。林白水对此也颇为自得地说：“《公言报》出版一年内颠覆三阁员，举发二赃案，一时有刽子手之称，可谓甚矣。”《公言报》完全采用通俗的白话，成为北京有史以来第一个用白话文出版的报纸。1921年前后，《公言报》因揭发政府欠薪、拖饷、中饱私囊、作弊等内幕，被直系军阀政府封闭。

1921年3月1日，林白水和胡政之合作，又创办了《新社会报》，对开四版，他任社长，胡政之为总编辑。既要办报，就意味着开拓公共舆论空间，如此最容易触及时讳。专制统治者历来推行愚民政策，将政治神秘化，不让民众参与，而林白水则提出“树改造报业之风声，做革新社会之前马”的口号，惹得官僚大老爷们横眉瞪目，必欲置之死地而后快。终于，《新社会报》因揭露军阀黑幕，被警察厅勒令停刊三个月。复刊后，林白水暗含讥讽地写道：“蒙赦，不可不改也。自今伊始，斩去《新社会报》之‘新’字，如斩首然，示所以自刑也。”于是，《新社会报》从此就变成《社会日报》。

林白水生平最自豪的，是自己犀利的笔锋；最觉“气短”的，是生计的窘迫。他以个人精力及资金办报，常捉襟见肘。但他天性豪爽，有时竟“借”妻子的金首饰典当成一些现款招待来访的朋友。他生平最大爱好是收集砚台，曾耗资千金购得一块名为“生春红”的端砚，由于喜爱之至，竟把《社会日报》的副刊也命名为“生春红”。那是当时全国知名的副刊。这块宝砚后来由林白水的儿女捐给了台湾历史博物馆。

《生春红》副刊专门研究金石学、甲骨文、钟鼎文，所以读者很少。此外，《生春红》也登载一些文笔较佳的诗词歌赋，其中文章完全是文言文。当时，凡是爱好古玩，对中国固有旧文化有兴趣的人，都喜欢看这个副刊。戈公振在《中国报学会》中，说南方小报以《晶报》享有盛名，在北方便推《生春红》副刊。

然而新闻的生命力源于真实的通讯报道，没过多久林白水“旧态复萌”。《社会日报》又刊登出揭露曹锟贿选总统以及诸多议员受贿的报道，当权者震怒之下，将林白水“请”去囚禁了三个月。在当时社会，报纸在经济上完全缺乏独立性，赖以生存的根本不是发行与广告收入，而是某个政治集团的资助和津贴。而对于军阀政府而言，他们想垄断传媒，必然极尽一切手段加以封杀。

死于军阀之手

林白水不攀附任何势力集团，也决不顺从某个铁腕人物的意志，唯独对孙中山有着极高的敬意。1924年2月，孙中山抱病来京，林白水连续发表《吾人对孙中山先生的敬意》《时局与孙中山》《欢迎孙中山》等大块文章。1924年秋天，冯玉祥发动北京政变，当了一年零二十多天总统的曹锟被赶下台去。林白水发表时评《哭与笑》，将那些窃居要位、贪得无厌的军阀们试图极力捂盖的事实真相一一暴露在光天化日之下。11月10日，他又发表时评《请大家回忆今年双十节》，以吴佩孚、曹锟这些军阀滥行杀伐、终归惨败的事实为证，对其口诛笔伐。这是一篇见识不凡的文章，义正词严，令人折服。

1925年，北京政府为了掌控舆论，给全国一百多家报馆和通讯社发放了补助性的津贴，作为“宣传费”，并将其分为“超等者”“最要者”“次要者”“普通者”四等。林白水的《社会日报》和邵飘萍的《京报》同属于六家“超等者”之列，每月有津贴三百大洋。林白水却不买账，仍旧我行我素发表为人民代言的文章，双方的冲突至此无可避免了。1926年4月，直奉联军进京，北京城一时大有乌云压城之势。林白水仍挺身而出，迎刃而上，在时评中斥军阀为“洪水猛兽”。8月5日，他在《社会日报》发表时评，讥讽抨击那些在强势者的卵翼下胡作非为的宵小之徒。这次依附于军阀张宗昌幕下、号称“智囊”的潘复撞到了枪口上：“狗有狗运，猪有猪运，督办亦有督办运，苟运气未到，不怕你有天大来头，终难如愿也。某君者，人皆号之为某军阀之‘肾囊’，因其终日系在某军阀之胯下，亦步亦趋，不离晷刻，有类于肾囊累赘，终日悬于腿间也。此君热心做官，热心刮地皮，固是有口皆碑，而此次既不能得优缺总长，乃并一优缺督办亦不能得……甚矣运气之不能不讲也。”潘复被骂得狗血喷头。次日晚上，京畿宪兵司令王琦奉张宗昌之命，乘车来到报馆，略谈数语，便将林白水强行拥入汽车。报馆编辑见势不妙，赶紧打电话四处求援，林白水的好友薛大可、杨度、叶恭绰等人急匆匆赶往潘复的住宅，找到正在打牌的张宗昌及潘复，为林白水求情未果。

第二天天色微明时，林白水被宪兵拉到天桥，连话都来不及说一句，就被枪杀。附近有居民听见枪声赶来，只见身穿灰色大褂的林白水倒在路边，头发上沾满血污，双目微睁，还有微弱气息，而刽子手们早已离去。奉鲁军阀刚刚入京时，《京报》社长兼主笔的邵飘萍，就已经因宣传“赤化”罪名而饮弹身亡，继之勇士便是林白水，不足百日，又遇害天桥之下。

林白水的一生极为复杂，他既是黄兴的战友、蔡元培的同伴，曾为革命奔走呼号，有过光彩照人的经历；也追随过袁世凯，拥戴过袁世凯称帝，走过一段曲折的道路。但就其一生来看，他毕竟还是为反抗封建军阀官僚而遭杀害，并利用手中的笔为人民代言。林白水只活了52岁。其中26年的新闻生涯他一向奉行“说真话、揭真相”的公正立场，并且身体力行地推动了近代中国的白话文运动。

革命军北伐成功后，林白水的遗体由国民政府主席林森等人资助扶柩回乡安葬。现有《林白水先生遗集》传世。

（选自《历史在这里定格——老报刊的前尘往事》，
安徽文艺出版社2015年版）

白水精神长存

林连秋* 口述

孙子清　陈永坚　执笔

青圃是闽侯的著名古村、大村，建村已1000余年。全村人口达1.8万之多。村民以林、方、郑、庄四姓为主，长期和睦共处，以林姓居多。村落背靠鳌峰山，面对福厦路，世代以农耕为业，村舍周边，阡陌相连，菜圃如画。青圃建村较早，村内古迹与传闻较多，明初永乐帝赐建的灵济宫金碧辉煌，宛若皇宫，民间长期以来有“想看皇帝殿，先看灵济宫”的口语流传。宫内御赐的巨大石碑，由明代名士解缙手书碑文，极为珍贵，已列为全国重点文物保护单位。

林白水生于1874年，卒于1926年。林白水祖祖辈辈世居青圃村，是一书香门第。林白水的祖辈和他舅家黄氏的祖辈，清末同在

* 林连秋系青圃村老支书。

贵州为官，以后两家孙辈通婚，成通家之好。黄家办有家塾，聘闽中名士长乐高啸桐为塾师，林白水童年即在舅氏家塾受业，为高啸桐得意学生，其后即随高到浙江杭州等地教书、办报，开始了他一生的壮烈事业。

林白水在清末民初曾三次回闽办学、嫁妹、任事。清末他回福州与其表兄弟黄翼云、黄展云一起创办福州蒙学堂，宣传革命，黄花岗著名烈士林觉民、陈可钧、陈与燊、陈更新等人都出自这所学堂。其间，他还回家乡青圃创办了鳌峰学堂，这是闽县、侯官两县乡间最早创办的小学之一，民国以后改为青圃小学，为家乡培养了一代又一代有文化的劳动者。从这所小学走出去的，以后还有不少成了高干、将军、高级知识分子和事业有成的企业家。家乡人民世代不忘白水在家乡办学的业绩。青圃原名青铺，白水在乡期间看到家乡山清水秀，一派田园景色，村名却叫青铺，铺也是店铺之意，和农村很不相称，于是建议改名为青圃，村中父老都认为改得好，于是一致接受下来，一直沿用至今。据说邻村兰铺从此也改称兰圃。林白水辛亥革命后曾任福建省法制局局长，又受派协办政务。其间，七里一带（邻近乡村）农村社会秩序较乱，于是北洋军阀驻榕军队，便以剿匪为名进驻七里一带，不做调查研究，任意烧杀、抢掠，比盗匪为害更烈，乡亲苦不堪言，纷纷向林白水反映苦情。林白水及时向省里行政当局作了反映，从而驻军很快撤走，七里百姓重见天日，乡亲无不感念白水对大家的关爱。

一、妥善安葬忠骨

1926年8月6日，林白水因宣传自由民主，捍卫公平正义，反对军阀横行霸道，被军阀张宗昌杀害。噩耗传回村里，乡亲无不悲痛悼念，林氏宗亲还在宗祠设灵吊祭。青圃村后有一片山地就名白水山，白水壮烈就义后，乡亲传闻白水生前有说过："我名白水，家乡有个白水山，以后将是我埋骨的好地方。"村中乡亲即讨论要在白水山为白水找个墓地，以妥善安葬白水的忠骨。到了1929年村人得悉白水在北平的遗属也在筹划将白水遗骸送回家乡安葬。乡亲根据白水生前遗嘱一面在白水山选好墓地，并拨出公有族产款项，派专人进山营墓，一面公推曾在北平白水身边任事的族亲林建书进北平，专责运回白水的灵柩。林建书于1929年冬到达北平，1930年1月在林白水遗属和旅平乡亲的协助下，将灵柩送上火车运到上海，而后又由上海搬上航行福州的海轮运回福州。到福州后，又在其在福州的表兄弟黄展云等亲戚协助下，雇专船运抵本村码头，而后由在码头恭候的乡亲，采用八人抬的隆重仪式抬回村里。那天，乡亲们听说林白水灵柩运回，很多人都聚集村口接灵。安葬那天，送葬的人更多，许多年轻的晚辈，都按乡规村俗，披麻戴白，到灵前行礼致祭，而后护送上山安葬。据当年参加送葬的年长族亲说，当年送葬人数之多，是青圃村历史上从未见过的。白水忠骨遵照他生前的遗愿在家乡安葬后，族里议定每年清明节，派人轮流上山祭扫白水坟墓。到了1972年村里重修农田水利，其中规划新修的一条水渠须从林白水坟墓上面经过，乡亲们怕水渠难保不漏水，万一漏水流进林墓这就很不好，经过大家反复斟酌、讨论，决定把林墓迁到林氏祖墓上面的一块好地，坟墓按原来形式进行修建，择吉做了妥善迁移。每年清明照常祭扫，特别是"文化大革命"期间，乡亲们更注意加以保护，使之没有遭到丝毫破坏。

二、精心建馆纪念

"文化大革命"结束，十一届三中全会召开，实行改革开放，海外有不少华侨回乡探亲祭祖。当时我任村总支书记，便想林白水也有后代在国外，是否可以邀请他们回乡访问。我这一意见在总支会上提出后，同志们都赞同。于是大家议论林白水有一个内侄名陈英宜在厦门国际银行工作，可能知道林白水儿女在国外的住处，可以请他代我们转达邀请他们回乡访问之意。我们找到陈英宜，不出所料，陈英宜果然知道林白水的爱女林慰君住在美国加州。他及时将我们的意见转告给她。正好这时，慰君在美国也有回国收集她父亲有关资料，并为其父申请评定革命烈士的打算，她知道我们邀请她回乡的盛意，更加紧办理相关手续。1983年7月她回到北京，在京经申请奔走，林白水被评为革命烈士，于1985年7月由国家民政部发给革命烈士证书。接着她便回到福州，和省侨办及福州市委等有关部门联系，说明要在家乡建白水纪念馆的意图。后由市文管会的林萱治同志负责直接联系，指点有关建馆具体申请手续。其间，慰君和我们取得联系，我们明确表态，建白水纪念馆是你的心愿，也是我们全体乡亲长期以来的共同心愿，我们一定全力支持把纪念馆建好。对此慰君表示满意，便交给我们5000美元和7万多元人民币，合计12万元人民币。决定建林白水纪念馆，第一件事是选址。大家分组去村周围实地勘察，选了好几处地方都不理想。最后，选择村大队部前面，鳌峰山下向阳的一块约5亩大的地，并拟就了三个方案交慰君选择。最后，慰君选了现在建成的馆式方案。建筑面积260平方米，前面为楼式门墙，饰以彩绘。当中部分是纪念碑，碑高9.8米，正面刻“报界先驱林白水烈士纪念碑”，背面碑文为“正气长存”，均由旅美书法家匡时书写。碑座正下方刻慰君亲撰的《先父生平》一文，四周砌石围栏。纪念馆最后面是古典式建筑，高11.6米，屋顶铺琉璃瓦，馆内大厅两旁是陈列室兼接待室，厅后为林白水灵柩安放处，墓碑是蔡元培题写的“闽侯林白水之墓”，墓门悬挂孙中山书赠白水的“博爱”匾额。馆前铺十层高的石阶。从大门到馆址，用石砌路面，两边是花圃、草地，周边栽种各种珍贵树木。四周加围墙。

方案定下来，我们即忙着申请批地，经过上、下多次奔走，办好了批地手续，即于1985年3月正式动工，动工后，我和村里的几位村干部几乎天天都在工地上忙这件事。为了给纪念馆选好石料，我亲自去福清选了一块长11米的巨石运回村里，以后大家认真一比较，感到这块巨石颜色太暗且石质不够理想，以后经过大家讨论，认为长乐江田产的碑石质地比较好。于是我又特地去长乐江田，选了一块长9.8米的巨石，运回雕刻纪念碑。在施工过程中，我们不但注意大的方面，小的细节也尊重慰君的意见，尽量处理周到。如慰君说她父亲为人方方正正，清清白白，我们在修白水的墓室时，墓是方形的，用料都选青色和白色的。其他部分的造型和构件，多数也是采用方形的。

整个纪念馆用地加边角地在内，实有6亩地，用款约25万元，土地是村里无偿提供的，短缺的款项10余万元也是由村里垫付的。全村干部群众都认为这笔款用得有意义，认为青圃出个林白水，给全村增了光，是全村人的荣幸。建馆历时一年又五个月，于1986年7月下旬落成。这年8月6日是林白水就义60周年，慰君由美国专程回乡，在家乡新建的林白水纪念馆中，由闽侯县委和县政府主持，举行了纪念馆落成典礼和白水就义60周年纪念大会，省、市、县领导及省、市新闻界和各界代表参加会议，省顾委副主任温附山、福州市委副书记林勤、闽侯县委书记卓斌青、福建日报社副总编林奔等领导在会上讲话。会后，慰君提出要在林白水馆前建其叔父林少谷——甲午海战中壮烈殉国的“扬威”舰管带和姑姑林宗素——中国第一个女同盟会会员的纪念亭，我们也照办了。纪念馆建成后，村里还研究由退休村干部林龙满等，专责义务管理保护。

三、发起研究宣传林白水精神

近年来，我们青圃村的退休干部林芸生、林惠民、郑德楚、林景意、林秀华、林功佑等人，认为我们家乡的林白水烈士，是老同盟会会员，我国著名报界先驱，一生热爱祖国、热爱人民、热爱家乡，为维护人民权益，敢与军阀作殊死斗争，最终被军阀杀害，他是我们青圃村人，是我们家乡的光荣和骄傲，我们不但要永远纪念林白水，还要发起组织研究宣传林白水精神。于是林芸生、林惠民、郑德楚、林登辉等人便带头发起组织闽侯县林白水研究会，会员有100多人。他们邀请我和乡亲林国清（省人事厅原厅长）、林思诚（省地震局原局长）、省记者协会老同志陈永坚等为顾问。我愉快地接受了这一光荣的职务。当时，研究会初成立，经费比较困难，开会时大家都要自己掏腰包付饭钱。我即鼓励自己近年办企业效益还可以的儿子林登辉在经费上给予支持，同时在事业上有成就的企业家林功佑、林功利、林登清等人也在经费上支持研究会。特别是2005年在上海召开的世界华人中文报业协会第38届年会，将王韬、邵飘萍、林白水、范长江、邹韬奋推为中国近代史五位报界巨头，这更使我们认识到，林白水是在全国有影响的新闻界著名人物，要搞好林白水的研究宣传工作，只靠青圃一个村的力量远远不够，必须把研究会升格为省一级研究会，以报界为主，请出省里新闻界有关领导和知名人士参加这一工作。我们的意见为研究会各位会长所接受，于是委托陈永坚专责和省新闻界有关领导联系，请他们出来主持这项工作。经陈永坚的奔走联系，新华社福建分社原党组书记兼社长许一鸣同志认为这一工作很有意义，乐意出来主持这项工作。2005年8月6日林白水烈士就义79周年，福建省历史名人研究会林白水分会成立大会隆重召开。参加会议的有省、市、县、镇有关领导和新闻界有关领导、同人以及各界代表及青圃乡亲200多人，中国记协书记处书记魏铭祥、省政协副主席叶家松、省委宣传部副部长陈逸清、福州市副市长杨爱金、闽侯县委书记吴三八等领导出席会议。大会一致推选许一鸣同志担任福建省历史名人研究会林白水分会会长。福建省委宣传部副部长、福建日报党组书记、社长、总编辑陈逸清被大家推选为名誉会长。研究会还聘请省新闻界知名人士和省、市有关部门领导担任高级顾问或顾问。新华通讯社、中国新闻社和中央人民广播电台，以及省里的福建日报、福州晚报和省、市电视台等10多家媒体作了报道，香港“文汇报”“澳门日报”等也作了报道。会前会后还出了《纪念林白水文集》一书和会刊《福建省历史名人研究会林白水分会成立专辑》。会后，许一鸣会长又亲自带研究会四位同志到浙江杭州、金华等地参观当地纪念邵飘萍烈士的有关纪念设施，学习他们的经验，并派林伟功等同志到京、沪、宁、杭等地图书馆收集有关林白水在以上地方报刊发表过的文章和有关资料。

2006年是林白水烈士就义80周年，在许一鸣会长主持下，在研究会全体同志的共同努力下，由中华全国新闻工作者协会支持，福州市人民政府、中国新闻史学会、福建省新闻工作者协会联合主办，由闽侯县人民政府、福建省历史名人研究会林白水分会和福州日报社承办的纪念中国报界先驱林白水烈士就义80周年暨学术研讨会，于8月6日在福州人民会堂举行。参加会议的有海内外专家学者，新闻界领导，报界同人，中央、省、市、县、镇、村各级有关领导，以及青圃族亲代表600余人。会议期间发行了《林白水文集》，还举行林白水纪念邮票首发式，会议还决定将“林白水纪念馆”申报为福州市爱国主义教育基地。其规格之高、规模之大是空前的，这是我们青圃人多年盼望的大事、喜事，给我们以莫大的鼓舞，我们青圃乡亲永远热爱林白水，宣传林白水。白水精神长存！

林白水和他的女儿林慰君

张道梁

1924年，军阀之间吴佩孚的直军与张作霖的奉军，在山海关长城一带展开了第二次直奉之战，由于直军的冯玉祥倒戈，从北路回师北京，抄了吴佩孚的老窝，直军在前线崩溃，吴佩孚乘军舰由塘沽逃走，奉军长驱进关，占领了天津、北京。

1926年在北京的奉军于4月22日杀害了《京报》社长邵飘萍，又于8月7日杀害了《社会日报》社长林白水。

林白水在《社会日报》不断撰文指责军阀祸国殃民的罪行，引起当权军阀的恼恨。1926年8月5日，林白水发表了一篇《官僚之运气》，讥讽政客潘复是奉军“狗肉将军”张宗昌的肾囊，潘复唆使张宗昌命宪兵司令王琦于8月6日将林白水逮捕，于转天8月7日将他杀害。

奉军连续杀害报人邵飘萍、林白水事件引起社会极大震动。

林白水在临刑前写了简短的遗嘱："我绝命在顷刻，家中事一时无从说起，只好听之，爱女好好读书，以后择婿须格外慎重……所有难决之事，请莪孙、淮生、律阁、秋岳诸人帮忙……"在这仓促写的字数不多的遗嘱中，着重对他女儿林慰君的嘱咐，要她以后择婿须"格外"慎重，可见林白水对他女儿的挚爱。

林白水死后，久居天津的袁世凯次子袁克文撰联志哀：

君虽死而犹生，人间历历，剩烈女弱姬，奇文名砚；
谁能免于今世，天下荒荒，遍疫瘟盗贼，饥溺刀兵。

袁克文联中所指"名砚"，指的是林白水生前收藏的端州（今肇庆）名砚。最初为林白水的长辈表亲黄莘田在端州为官时所得。黄将此砚赠与如夫人时，根据苏东坡的诗"小窗书幌相妩媚，令君晓梦生春红"，为此名此砚为"生春红"。林白水酷爱此砚，他所主持的《社会日报》副刊，即名《生春红》。林慰君1979年将此宝砚捐给台湾博物馆。

报载，林慰君早年在北平艺术专科学校读书时，品优貌美，被誉为校花。

沦陷时期，林慰君竟被反复无常、心毒手黑、恶名昭著的军阀石友三诱骗，成为他的第五房姨太太，令人惋叹。

我也见过几次林慰君。1939年北平沦陷后，我在《中国公论》月刊做助理编辑，不知是哪位编辑约她写稿，由6月到9月的4期中林慰君曾写过四篇，其中有两篇小说是《丁香处处开》和《命运》，一篇散文是《清明杂写》，一篇评论是《漫谈张秀亚及其他》。（张秀亚于1936年参加诗人邵冠祥主持的天津“海风社”，并出版了《在大龙河畔》，沦陷之初，张秀亚在辅仁大学读书。）林慰君几次到杂志社领取稿费，那正是夏秋之间，她穿着合体的短袖旗袍，风姿绰约，言谈间给人善于交际的感觉。按她自己的计算，她父亲林白水遇难时她才12岁，依此推算，那时当为25岁。以后未见她再写稿，杳无音信了。1943年前后，听说林慰君又在北平出现，关于她嫁给石友三以及石被杀的事儿，已经在北平传开了。

解放后，一些文史资料，凡涉及石友三打算投降日寇以及高树勋在山东诱杀石友三的事迹，都提到林慰君和石友三的婚事。

1933年9月19日，天津《北洋画报》曾经刊发过林慰君和邵飘萍的女儿邵乃贤在公园草地上的照片。

20世纪80年代北京出版社出版的《北京文史资料》第28辑，曾刊有林慰君写的一篇《关于邵飘萍、林白水追悼会的回忆》，第32辑还有她写的一篇《先姑母林宗素女士传》。

1969年，台北传记文学出版社出版了林慰君写的《林白水传》。

1986年7月29日报载：美籍华人林慰君返乡，将孙中山先生写给林白水的《博爱》题字及林白水的遗嘱等文物捐给福建省博物馆。

1985年元旦，《北京晚报》发表了林慰君由美国寄来的新诗《故乡》：

我怀念故乡新年
白雪遍地一望无边
树梢闪烁光芒
像千条银线
屋顶缭绕着青烟。

我怀念故乡新年
梦见水仙梅花争艳
白雪遍地一望无边
今日哪有那样的新年。

林慰君是1948年去美国定居的，在国防语言学院任教21年。1987年3月27日因车祸死于加州。

（选自《往事九十年二集》，天津人民美术出版社2014年版）

附　录

林白水爱砚二三事

陈国源

林白水的好友，近代著名学者张次溪先生在《记林白水》一文中称赞他爱砚、藏砚之挚情：“先生有金石癖，庋藏甚富，尝斥五百金购《董美人墓志》，以之易友所藏青花砚。先生藏砚最著名。乙丑（1925）年，日人后藤朝太郎约集在京之藏砚家，在太和俱乐部开名砚展览会。先生携六砚往，众为逊色，无敢与之匹敌者。”此话将林白水爱砚之情切，藏砚之丰富，砚石之珍贵，描写得淋漓尽致。

林白水（1874—1926），福建闽侯人，又名万里，字少泉，中年自号“白水”。他早年曾留学日本，后加入同盟会，从事新闻工作。先后参与《中国白话报》《时报》《社会日报》等报纸的主编。在报纸上进行爱国主义和资产阶级民主革命思想的宣传，对北洋军阀暴政进行无情的揭露和抨击。1926年8月6日被反动军阀张宗昌杀害。1985年7月，民政部追认林白水为革命烈士。林白水一生除办报、写作外，最喜爱收藏砚台。林白水曾尝以千金购得其舅家黄莘田十砚公“生春红”砚一方，又以东坡诗“小窗书幌相妩媚，令君晓梦生春红”句，遂将书斋名为“生春红”室；后来，《社会日报》增加副刊，刊名也称《生春红》，可见其钟爱宝砚之情，令人叹服！

林白水在1925年有六方佳砚震惊中外藏砚家，据著名学者容庚先生主编《考古丛书》将白水先生遗作《生春红室金石述记》集成并跋白水先生藏砚，并录砚成文，亦为妙笔生花，令藏砚界传颂。

一是宋代双龙砚。砚为宋人王默斋（南宋学者、礼部尚书王应麟之弟）故物。白水述“砚为端石，长八寸、宽四寸、厚二寸，池中雕双龙，鳞甲细如毫发，生动精绝，非宣和名手不能办。背刻篆书铭跋及图章，极精。砚侧左右各刻隶楷，竟体色泽苍古，一望可知八百年物”。并称“余以千金购于袁珏生家，为余斋石林领袖”。其与“生春红”，可并列为文房双璧。

二是老坑西洞大鱼脑砚，原为浙江张耕汲所藏，白水称其“精于鉴古，蓄砚尤富”。白水述之颇趣：“砚为张君所藏上上品，视同性命，乃约每周，许余至其斋抚砚一次。余夜访之，方入座，张君躬捧此砚从卧室出，陈于小几，恣余摩挲。一夕余至斋，张已寝。闻余来，知为砚故，燃一烛于几，少顷抱砚而出，抚之尤温。张笑告余，此君固夜夜与吾共寝无虚夕……”民国八年，白水南下，爱国老人陈叔通之兄陈汉弟信告：张耕汲病重，待白水返回，张氏已亡。陈汉弟托砚至，并告张有遗言：砚归白水。此端砚“长四寸许，宽如之，厚二寸，通体静穆，气度汪汪，中现鱼脑冻，周以胭脂晕，左上方端有马尾纹，下端有金钱火捺二，旁有碎点青花，色如云蒸霞蔚，明艳幽茜，真洛阳如花之丽也。砚背与侧均有槟榔之纹”。

三是老坑大西洞小鱼脑砚。“砚长四寸，宽三寸，厚五分，系浙江藏砚家杨雪渔故物。又经陈汉弟作缘（陈亦喜藏，有纪晓岚之大烟斗，宋牧仲画竹卷等名人字画），砚背有铭，砚中有鱼脑冻，圆如满月，直透至背。四周环以胭脂，明艳如霞，皎洁如秋月。”

四是大青花荷叶砚。“砚长六寸许，宽四寸，厚一寸。上端池之四周雕成荷钱大小六七，而池下满面青花……更有蕉叶白及碎冻，砚背及侧亦均透出。”砚主原是袁珏生。白水先生知其爱藏墨，友人张耕汲将先人遗之宝墨割爱于白水，白水又与袁砚墨相易，遂得此砚。白水自云：“盖所耗心力与汗血，不知几斗矣。余每得一砚，均有一段至复杂之历史，而其曲折纠缠，未有如此砚者。”

五是鱼队儿青花砚。“砚长四寸，宽三寸，厚一寸。雕镂花纹极精，为乾隆水坑极品。砚面上端偏右有青花一片，如秋雁横空，成群斜掠而过，又如初生鱼子结队游行。下端偏左，有金钱捺二，捺之右方有细如鹅毛之青花结。”此砚原为张耕汲藏，张亡砚去。白水先生以五百金购董美人墓志（张叔未藏，名人题跋殆遍），复以黄任、董玄宰藏砚（皆有黄、董二人自刻之跋），与议交换。

六是刷丝歙砚。白水自说：“藏砚以端为多，歙石才四方，余此砚为歙石之上上品。砚长四寸，宽二寸许，厚不及五分，制如琴式，幽雅无伦。砚面刷丝如牛毛纹，顾每一转侧，为状不同，正观之有枣形之小碎点；稍侧，则现粗缕，再侧之，则细如牛毛，密如蛛网。歙石以龙尾为著，龙尾之胜，有名刚丝。”白水先生狂喜之。砚原为歙县一绅士所有。乃县署监狱井底挖出一石，百余年，此绅非重金不易。白水闻之，手无巨金，暂以旧拓衡方碑，押借数日，得金收藏之。

林白水先生虽爱砚如命，但他更珍惜高风亮节的人品。他在北京创办《公言报》《新社会报》时，抨击北洋军阀不遗余力，以敢言而闻名于世。有一次，他在报上揭露北洋军阀一军长强占民女的丑行。那个军长先是威胁林白水，未果，后又想用软的办法。他得知白水先生酷好砚，便托人带了一块从清宫流落出来的澄泥砚，送给林白水，想就此封住林白水的口，以恢复他的名声。林白水十分喜爱这方宝砚，但他对来人说：“我虽然爱砚，但我更看重做人的清白与正直，请您把砚带回去，恕我不能从命。”

林白水先生就义后，身后萧条，只余30多方砚和图书金石百橱。古人云：端溪石如风流学士，竟体润朗；龙尾石如清寒道人，时见机颖。白水先生作为一代报人，以笔墨抨击旧道，而对述道之器——端、歙砚的挚爱，也充分体现出他高洁脱俗的名士气度，实教藏砚家同好所敬服。

（选自《砚台收藏指南》，印刷工业出版社2012年版）

秋碧照春红

——介绍林白水烈士的几件遗物

邓华祥

1986年7月29日林白水烈士的女儿、美国国防部语言学院教授、美籍华人作家林慰君女士向福建省博物馆捐献了她保存多年的珍贵文物共39件。其中最珍贵的是孙中山先生送给林白水的题为“博爱”两字的横幅和林白水就义前的遗嘱以及就义时的血巾。

林白水先生本名獬，字少泉，又名万里，号宣樊，笔名退室学者、白话道人，晚年又名白水。闽侯青圃人。早年留学日本，入早稻田大学攻读法律兼习新闻。1995年加入孙中山先生领导的中国同盟会，反对腐败的清朝政府，积极从事革命活动。由于他一贯积极为革命奔走，不怕艰难险阻，孙中山先生对他极为器重，送他一幅题为“博爱”两字的横幅，以表彰他对广大劳苦民众具有深厚的感情，一心一意为他们服务，不辞劳苦的高尚情操。该横幅长106.5厘米，宽39.5厘米，宣纸墨书。“博爱”两字自右到左横写，左边落款直书“少泉先生正　孙文”，字迹苍劲有力。下盖有“孙文之印”篆书白文。因时隔70多年，纸色已呈灰黄。林白水就义后，此横幅由闽侯青圃村他的族侄代为保藏，1984年林慰君教授从美国回榕时，才从青圃村找到。

林白水的秉性十分刚直，在恶势力面前，从不低头。此后又到北京创办《公言报》，他抨击北洋军阀不遗余力，以敢言而闻名于时。与此同时他又办《新社会报》，指责军阀政府乱搞贿选，揭露他们祸国殃民的丑恶嘴脸，为此而入狱三个月。后又复刊，改名《社会日报》。他仍经常撰写评论，往往是“信手拈来，发端于苍蝇、臭虫之微，而归结于政局”，嬉笑怒骂皆成文章。他的社论被誉为北京舆论界的权威，当时北京的群众，每天都以先睹《社会日报》为快。1926年8月，他的社论《官僚之运气》发表，把当时驻京的奉系军阀张宗昌的财政总长潘复讽刺为“肾囊”，并把张宗昌也奚落了一番，使张宗昌、潘复等人恼羞成怒。张宗昌盛怒之下，于8月5日午夜将林白水抓去，未经审讯，即于凌晨杀害，陈尸北京天桥。就义前，8月6日凌晨4时，林白水烈士留下一封遗嘱，遗嘱是用直格信纸墨笔直行书写的，长27.5厘米，宽17.5厘米（原文没有标点符号）。遗嘱的全文是：“我绝命在顷刻，家中事一时无从说起，只好听之！爱女好好读书，以后择婿，须格外慎重。可电知陆儿回家照应。小林、宝玉和气过日。所有难决之事，请我孙、淮生、律阁、秋岳诸友帮忙。我生平不做亏心事，天应佑我家人也。”时间及落款：“丙寅八月七日夜四时万里绝笔”（慌乱之中写错日期）。在“万里”两字中，盖了一个篆字朱文的“林万里印”。左边还写着他家的住址及家中收信人：“西斜街宏庙二十号林太太”，另有托人带回家的物件写着：“外玉器两件、铜印一个，又金手表一个。”笔迹刚劲挥洒。底下盖了一个收藏者印章，上刻“东莞张次溪藏”，魏碑体朱文。还有一个当时北京《社会日报》的信封，长22厘米，宽10.7厘米，直行，上书“遗嘱”两字。据林慰君教授介绍：“这信封不是原物，是为了把这张遗嘱套进去后才用上的。信封上的‘遗嘱’两字也是别人代写的。”

血巾是林白水烈士就义前放在身上的。系白洋布质地的一条正方形的手帕，30.5厘米见方。上面留下四块斑斑的血迹，可以看出原是折叠着的，血痕渍透了四层巾布，因为收贮年久的缘故，血色已化成淡褐，略呈碧色。这分明是军阀残杀忠良的印记，睹之实觉愤恨！血巾右边有北京学者金息侯墨写的篆书“林白水血巾”五个字，下并题上一首行书诗句：“死友林白水，临命遗血巾，千古又何怨，求仁自得仁。”落款是：“庚寅重九（即1950年9月9日）息侯金涂”。下盖有“金隶”两字隶书朱文印。左边有早年任过北京国学馆馆长、著名学者叶恭绰（广州人）题的“化碧留痕”四个字。接着下面又书写：“林白水临命遗念今归张次溪。”落款：“叶恭绰志”。在“化碧留痕”右边盖有一个收藏人印记，同前面一样，上刻“东莞张次溪藏”。

以上的遗嘱与血巾，收藏人曾请好些老学者瞻仰过，多表示哀悼、钦佩之情！1949年冬，老同盟会会员、林白水烈士革命战友及老同行章士钊老先生看了林白水的遗嘱及血巾后，肃然提笔题了一首七律诗云："人生难得是从容，死日方徵淡定功？吾友堂堂真自了，诸公衮衮孰为雄？世人妄诋盆成括[①]，间气[②]堪追杨大洪[③]；谁道黄垆[④]在宏庙，縢看秋碧照春红。"对烈士给以高度的评价。此外，文学家周作人、老学者叶恭绰、老教授容庚等都先后题了跋和字，对烈士发出由衷的敬仰。

烈士的遗嘱和血巾是多蒙林白水生前的好友张次溪先生保藏下来的。据林慰君教授介绍，张次溪先生是广东东莞人，是长期住在北京的一位学者，与烈士生前关系密切，慰君叫他为"六叔"。她1954年离京赴美前，曾把父亲的这些遗物托给这位"六叔"代为保管。"文化大革命"前张先生逝世，此物转由其子代管，1984年林慰君教授回国后，才从张家取回。饱尝一场"文革"风暴的洗礼之后，幸能完好地保藏下来，是难能可贵的。

如今这些珍贵的文物是有力的历史见证，它歌颂了早年积极追随

① 盆成括：（复姓盆成，名括）战国人，仕齐见杀，孟子称其"小有才，未闻大道"。世人妄诋，是批判当时贬诋烈士品格的社会流言。

② 间气：一代勇雄豪杰之正气。

③ 杨大洪：明末湖北应山人，名杨涟（1572—1625），字文孺，号大洪，官至左副都御史，明天启四年（1624）上疏劾魏忠贤二十四条大罪，震动朝野，遂被陷害，惨死狱中。以此比喻烈士敢于笔劾当道的反动军阀。

④ 黄庐、宏庙：晋竹林七贤之一王戎经过黄公酒垆，回忆过去常和嵇康、阮籍等在这里酣饮，说："自阮、嵇死后，视此虽近，藐若山河。"后世借用"黄垆"作为悼念亡友之辞。宏庙是林白水在北京的住址。此处借用黄垆比宏庙，表示作者对亡友沉痛的悼念。

孙中山先生从事革命事业，并为中山先生所器重的民主革命家林白水烈士为国为民，不畏强暴的高贵品质，它揭露了北洋军阀张宗昌之流的血腥暴行。瞻仰这些珍贵文物，缅怀革命先烈的业绩，启迪后代继续发扬革命精神，为实现祖国四个现代化而努力。

1987年4月

林白水故居

曾 江

林白水（1874—1926），我国著名报界先驱。原名獬，后改万里，字少泉，号宣樊，笔名有退室学者、白话道人、白水等20多个，以白水闻名于世。闽侯县青口镇青圃村人。祖父林唐卿，进士出身，在贵州当官。叔林履中，为清北洋水师将领，甲午海战烈士。妹林宗素，女权运动的先驱。林白水早年留学日本，从事反清活动。后回国创办《公言报》《新社会日报》《社会日报》等，鼓吹革命，宣传爱国。1926年8月，因发表《官僚之命运》一文，被反动军阀张宗昌、潘复杀害。著有《生春红室金石述记》《中国民约精谊》，译著有《日本明治教育史》《自助论》等。1985年国家民政部追认为革命烈士，同年，烈士女儿林慰君（美国防大学教授）在家乡政府支持下，创建林白水纪念馆，馆内迁葬烈士遗骸，树蔡元培原题墓碑，陈列烈士生平事迹、部分遗物及近现代名人字画。1989年林白水纪念馆列为县级文物保护单位。

林白水故居在闽侯县青口镇青圃村下里街5号，建于清初。坐东朝西，背枕鳌峰山，门前有一条小溪自北向南潺潺流过。故居依次建筑有门楼、前天井、中厅、后天井、主座等，周围风火砖土墙，建筑面积800多平方米。前后天井全石铺砌，左右回廊辟建厢房。中厅为阁式，穿斗式木构架，歇山顶。主座面阔三间，进深七柱，穿斗式木构架，歇山顶。故居除了右侧厢房被改建为砖楼房外，其余保持原状。2001年族亲予以修葺，并在厅堂上悬挂有“进士”“甲午烈士”等牌匾。中国历史博物馆研究员、收藏家协会会长史树青为故居题写了匾额。

往事长相忆，伤心未忍言

——忆与林慰君女士谈林白水

王植伦

1986年8月6日，在我国报坛先驱林白水烈士捐躯六十周年的日子里，烈士之女公子林慰君远渡重洋返回故乡——福建省闽侯县青口乡青圃村，为林白水纪念馆落成剪彩，并参加省市各界举行的林白水逝世六十周年纪念会。会上林慰君女士从市侨联高副秘书长处获悉笔者正在写作林白水传记文学，欣然约见，并索阅已经写就之1—12回拙稿。分手之时，又约笔者于次日上午在其下榻之闽江饭店十四楼相见。

7日上午，笔者按预约时间来到约所。一见面，林女士便热情地说："昨晚我把王先生的大作一口气读完，十分高兴。过去我以为家乡人对先父疏于了解，也乏钟情。读了先生的著作，我的看法改变了。原来家乡人对先父了解很多，评价也很公允。真是美不美故乡水，亲不亲故乡人啦！……不过昨夜因为读先生大作，误了睡眠时间，这损失却要王先生赔偿的。”林女士最后的一句话，把笔者惹笑了，会见的气氛顿时轻松活泼了许多。笔者这时才发现无论从装束、语言、形态和感情上看，面前这位乡前辈至少要比她的实际年龄（74岁）少20岁。

林女士首先与笔者讨论了林白水的家世。她说：“先祖父名钧，字剑泉，是在寄寓贵阳时娶了贵州督学、福建永泰县人黄沧洲的侄女为妻的。她就是我的先祖母。”

“林女士，也许您所据的材料有错。”笔者边说边从提包内掏出《永泰县方志》，翻开清代官宦部分，指出林女士说的黄沧洲实为黄沧秋之误。黄沧秋名图南，沧秋是他的字，清咸丰三年（1853年）癸丑榜进士，历任翰林院侍读、左春坊左庶子、日讲起居注官、贵州提督学政，永泰县白云乡人。林慰君女士忙抽出纸笔准备抄录，笔者劝阻说：“林女士如果需要，我一定复印一份送来。”林女士高兴得连声称谢。

林慰君女士告诉笔者，她1913年生于福建，幼年生活在北京，1926年其父就义时她才14岁（虚岁），以后又长期旅居海外，因此对其父青少年时代的情况不甚了解，希望笔者多作介绍。林慰君女士翻开面前的笔者著作原稿，指着她昨晚阅读时做的记号，说：“譬如先父在杭州、在福州的办学情况，王先生就比我熟悉，先说这些好吗？”

于是笔者就从林白水的两州办学谈起。

在杭州。早在清光绪二十六年（1900年）年底，林白水就与他的老师高凤岐（字啸桐，福州长乐人，当代文化名人高凤谦字梦旦之兄长）和老师的同年林纾（字琴南，亦为高啸桐之入室弟子），应杭州知府、福州侯官县人林启（字迪臣）之邀，来杭州办学堂。“立求是书院，综中西之学，以淑成人，立养正书塾，授童蒙经，兼导以欧洲普通之学，修东城讲舍，课经史策论，俾杭士通晓时务以归本于道德。……开蚕学馆于西湖，延东人蚕业之良者……以授学徒。”在办学中他们传播新学、提倡维新，培养了一批思想前进、有所作为的青年，如孙翼中、项藻馨、许寿裳、马叙伦等。此时杭州出了一起淫僧丑闻：圆通寺内一批淫僧恶棍，霸占民女，引良为娼，秽污佛地。林启讯得其实，立即拘捕严惩了这批淫僧恶棍。适有旅杭的某西人见圆通寺“屋宇华好，托借寓以为名，将夺之”。并且通过其国的驻北京使节威逼清廷总理外国事务衙门压制林启交寺。林启大怒，公开宣言于众曰：“夺彼教以与彼族，何以对杭人！吾官可罢，此寺不可与西人。”他判决将圆通寺充作养正书塾的校舍，对于这件大快人心的事，事后由林纾执笔的《林太守事略》和纪念林启的《诔文·并序》中都有记载。由于林启对高啸桐师徒三人极为信任，以至“州之利弊必得先生一言而罢行之”，“一切举废又惟先生之言是听”。从此可以想见林白水等在杭州办学的贡献。清宣统元年二月（1909年3月）高啸桐病逝于上海，此时林白水第三次东渡扶桑，悲悼恩师，回忆往事，无限感愤，曾从日本寄回两副挽联，其一曰：“听经溯十五年前，日月悠悠，大难往事长相忆；闻讣在八千里外，门墙落落，别有伤心未忍言。——夫子大人灵鉴，受业林万里自日本寄挽。”另一联曰：“廿年师弟，万里音尘，嗟嗟贼子，不才东去，岂关吾道事！岭南衣冠，江湖文藻，咄咄先生，太贼南归，为赋大招篇。——夫子大人灵鉴，受业林万里再挽。”

林慰君女士对林启、高啸桐、林纾和林白水这段史实很感兴趣。她说她曾到杭州收集林白水史料，偶闻孤山上有“林社”，以为是纪念林启的诗社，但未获到具体材料。笔者告诉她，林社为杭州人在林启逝后请求其家属将林启尸骸葬于孤山而设立的庙宇，高啸桐逝后附祀于此，因此有“林社二先生”之说。笔者还告诉她这些材料来源于民初出版之《林社二十五年纪念册》和《媿室先生哀挽录》（高啸桐号媿室先生）。林女士殷殷嘱托笔者为她复印一套寄往美国。

我们正谈得十分投契，有两位刊物的记者来访，向林慰君女士索取林白水资料，恰见茶几上摆着笔者撰写的林白水传记文学初稿，便捧起来翻读抄录。笔者与他们相识，不便制止，但林女士却说话了。她说：“记者先生，这些材料是我向王先生借阅的。预先约定，未经作者同意不得抄录，不得发表，不得传阅。对不起得很，这材料现在我收回……”两位记者难为情地相对一笑，立即合上文稿，放回原处，不久便告退了。林慰君女士送走他们后对笔者说：“要写好先父，确需掌握有关先父的大量材料，但这主要靠作者自己做艰苦细致的努力！这两位记者先生找我几次了，一开口总是要材料，好像别人要为他们写作服务一样。福州作为先父的生身之地和青少年时代活动的地方，可以收集到的资料一定不少，何必向寓居异国他乡的我苦苦追求呢？其实我这回返乡的一个目的，就是来收集先父资料的……”

接着林慰君女士又请笔者介绍林白水在福州办学的情况。光绪二十八年（1902年2月），时值农历年末，林白水从杭州回榕度假，与表兄黄展云、黄翼云兄弟（两黄为林白水姑舅表亲，均为辛亥革命时期同盟会福建首领）相聚畅谈国是，痛惜国家落后皆因清政府腐败和民智不开所致。他们三人幼年曾在一起读书，都喜欢侯方域和魏叔子的文章，以后又一起在高啸桐门下执弟子礼，互相感情很好。经过商议，认为办启蒙新学是第一要着，于是在城内文儒坊卢氏祠办起了“福州蒙学堂”，招收15岁上下到20岁的青少年入学，施以革命教育。参与办学和担任教学的还有当时福建的民主革命者，如郑权、方声涛、陈与年、林志恒、何琇光等人（郑权在辛亥革命时期被同盟会称为“福建输入革命之第一人”）。据80年代初尚健在的当年蒙学堂学生蒲开泰先生回忆，蒙学堂的教育“一面重汉文，一面重西学。因此西欧的政治思想和科学知识逐渐灌入青少年的脑海之中”。学堂每星期都举办国势讲演会，“邀约当时本市著名人士到学堂讲演，如林獬（即林白水）、何琇光等，或说国内外大势，或传播科学知识，或介绍欧美政治思想，指出变法图强既已绝望，非推翻清室不能救亡。”学堂还秘密组织学生阅读禁书，如《扬州十日记》《嘉定三屠记》《太平天国笔记》和文天祥、黄梨洲、郑成功的传记。这些禁书统由黄展云保管。为了锻炼体魄，鼓吹尚武精神，蒙学堂开辟了小操场，“每天早晨学生要上一小时的体操课，每星期六举行各种运动比赛，如跳高、跳远、单杠、双杠等，每星期三、五早晨，老师还带学生在越山的空地和城墙上练习骑术，每星期四早晨还在北较场练习打靶。”为了造就革命志士，蒙学堂内建立了秘密会社——励志社，发展思想前进的学生入社，在励志社内又成立了核心组织“十人团”，由十个决心牺牲个人，推翻清廷的激进分子参加。“十人团”的人都起了别号，别号的第一字都是“汉”字。如辛亥黄花岗七十二烈士的陈更新、陈与燊，别号为“汉郎”“汉新”；该役生还志士严骥，别号为“汉民”。大家都以“驱逐鞑虏，还我大汉江山”为己任。1903年，林白水东渡扶桑，1906年黄展云、黄翼云亦汇集日本，他们又把在蒙学堂（后改称侯官两等小学堂）时的革命工作带进留日学生中去。

说罢蒙学堂的情况，笔者把拙文《从蒙学堂和侯官两等小学堂看革命教育的作用》（刊于《黄花岗起义福州地区烈士事迹研讨会文集》）赠与林慰君女士。并以拙作《林白水与辛亥革命》（发表于中共福建省委党校校刊《学习与研究》上）就教于林慰君女士。笔者抬腕看表，不觉预定的约见时间已尽，便起身告辞。林慰君女士也因要参加友人午宴约，只好相互握别。临行，她翻看一下记事册，沉思片刻，说：“王先生，半天的时间太短了，我书不尽言，言不尽意，明天上午原定的参观活动我放弃了。如果王先生方便的话，由我租车接王先生来宾馆，好好再交谈一次。”笔者自然十分高兴能有再次向林慰君女士请教的机会，尤其是获悉她后天就要离开福州飞抵北京，返回美国，竟如此慷慨地挤出宝贵的时间会见笔者，在欢悦的心情中多了一份感激。

第三天上午，笔者再一次与林慰君女士相会。没有半句寒暄，谈话便进入正题。林慰君女士捧给笔者一叠已经装订好的复印材料——《先父林白水传略》草稿，说："王先生，这是我在美国写的，全文六万余言，刚刚写了一半，请王先生抽空看看，多提意见。"笔者从头到尾看了一遍，觉得写得很好，只有个别史实和论断还可以商量。因为时间有限，对这方面笔者没有说；只对传略中的办报和暗杀部分，根据自己掌握的资料作了些补充。

林慰君女士在文章中写了林白水参与或主办的各种报纸，唯独没有提及《杭州白话报》。这张报纸是1901年林白水在杭州求是书院当教习时，由高啸桐的学生也是他的学生项藻馨出资兴办的。项藻馨邀请林白水出主笔政。这是林白水生平第一次参加新闻活动（据1926年4月北京《社会日报》刊登的林白水启事，内有"仆从事新闻已三十载"一语，以此推算则林白水于1896年即从事新闻活动，唯未见史料，无法证实）。《杭州白话报》"以鼓吹新政为主，执笔者颇负时誉"。他与其主笔、编辑热心鼓吹新政，极力提倡社会改革，如宣传缠足女人放脚、禁烟、反对宿娼纳妾、破除迷信等，在当时杭州影响很大，每期发行七八百份。林白水和求是书院的学生还集资订阅了二十多份，分送给杭州庆春门外的茶楼酒肆，免费供人阅读。全国第一个"女子放足会"就是在它的影响下在杭州成立的。林白水在《杭州白话报》主持了两年的笔政，认识到掌握舆论手段的重要性和运用通俗的白话文办报写文章的作用，为以后他独立创办《中国白话报》

打下了良好的基础。为了方便林慰君女士进一步查对其父的这段史实，笔者在她的记事本上记下了资料的出处：《新闻界人物》（新华出版社出版）、《新闻记者的故事》（作者黄粱梦）、《中国近代报刊史》上册（作者方汉奇）。

在《先父林白水传略》里，林慰君女士用了大量笔墨介绍林白水对暗杀的鼓吹及其影响。笔者在补充中特别指出：1903年，林白水在日本东京参加了军国民教育会。这军国民教育会是中国留日学生秘密的反清排满组织，把“鼓吹、起义、暗杀”作为自己的革命任务。林白水1905年为军国民教育会派遣回上海从事鼓吹活动，其中就负有鼓吹暗杀的任务。在当时我国把暗杀作为专门学问进行系统研究的，林白水应是第一人。如他在《论刺客的教育》（后来称为《刺客论》）中把刺客的养成分为五个学期，第一学期养成政治思想；第二学期破除宗教迷信；第三学期诱导历史信仰；第四学期练习武艺，健全体魄；第五学期增进科学知识。为了检验自己理论的正确性，林白水率先参加了暗杀的实践，如参加了万福华刺杀勾结法国帝国主义势力的原广西巡抚王之春的活动；失败后，经蔡元培等人商议，“将暗杀团规章加以修改，并把它改组扩大，定名为光复会”。林白水立即加入了光复会。所以当时有谓“光复会成立之时，正万福华枪击王之春之时也”的说法。这些情况，笔者是在《蔡元培传》和陶成章《浙案纪事》中了解到的。

这天，笔者与林慰君女士又交谈过午。谈话结束时，林女士热忱地将三帧她与张大千、与琼瑶、与张大千夫人等在台湾某地的合影彩照分赠给笔者和两位陪访的女同志，并将印有她美国家庭住址的小卡片送给笔者，叮咛说："王先生为先父撰写的传记文学，希望明年（1987年）夏天能够完稿。到那时候我还回乡为先叔祖林履中（甲午中日海战英烈，扬威舰副管带）、先姑母林宗素（辛亥革命女烈士）的纪念亭落成揭幕剪彩。如果王先生同意，这部书稿由我带到美国出版也可。"

笔者向林慰君女士连连称谢。并将几份复印材料和一本《近代爱国诗选》（北师大出版社出版）回赠她。在这本诗选中，选有我国近代民主主义者、辛亥革命志士陈去病给林白水、刘光汉七律一首，题为《重九歇浦示侯官林獬、仪真刘光汉》，诗云：

惨淡风云入九秋，海天寥廓独登楼。
凄迷鸾凤同罹网，浩荡沧瀛阻远游。
三十年华空梦幻，几行血泪付泉流。
国仇私怨终难了，哭尽苍生白尽头。

林慰君女士捧着书，反复吟哦陈诗，说："我真高兴，我为先父收集到一份宝贵的资料！"

1987年夏天，正当笔者翘首顾盼太平洋彼岸的林慰君女士到来的时候，市侨联高副秘书长送来了令人悲恸的噩耗：林慰君女士不幸罹难于美国旧金山的一次车祸！高副秘书长还转达了林女士的夫君王渤生先生对福州朋友的问候！

今天，林慰君女士已经逝世一周年了。笔者在回忆与林女士三次会面、两次长谈、数次信函往返的交谊之时，不禁怆然泪下。

谨将此文奠祭林慰君女士于九泉。

1988年7月10日写于福州乌山南麓

由林白水先烈谈到林慰君夫妇

文 强

一

林白水先烈是1926年北伐前夕，与名记者邵飘萍齐名的风云人物。他的大名经常见于中外新闻报道，特别是当年北京和天津的外文报刊上。他正义执言，勇于针砭时弊，大骂帝国主义和北洋军阀狼狈为奸，沆瀣一气，蹂躏国土，鱼肉人民种种恶行暴政，有闻必录，口诛笔伐，这是举国众所周知的事。

林公为正义而生，早置个人生死于度外，对待当权弄柄之徒、擅作威福之辈，从来不稍假颜色，我行我素，笔阵横扫千军，锄除顽恶，视为记者之神圣职责。兼之，他是孙中山先生忠实信徒，服膺民主革命之精神，不止于革命新闻界之中坚，实乃宣扬孙文主义的警铎。林公之为人也，其秉性如山岳之不可撼，其大志大节如日月经天之不可蔽，呜呼！林公竟因不畏强暴而死于强暴之毒手。北洋军阀余孽张宗昌，乃杀害林公之罪魁祸首。时人为之痛惜，为之痛哭。我亦其中为之痛惜痛哭之一人。关于林公生平，已有详文记载，国士壮怀，有如清风明月之洁，有如闽海朝日之升，有如出征大将之定。其死也，有如秋风落叶之悲！其死也哀，哀莫哀于伟烈之死。其生也荣，荣莫荣于无愧为民主革命之先驱。此虽死而犹生也。林公可谓顶天立地的男儿，高度爱国主义的旗帜。“人生自古谁无死，留取丹心照汗青。”斯人岂止死而无愧，应是死而无恨。此后生聊寄吊念之情于万一，林公其有知否？！

二

回忆五年前初夏一个风雨之夕，我正在全国政协文史办公室忙碌地工作，忽闻有海外归来之林慰君女士持赵君迈老友之介函来访，乃恭迎入室晤谈，她递介函又给以名片，我始知乃名作家、女博士，名记者林白水先贤之遗媛，肃然起敬，开言即尊为林公伟烈之女公子，并告知既有赵老作书为介，凡本人当尽力之处悉可照办。女士闻我言，盈盈含泪，仪态肃穆，一片孝心，更是令人感动。她沉默少许，始于寥寥数语之中，认为尊其父为伟烈，是生平首次初闻，引为无上光荣之称号，接着即告此来目的，在搜集先父之有关史料，若能借阅并允许抄录，则感激不尽等语。由于我从事文史多年，征集来的稿件早已心中有数，乃告之，甫经“文革”十年浩劫，文史资料多已散失，并无林公点滴记载，于是联想到北京图书馆收集的报刊中，必有详细记载的资料。女士得知这一情况，欢跃无状，在一位晚辈女同志陪同下，便告辞冒雨而去。不料次晨又来求助，谓图书馆无介函或专用入馆特许证件，是看不到珍藏的报刊，也不许拍照等等的规定。于是我又将文史专用特许证件借给她，这样才完成所预想的计划。这是她第一次回祖国的收获，也是她第一次与我相识并为文字交朋友的开始。当她这次返回旧金山前夕时，又通过赵君迈老友的邀请，在东郊旅邸设晚宴招待，隆情盛意，宾主尽欢。在座的有赵君迈、我和我的老伴张瑞馥，还有鲜恒先生等人，主人按国外礼节将请来的名厨，在席间亲自介绍与我们见面，我们向那位名厨敬酒一杯，名厨兴高采烈，将他的拿手好菜献了出来，件件精美可口。林女士谓一菜一汤，皆经她的尝试，华灯高照，乐叙如同家人。这是我生平最愉快的一次晚宴，她对我尊称为委员，我对她尊称为女士，由于很谈得来，她在晚宴中改口称我为文老，我认为祖国大陆对女同志的称呼，以大姐为最亲切，不约而同的，与我的老伴便以林大姐称之。

三

林姐回美后，为了乃父追赠烈士及建馆纪念等事，不断地致函给赵老和我，除了详述她的计划外，也迫切希望我们帮她一手。赵老照例将林姐来信转寄我一读，办法如何？也就全权委托于我，她之所求，义不容辞地应按政策办事。我们为她出的主意有二：第一是要她将林公生平整理出一份系统的资料；第二以爱国人士的身份书面向全国政协申请，要求将其父追赠为民主革命时期的烈士，并将林公在北京的一所房屋发还，在京或闽侯原籍建立一永久性的烈士纪念馆。这样两项意见她都采纳了，而且考虑到在北京建纪念馆，不如建在原籍，俎豆千秋，有林姓子孙为之照顾，香烟不断，更可放心一些。她将北京房产出售，共筹集了人民币十万元送交地方政府，作为建馆的基金。据闻地方政府十分赞扬她的高度爱国主义思想以及一片孝心，因此每次返里，不论识与不识的人，都莫不被其孝心所感动，我深知从全国政协领导到省县地方政府的领导，也包括亲族邻里在内，对追赠林公为烈士和建馆纪念，莫不视为一件大事。林姐独自一人，多次不辞万里之行，这种坚毅有为的志气，乘风破浪的精神，几乎凡知其名而知其人者，亦莫不以“鉴湖女侠”称之，可见对林公父女崇仰赞誉之情为如何了。

本人深知林姐在整理林公生平事迹过程中，日夜操劳，全神贯注，往返台海华美，穿梭般地向革命老人请教，哪怕是有关其父的点滴资料，都莫不视为乃父心灵血汗为革命事业的结晶。天地正气，浩然长存，此乃苦心苦志之所在。

当其整理就绪，专文专册邮寄到赵老家，并分函告知于我，以期速转全国政协核办。谁料赵老外出避暑及考察月余始归，林姐辛辛苦苦经两年整理之林公专册，不翼而飞，不知下落，赵老引以为歉，向我道及时几乎落泪。他是一位坦诚的老人，向以助人为乐。林姐来信中焦急难言之情，更可理解。事已如此，徒唤奈何！我乃面告赵老，补救有方，由我致函林姐，请她速将底稿重新整理，径寄本人查收，定全力以赴，视为一己之事来完成之。我深羡林姐办事，神速不苟，她竟以出乎意料的速度又将整理妥善之专文专册寄达，转呈我全国政协领导。我国政府亦以神速的处理方式，审批同意追赠林公为烈士，在其原籍建馆永留纪念。林姐不辞辛苦，奔走多年，在大功告成之前夕，再度横渡重洋，回梓里为建馆做出准备安排。在她的来信中，充满了孝女贞忠贤淑的感情，在中国固有优良文化道德的基础上，发扬了爱国主义及其爱家爱其先烈的新义，读其为父来翰，更令我感动非常，洒下了同情和感激党政中央及地方省县党政领导无私协助之泪。林公九泉有知，亦当含笑引为大慰了。

犹记我与林姐通信中，曾题诗一绝和挽联一副邮寄，以表对伟烈一门忠孝景仰赞佩之意，原诗原联照抄如下：

题赠林尉君王渤生贤伉俪留念一绝

英烈千秋俎豆日，篇篇金玉锦文心。

一门孝友泰山重，潮发闽江入武林。

1985年12月于旧金山

挽林白水先生英烈千秋

敢伸正义兴霜雨，斗倒强权护国魂。

1986年仲夏于北京

四

林姐与我已相识有年，文学之交的友谊正在与日俱增之中。她的夫婿王渤生博士，虽在通信中互问过起居，也在一年一度的圣诞贺卡中，互相祝福过。在我说来，敬其人而无缘得晤，不免有些惆怅。1985年秋，我首次旅美探亲访友时，飞抵旧金山下榻友人处的次日，约晤慰君，同时见到了她的夫婿。王博士体格魁伟，不愧为燕赵之雄，温文儒雅，气宇轩昂。谈吐诚恳练达，令人钦重，全无俗鄙之态。虽是首次相晤，却又一见如故。在友人家谈未半小时，即邀赴艺术大师张大千先生培育之名厨餐馆共进午餐。此馆布置得富丽堂皇，满厅满室，琳琅淡雅，山水花卉杂呈其间，中华文化高峰象征之作，皆出自大千先生独家手笔。赏心悦目，有如走入了艺术之宫，佳肴美味，亦大千先生平日精研独步的产物。举杯互敬，这一对鸳鸯颜颜有礼，殷勤备至，助我旅途胸襟愉快，几忘身在异国之乡。林姐详介旅游应注意之点，在欣赏美国风光之余，尤重对爱国华侨之了解，要化除人为之隔阂，爱国一家，爱国炎黄一体，语语中肯，完全符合今日祖国的政策。她的谈话，增我见识，扩我眼界。有时林王两贤伉俪既静听我生活在祖国的心得体会，也插言为我祝贺服膺真理，排除一切陈腐之精神。他俩每一插言，寥寥数语，出口成章，我发现他俩深怀故国他乡之念，人生如逆旅，落叶必当归根，切盼海峡两岸人为的隔离，从此化为祥瑞，永保和平之局。“回头一笑释恩仇”，争取对祖国早日实现和平统一，思之若渴。林姐且言及多次回国之行，对祖国建设日在空前进度中，引为莫大的安慰。对“文革”评价作出了全盘否定、一无是处的结论，誉为世界执政党中，中国共产党实为一可敬之大党，但国内人民生活还很艰苦。中国共产党肩上的责任还很艰巨，没有数十年的努力，是赶不上现代先进国家的。她心情坦然，畅所欲言，对我亲如家人般的对话唯恐我不解其意。我与台湾友人一同在座，在餐叙中各抒己见，旨在振兴中华，爱国一家，珍惜渐趋团结成长中的友谊幼苗。我们的餐叙，不知不觉又共染于大千大师画笔之中，大千先生竟成为我们这次餐叙上的中心课题。由是我才深切地了解，这一对鸳鸯鸟，不止于是张大千先生人格和艺术之崇拜者，他俩崇拜之情还流露在慰君多篇文学作品中，他俩既是艺术大师的学生，也是忘年交的好朋友。

回忆当我首次旅美成行半年前，曾在与林姐一次通信中，忽然收到大千先生一树红梅得意之作，还有疏疏数笔栩栩如生的一幅墨竹，虽均为复制品，我则视为难得的珍品，重其画而尤重其人。大千先生与我并无深交，回忆早年在兰州的一次见面中，他为我作《五泉山图》中堂相赠，我珍藏于原籍，迭经变乱，散失无存。林姐闻我言，戚然久之，我也唏嘘叹惜良久。

犹记我将旅美前夕，忽又收到慰君所寄《大千大师生活琐记》一文。此文用活泼动人的笔墨，深湛体察的慧眼，深刻了解描绘者的心情，刻画出大师在敦煌及宁夏观摩壁画多年，热爱动物，以仁爱之诚，感动教化为凶兽中之虎于猛犬，既通人性，又能为人服务。大师以爱动物之情，胜过爱子女之爱，显示出大师在画中有情，情中有画，天地之间在大师眼里，一切主宰在我，无此雄心抱负，即无超人之画笔，大师的脑中只有画为主宰。虽凶兽猛禽，亦可感召，改变其本性为现善，与人相处相爱。慰君笔下描述所得，读来感人至深，证实了人类所不可思议者。慰君以《琐记》为文，并不冗长，其感人的文字和艺术的魅力，可与大千大师之艺术成就，相得益彰，永垂不朽。

1985年9月10日，在我的日记中，曾记下读慰君大姐《琐记》一文有感，信手写成两律寄给了她，以表达我的读后感。兹将原诗照抄于下：

一

文章如酒亦如茶，细读深思只自嗟！
君子之风茶当酒，高人有道笔生花。
虎儿不是非凡物，犬子应同盖世夸。
喜读琐谈今已醉，大千骑鹤在仙家。

二

大好诗文不在多，瑶池甘露化清波。
辋川诗中有佳画，筚盦园里无俗柯。
绿竹潇潇知劲节，红梅点点谱新歌。
大师不朽丹心在，爱国情操笔作戈。

五

1987年5月6日旧金山《世界日报》报道：

女作家林慰君廿七日下午因车祸去世，消息传来湾区，好友均感悲恸！

林慰君一直住在风景优美的蒙特利尔，她每日都有散步的习惯，廿七日傍晚她在散步时，被车撞倒，驾车者是一位老太太，不知道撞及行人，还继续把车往前驶了好些路，林慰君被送进医院后不久不治而死。

女作家林慰君的散文常见于报章；这些年她勤于收集资料，为父亲写传记。她的夫婿王渤生，曾任教位于卡美尔的海军研究学院，也在圣荷西州立大学经济系教书。

由于王渤生、林慰君夫妇都是中华联谊会的老资格会员，时常参与湾区各项活动，不久前他俩还参加中华联谊会的春节联欢舞会，林慰君突然遭此意外，令许多好友一时无法接受这个噩耗。

我与老伴读完此报，泣不成声，多年与林慰君夫妇由初识相交到友谊日浓，如今听到如此不幸的消息，实不忍闻。

追忆1985年由秋到冬旅美百日，飞遍了北美十大中心城市返回旧金山时，慰君夫妇一如我抵美时同样情况，由渤生博士陪伴慰君开车而来重晤，并又安排到艺术之宫共进午餐。我将跑遍北美十大中心城市的愉快心情，如对家人如数家珍似的，向他俩人作了汇报，又将我所作旅美数十首长短诗中，挑出几首赠给他俩留念。

慰君回赠了一部著作《大千世界》供我旅途阅读，还赠我和赵君迈先生维他命健身药片。我们之间还约定再度访美计划，由美经多伦多绕欧非两洲一游，他俩表示愿意陪伴同行，并约我的夫人同来。她念念不忘的是其父林公纪念馆的修建情况，开馆前，她将亲偕其爱女到林公烈士堂前祭奠。……凡此种种，言犹在耳，音容宛在，但噩耗传来，打乱了我们之间的美好计划，正如记者报道所言，“令许多好友一时无法接受这个噩耗”。我和老伴正在愁眉不展，恸切难言之时，既得到鲜恒委员打来电话，告知不幸消息的同时，又收到了王渤生先生发来的讣告，以及举行追悼会的日期。死者已矣，生者何安，最引为难安者，莫如鸳鸯之拆散，莫如夫婿在灵前之永别。我自接到王博士的讣告，读到他“方寸已乱，十分悲痛”的寥寥数语，联想到在旧金山两次陪伴开车双双来晤的情景，不禁遥望天涯又一次为之落泪！屈指距追悼会期尚有旬日，乃伏案灯前，作成七律挽诗一首，拟赶早投邮。诗成朗诵我妻细听后再修改寄出，我妻对诗中词句表示同意，浩然长叹一声，谓应专函向其夫王博士及爱女唁慰，才能表达为死者悲生者慰，尊王博士为吾人之老友，切盼在我俩有生之日纪念不断，若有暇时，应相偕去林白水先烈之原籍闽侯谒馆致祭，以表对一门忠孝永志不忘！我完全接受了我妻之言，原诗再三修改之。呜呼！呜呼！悲矣！悲矣！白水先生与爱女慰君大姐，腾欢膝下，永远安息吧！你父女的英名将永远留在爱国同胞的心里。

附原诗于下，以作本文的结束。

悼念爱国名作家林慰君大姐千古

博野高怀著美章，风仪壶范誉兰芳。

沉思慧眼才人笔，爱国情操孝女光。

噩耗惊传腾海宇，悲声痛惜动邦乡！

神交吾友称王老，杜宇声声寸断肠！

文 强
张瑞馥 鞠躬泣挽，1987年5月7日于北京

林慰君事略

林白水纪念堂筹建委员会

林慰君，闽侯县人。1913年10月14日诞生于福州，1987年3月27日在美国加州逝世。

慰君系林白水先生之女，天资聪颖，幼习中文、诗词与书法。稍长，入培华中学，后转圣心中学。17岁高中卒业，考进北京国立师范大学英国文学系。学业成绩优异。学校举办辩论会、话剧团及英文写作、演讲比赛等活动，均踊跃参加，才华毕露。曾主编《教育周刊》，任师大网球队队长。唯因母病，家境清寒，大学二年级时，既读书又为家庭教师，收入悉数奉母。“九一八”事变发生，国难当头，她满腔热情于反日宣传，每日工作越十二小时以上。

慰君师大毕业，先后在培华中学、志成中学、北京市一、二女中、民国中学及世界新闻专科学校任教。并为北京多家报社、杂志撰稿。她文字流畅，下笔神速。同时受聘为《北京新报》编辑、《学生新闻》总编辑。

“七七”抗战，烽火漫天。她不避艰险，深入敌后，多方协助游击队工作，一度被敌伪拘捕刑讯而坚贞不屈。旋即脱离沦陷区，到达冀中区游击部队。战争胜利，慰君重返北京，写作益勤，文坛声誉与日俱增。

1948年，应久居美国之胞兄邀约，慰君赴美，游历各州，发表演说，介绍中华文化，接受著名之ABC电视台及其他广播台、电视台与新闻单位访问。1953—1974年，被美国国防部语言学院聘请，执教二十一年，为美国外交、语言、翻译诸方面培植颇多人才。

慰君与著名经济学家、圣荷西大学教授王渤生博士于1955年7月结婚。1957年生女王之林。之林敏慧好学，先后取得加州大学营养学学士、夏威夷大学公共卫生硕士学位，现任加州教育厅儿童营养顾问，丈夫系甚有名望之工程师。

林白水是我国新闻界先驱，生前酷爱慰君。慰君自幼亦极崇敬父亲，闻之白水先生遇害，竟图自杀殉父，幸经获救。因念及尚须赡养慈母，乃与命运挑战，奋斗不已。她善赋诗词，喜作歌曲，素有才女之称。近二十年来，则致力于著述，已结集出版者有《林白水传》《侨美漫谈》等书11本。《林白水传》刊行后，复往返美国、日本、祖国大陆及台湾地区等地搜集白水先生遗作。一部更见充实、完善之传记，于1986年修成。居美期间，同国画家张大千寓所邻近，经常襄助处理英文函件、安排会晤国际友人，成为大千先生之“荣誉英文顾问”。她助人为乐，当地居民无不钦佩，并获得其友好情谊。

中美建交后，慰君着意筹建林白水纪念堂，故两度返回祖国，承蒙省市县乡及中央有关部门领导热心支持，由中共青圃村支部书记林连秋主持，中表陈英宜等亲友协力，纪念堂乃于1986年8月6日白水烈士殉难六十周年之际落成。正拟继续编纂《白水先生选集》，而未能如愿以偿，吾人深以为憾也。

慰君秀丽娴雅，待人诚恳热忱，处世严正不苟，遇事精明果断，毅力坚强，乐观进取。她热爱祖国，热爱家园，献身文学艺术。今虽离去，音容宛在。她之一生著作及笃敬父母之行，亦将永留于人间。

1988年3月

图书在版编目（CIP）数据

林白水：执笔欲扫天下浊 / 林慰君　王植伦等著；中国人民政治协商会议北京市委员会文史资料研究委员会编．--北京：中国文史出版社，2019.7

（百年中国记忆·报人系列）

ISBN 978-7-5205-1177-3

Ⅰ．①林… Ⅱ．①林… ②中… Ⅲ．①林白水（1874–1926）—纪念文集 Ⅳ．① K825.42-53

中国版本图书馆 CIP 数据核字（2019）第 142201 号

责任编辑：程　凤

出版发行：**中国文史出版社**

社　　址：北京市海淀区西八里庄 69 号院　　邮编：100142

电　　话：010—81136606　81136602　81136603（发行部）

传　　真：010—81136655

印　　装：北京新华印刷有限公司

经　　销：全国新华书店

开　　本：787×1092　1/16

印　　张：22.25　　　　插页：8

字　　数：233 千字

版　　次：2020 年 1 月北京第 1 版

印　　次：2020 年 1 月第 1 次印刷

定　　价：65.00 元
